AF728722

V. Schoelcher

MÀRTINIQUE

INSURRECTION DU SUD

(22 SEPTEMBRE 1870)

CONSEIL DE GUERRE

DEUXIÈME SÉRIE

Lk 12
1232

INSURRECTION DU SUD

CONSEIL DE GUERRE

Don

DEUXIÈME SÉRIE

Séance du 22 mai.

Après cinq semaines d'interruption, le premier Conseil de guerre s'est réuni de nouveau pour juger la seconde série des accusés compromis dans l'insurrection du sud.

M. le Commandant Lambert, qui était retourné après le jugement de la première série à Saint-Pierre, pour reprendre le commandement dont il est titulaire, a été rappelé au Chef-lieu par ordre du 3 mai pour s'occuper spécialement de la mise en état de cette deuxième série.

Le Conseil est composé comme dans la première série; M. le Capitaine de Gendarmerie Arnould, premier substitut, a été nommé Commissaire du Gouvernement en remplacement de M. le Capitaine Garcin, parti pour la France en congé de convalescence, et M. Perruchon, sergent d'infanterie de marine, a été nommé greffier, en remplacement du sergent Vernier.

M. Arnould malade, est remplacé au banc du ministère public par son substitut M. Fournier, sous-lieutenant d'infanterie de marine.

Au barreau nous remarquons les mêmes défenseurs.

A l'ouverture de la séance, le Président fait appeler les accusés. Après cet appel, Me Béker, s'exprime ainsi :

« J'ai été commis d'office, M. le Président, pour défendre un accusé du nom de Fonrose. Plus tard, il m'a été affirmé que cet homme n'avait pas été arrêté. Je viens d'entendre appeler un individu qui répond à ce nom de Fonrose, je voudrais savoir si c'est bien mon client.

M. le Président : Me Béker, après vérification, il est reconnu que votre client est dans la salle, vous pouvez donc vous occuper de sa défense.

Le Défenseur Duquesnay : M. le Président, Eugène-Louis Telgard dit Petit Telgard, a été conduit parmi les accusés de cette serie, quoi qu'il y ait eu non lieu en sa faveur, il n'a reçu aucune notification.

Le Commissaire du Gouvernement : C'est une erreur.

Le Président donne acte de la déclaration et ordonne le renvoi de Petit Telgard en prison.

Le Commissaire du Gouvernement : Parmi les noms des accusés de cette série figurent : Roro fils de Sainte-Marie Maison, dit Privat Alexandre et Sainte-Marie Maison dit Zozo. Ces deux noms ne s'appliquent qu'à un seul et même individu.

Le Président : Acte de cette déclaration est donné à M. le Commissaire du gouvernement.

Me Désabaye : Commis d'office pour défendre Moreau, fils de Ste.-Marie dit Privat Alexandre, je ne me suis occupé que des charges relevées contre lui, je n'ai pris par conséquent communication d'aucune des pièces concernant le nommé Ste.-Marie Maison dit Zozo. Je prie, M. le Président, puisque ces deux noms ne s'appliquent qu'à un seul individu de mettre à ma disposition le dossier pour plus ample examen.

Le Président : Le dossier est à votre disposition.

Greffier donnez lecture de l'ordre de mise en jugement des accusés. Lecture est donnée.

Pendant cette lecture l'accusé Eugène Lacaille a demandé à se retirer, pour cause de maladie.

Le Président : Quel est le défenseur de Lacaille ?

M. Duquesnay se lève.

Le Président : L'état de Lacaille sera constaté par le médecin au rapport, et s'il résulte de son certificat qu'il ne peut assister à la session, son affaire sera remise à la prochaine série, car le Conseil tient à la présence de cet accusé à l'audience. L'accusé Lacaille est reconduit en prison afin que son état de maladie soit constaté.

Puis le Greffier achève la lecture de l'ordre

de mise en jugement.

Le Président à l'Interprète: Vos noms, prénoms, profession, âge et domicile.

L'Interprète: Jean-Polycarpe Hubert, 36 ans, praticien en droit, domicilié à Fort-de-France.

L'Interprète prête serment.

Puis le Président interroge les accusés sur leur noms, prénoms, âge, profession, domicile et lieu de naissance.

Ils répondent ainsi qu'il suit:

1. Edouard Néral, 28 ans, né à la Rivière-Pilote, cultivateur à la Beauregard;

2. Werner Vernet, 26 ans, né à la Rivière-Pilote, cultivateur sur l'habitation Josseau.

3. Horace Monrose, 37 ans, né à la Rivière-Pilote, cultivateur sur l'habitation Vent.

Le quatrième accusé se lève et déclare être d'une surdité telle qu'il ne pourra répondre aux questions qui lui seront posées que tout autant qu'elles lui seront transmises par écrit.

L'interprète demande à très haute voix ses noms et prénoms, celui-ci ne répond pas.

Le Président invite alors l'interprète à transmettre les questions par écrit.

L'accusé déclare se nommer Joseph Grégoire, âgé de 19 ans, né à la Rivière-Pilote, cultivateur.

5. René-Joseph-Hyacinte Bohore, 31 ans, né à la Rivière-Pilote, cultivateur sur l'habitation Bellevue.

6. Félicien Mapouya, immigrant africain, ignorant son âge, cultivateur sur l'habitation Beauregard à la Rivière-Pilote.

7. Maria Bouchon, ignorant son âge, née au Marin, cultivatrice sur l'habitation Beauregard.

8. Germain Agathe, ignorant son âge, né au Marin, cultivateur.

9. Dorléus Salomon, 23 ans, cultivateur, né à la Rivière-Pilote.

10. Adèle Frémont, ignorant son âge, cultivatrice, née à la Rivière-Pilote.

11. Joseph Bois, ignorant son âge, gardien de bestiaux, né en Afrique.

12. Sully Thalès, 37 ans, né au Vauclin, tonnelier.

13. Marcelin Elise, 23 ans, né à Sainte-Anne, cultivateur.

14. Saint-Paul Augustine, dit Moreau Saint-Paul, 36 ans, cultivateur, né à la Rivière-Pilote.

15. Louis-Joseph Sainte-Croix, 27 ans, cultivateur, né à Sainte-Lucie, domicilié au Marin.

16. Ovide Athalanthe, 23 ans, né au Marin, cultivateur, domicilié à la Rivière-Pilote.

17. Alcide Gruaud.

Le Président: Vous avez un surnom, déclarez-le.

L'accusé: Je ne m'appelle qu'Alcide Gruaud.

Le Président: Cependant, vous êtes connu sous le sobriquet de Gueule-Puce et vous avez figuré à la première série sous ce nom.

L'accusé: C'est le capitaine Prémorant qui a jugé à propos de me donner ce surnom. Je suis cordonnier né à Saint-Pierre, âgé de 36 ans, domicilié à la Rivière-Pilote.

18. Lucilius Jean Monflo, dit Petit Jean-Rocher, 24 ans et demi, né à Fort-de-France, marin, domicilié à la Rivière-Pilote.

19. Privat Alexandre dit Roro, ignorant son âge, habitant, né à la Rivière-Pilote.

Me Désabaye: Je voudrais savoir les véritables noms de l'accusé.

Le Président: C'est précisément de quoi nous allions nous occuper: (A l'accusé) Etes-vous Roro fils de Ste.-Marie dit Privat Alexandre, ou bien Ste.-Marie Maison dit Zozo.

Accusé: Je suis surnommé Roro, mais je ne suis pas le fils de Ste.-Marie Maison.

20. Théodat-Jean-Louis Sévère, 19 ans, né à la Rivière-Pilote, cultivateur, domicilié au dit lieu.

21. Bernard Solitude, 18 ans, né et domicilié à la Rivière-Pilote, cultivateur.

Le Président: Augustin Lubin dit Diable a été à tort compris dans cette série, une ordonnance de non lieu ayant été rendue à sa faveur.

22. Portaly Lacaille dit Taly, 22 ans, né et domicilié à la Rivière-Pilote, cultivateur.

23. Thuriaf Lacaille dit Sonson, 23 ans, cultivateur, né et domicilié à la Rivière-Pilote.

24. Joseph Yronne Lacaille, 25 ans, né à Ste.-Luce, cultivateur, domicilié à la Rivière-Pilote.

25. Astérie Boissonnet, 21 ans, cultivatrice, née et domiciliée à la Rivière-Pilote.

26. Lazare-Rose Boissonnet, 23 ans, cultivateur, né et domicilié à la Rivière-Pilote.

27. Joseph Gersan, 24 ans, cultivateur, né à la Rivière-Salée, domicilié à la Rivière-Pilote.

28. Lumina Sophie dite Surprise, 19 ans, couturière, née au Vauclin, domiciliée à la Rivière-Pilote.

29. Claveau Jean Althénor, 33 ans, cultivateur, né et domicilié à la Rivière-Pilote.

Le Président: Ne vous appelez-vous pas aussi Grenat.

L'accusé: Ce n'est pas mon nom, c'est celui de mon frère.

30. Chérubin Joachim, 55 ans, cultivateur, né au Marin, domicilié à la Rivière-Pilote.

31. Chériette Chérubin, 17 ans, couturière, née au Marin, domiciliée à la Rivière-Pilote.

32. Louise née Chérubin, 23 ans, née au Marin, couturière, domiciliée à la Rivière-Pilote.

33. Sylvanie Sylvain, 23 ans, couturière, née et domiciliée à la Rivière-Pilote.

34. Boris Joseph, 27 ans, cultivateur, né et domicilié à la Rivière-Pilote.

Le Président: Vous vous appelez aussi Joseph Michelin.

Accusé: Oui M. le Président, c'est mon titre.

Le Président: Vous dites aujourd'hui que vous êtes âgé de 27 ans, tandis que lorsque vous avez été interrogé par M. le capitaine instructeur, vous avez déclaré en avoir 33.

Accusé : Quand j'ai été interrogé, j'ai déclaré que j'ignorais mon âge et c'est M. le Capitaine instructeur qui a supposé que j'avais 33.

M. Blondel : Cet accusé M. le Président est porté sur la liste de mes clients, il vient de se marier et son acte de mariage lui accuse 32 ans.

Me Béker : J'ai été comis d'office pour défendre cet accusé ; M. Blondet déclarant à l'audience qu'il est son client, je prie M. le Président de me décharger de cette défense qui m'est confiée et je prie MM. les défenseurs de dire s'ils ne sont pas chargés de la défense des autres accusés dont la cause m'aurait été confiée.

Le Régisseur se présente dans la salle et déclare au Président que le docteur Guérin, médecin de la prison, est absent.

Le Président alors commet le docteur Encognerre présent à l'audience à l'effet de constater si l'état de l'accusé Lacaille est tel qu'il ne puisse assister aux audiences et être jugé à cette session.

35. Aristide Célina, 24 ans, cultivateur, né et domicilié à la Rivière-Pilote.

36. Emile fils de Célina, 32 ans, cultivateur, né et domicilié à la Rivière-Pilote.

37. Clerville St.-Vil, 18 ans, cultivateur, né au Vauclin, domicilié à Ste.-Luce.

38. Séram Marcelin, 36 ans, cultivateur, né et domicilié à la Rivière-Pilote.

39. Octave Célina, 40 ans, cultivateur, né et domicilié à la Rivière-Pilote.

40. Compère dit Guiton Grégoire, 28 ans, cultivateur, né à la Rivière-Salée, domicilié à la Rivière-Pilote.

41. Dame Jean-Louis Camille Cyrille, 32 ans, cultivatrice, née à la Rivière-Pilote, domiciliée à la Rivière-Salée.

42. Jean Meshuit, 26 ans, cultivateur, né à Ducos, domicilié à la Rivière-Salée.

43. Jean Frère Ferdinand, dit Ferdinand Tafi, 25 ans, cultivateur, né à Ste.-Lucie, domicilié à la Rivière-Salée.

44. Brutat Jérémie, 56 ans, cultivateur, né à Ste.-Luce, domicilié à la Rivière-Salée.

45. Maître Sidnay, dit Martin Paulin, 20 ans, cultivateur, né et domicilié à la Rivière-Pilote.

46. Charles St.-Aimé Zéline, 25 ans, charpentier, né et domicilié à la Rivière-Pilote.

47. Jean-Charles-Alexandre Zéline, 39 ans, cultivateur, né et domicilié à la Rivière-Pilote.

48. Jean-Joseph Fonrose, ignorant son âge, cultivateur, né et domicilié à la Rivière-Pilote.

49. Malvina Silvain, 21 ans, cultivatrice, née et domiciliée à la Rivière-Pilote.

L'audience est suspendue pendant 20 minutes.

A la reprise de l'audience, le greffier donne lecture du certificat du docteur Encognerre, constatant que l'accusé Eugène Lacaille est atteint d'un tremblement nerveux qui n'est point de nature à l'empêcher d'être présent aux débats.

Le Président : En conséquence de ce certificat, l'accusé Lacaille continuera à faire partie de cette série, seulement son absence à l'audience d'aujourd'hui sera constatée au procès-verbal.

L'appel des témoins a ensuite lieu. Il en est constaté quatre d'absents.

Le président fait observer qu'en raison de la longueur de l'interrogatoire des accusés, il n'y a pas lieu, quant à présent, de prononcer aucune amende contre les défaillants, ceux-ci pouvant se représenter en temps utile. Puis il demande si les défenseurs ne s'opposent point à ce qu'il autorise les témoins à s'absenter, à charge par eux de se représenter le 27, sans nouvelle citation, sauf à leur accorder une nouvelle autorisation s'il y avait lieu.

Tous les défenseurs déclarent approuver cette mesure.

Le Président : Greffier, donnez lecture du rapport du Capitaine rapporteur.

Rapport du Capitaine Rapporteur.

Incendie de l'habitation Josseau ou les Palmistes. — Pillage.

Le 23 septembre dernier, une bande, commandée par Edouard Neral, déjà compris comme chef de bande dans la première série, se transporta vers six heures et demie du soir, sur l'habitation la Josseau, sise à la Rivière-Pilote.

Le feu fut mis aux deux cases à bagasses, à une case à cabrouets et à une écurie où Ludovic mettait ses chevaux.

La bande se retira ensuite pour aller sur l'habitation Beauregard, d'où elle revint sur l'habitation la Josseau, vers les dix heures du soir.

C'est alors qu'on essaya de mettre le feu à la sucrerie et qu'on incendia un bâtiment servant de case à congos, l'écurie de l'habitation et deux cases à travailleurs.

Le feu a été mis aux deux cases à bagasses par Edouard Néral et par Horace Monrose à l'aide d'allumettes chimiques.

2° A l'écurie de Ludovic par Werner Vernet, à la case à cabrouets par Joseph Grégoire, qui s'est fait remettre des allumettes par René Joseph Yacinthe Dobore ; 4° aux bâtiments servant de cases à congos, par Edouard Néral ; 5° à l'écurie de l'habitation, par Werner Vernet.

L'instruction ne relève à la charge d'aucun des sus-nommés, des faits indiquant la part que chacun d'eux aurait prise dans l'incendie des deux cases à travailleurs.

Quant à la tentative d'incendie de la sucrerie, c'est Edouard Néral qui en est l'auteur ; il a enduit de kérosine la porte de ce bâtiment et y a mis le feu à l'aide d'allumettes chimiques ; ce sont les nommés Gros Joseph et St.-Just qui éteignirent le feu et empêchèrent Néral de mettre son projet à exécution.

On a enlevé de la sucrerie 17 futailles de rhum, 1,600 litres de sirop et un boucaut et demi de sucre.

On a pris sur l'habitation quatre bœufs de cabrouets et vingt moutons. Un seul des voleurs a été désigné, c'est le nommé Revas Romain, que Paul Ajax a vu emmenant un bœuf.

Les faits ci-dessus consignés résultent des dépositions des témoins entendus dans l'instruction.

Il ne peut y avoir de doutes sur la culpabilité des sus-nommés, car tous les témoins déposent des faits qu'ils ont vu.

Incendie de l'habitation Société Beauregard.

Le 23 septembre dernier, le feu était mis sur l'habitation Société Beauregard, à la Rivière-Pilote, dans le laps de temps compris entre le moment qui s'est écoulé à partir du départ de l'habitation la Josseau de la bande commandée par Edouard Néral et le retour de cette même bande sur ladite habitation Josseau.

La maison principale, les meubles qui s'y trouvaient, les cases à bagasses, la case à farine, deux grands bâtiments servant d'hôpital, de magasin et de logement aux indiens, le moulin et un bâtiment servant de parc à mulets y adossé étaient brûlés.

On prenait dans la sucrerie quatre barriques de sucre, une futaille de tafia dans la rhumerie, trois bœufs de cabrouets et cinquante moutons, des aveux mêmes et des révélations des accusés; il résulte que le feu a été mis : 1° à la maison principal, par Maria Bouchon, St.-Paul Augustin, Germain Agathe, Alténor Lysis, Ovide Attalanthe et Salomon Dorléus.

2° Aux deux cases à bagasse par Félicien Mapouya, Maria Bouchon, Germain Agathe, Bois, Sully Thalès, Edouard Néral, Marcelin Elise, Adèle Négrant et Adèle Frémont. Ces deux dernières ont, avec Edouard Néral, fourni des allumettes aux incendiaires, notamment à Félicien Mapouya et à Maria Bouchon.

3° A la gragerie où case à farine par Maria Bouchon et Germain Agathe.

4° Aux deux bâtiments servant de cases à cultivateurs, par Saint Paul Augustine dit Moreau Saint Paul, Saint Paul Sainte Croix dit Louis Joseph Sainte Croix et Salomon Dorléus.

Ceux signalés comme ayant pris des objets, des animaux et des bestiaux, sont: Saint Paul Augustin, Saint Paul Sainte Croix et Jean Cassius.

Ceux qui commandaient ces bandes armées sont les nommés Almaïde Léon Eugène, et Saint Paul Augustin avec Edouard Néral.

Pillage Desmartinières.

Le 23 septembre, une bande armée se portait sur l'habitation Desmartinières et enlevait dans la maison une montre en or et sa chaîne, une épée, deux sabres, une paire de ciseaux, une dame-jeanne de vin et un chapeau de panama.

Parmi ceux qui exerçaient un commandement, les nommés Althénor Lysis et Théodat Jean Louis ont été remarqués.

Ceux qui ont été désignés par les témoins et par les déclarations des personnes compromises, sont: 1° les nommés Althénor Lysis, Charlery dit Sylver Charlery, Solitude, Alcide Gruaud dit Gueule-Puce, Monfio dit Petit Jean Rocher, Roro fils de Sainte Marie Maison dit Privat Alexandre, Emile Auguste Léandre, désigné dans la procédure de l'incendie Codé, sous le nom d'Emile Auguste, Théodat Jean Louis Sévère, Bernard fils de Solitude, Augustin Lubin dit Diable désigné sous le nom d'Auguste Lubin dans l'incendie Codé, Sidney Rosier dit Sydney Lubin Rosier, tous compris dans des procédures d'incendie

2° Ducerville Lacaille, Halgan Moïse, Toto Solitude, Emile Suzette ou Céra Michel, Hervé Lambert, Eustache Moreston, Ernest François, Balthazard Assé et Roume Alexandre.

Aucun fait n'est imputé à ces derniers dans les affaires du Sud, ils n'ont figuré que dans ce pillage.

Incendie Gustave Garnier Laroche.

Le 22 septembre dernier, une bande armée, commandée par Eugène Lacaille, envahit la propriété de Gustave Garnier Laroche, sise à la Rivière-Salée. Les trois fils d'Eugène Lacaille: Yronne Lacaille, Portaly Lacaille, Sonson Lacaille, Bernard fils de Solitude et Alcide Gruaud dit Gueule-Puce, commandaient sous les ordres de cet homme.

Non seulement tous ont mis le feu sur l'habitation, mais encore ont excité ceux qu'ils avaient entraînés avec eux à le mettre.

Les bâtiments ci-après désignés ont été brûlés 1° le moulin à vapeur par Yronne Lacaille, Bernard fils de Solitude, Portaly Lacaille dit Taly, Sonson Lacaille dit Turiaf, Monfio dit Petit Jean Rocher et Alcide Gruaud dit Gueule-Puce.

2° La rhumerie par les mêmes.

3° La sucrerie par les mêmes.

4° La maison principale par Sainte Marie Maison dit Privat Alexandre ou Roro, Sonson Lacaille dit Turiaf et Portaly Lacaille dit Taly.

5° La case à bagasse par Portaly Lacaille dit Taly et Sonson Lacaille dit Turiaf.

Eugène Lacaille a pris part à l'incendie de tous ces bâtiments.

On a encore brûlé une case à barriques, une case à farine et un bâtiment qui servait en partie de cuisine et en partie de magasin.

Une grande quantité de sirops, de sucre et de meubles ont été brûlés. Le relevé se trouve consigné dans le procès-verbal de constat.

Les auteurs principaux de ces faits, sont les sus-nommés, ils ont brûlé en outre quatre cabrouets et un camion.

Quant à Emilien Dabadie, inculpé dans cette affaire, il ne résulte ni des dépositions de témoins ni des déclarations des prévenus, qu'il ait pris une part active à cet incendie.

Incendie Joseph Garnier Laroche.

Le 23 septembre dernier, les nommés Althénor Grenat, Chérubin, Surprise, Gersan et Lazare Boissonnet, assistés d'Yronne Lacaille et d'Alcice Gruaud dit Geule-Puce, se rendaient sur l'habitation Joseph Garnier Larroche, à la Rivière-Pilote et incendiaient la maison paincipale et une écuie, ils brûlaient et pillaient les meubles et objets renfermés dans la maison et des animaux.

Le lendemain, Surpriso, Astéry Boissonnet, Clerville fils de Sinville et Joseph Boris, retournaient sur la propriété et brûlaient la cuisine.

Il résulte de la procédure et des dépositions des témoins, que ceux qui ont coopéré à l'incendie de la maison et de l'écurie, sont les nommés Astérie Boissonnet, Lazare Boissonnet, Gersan, Surprise, Altéus, Alténor Grenat dit Alténor Claveau-Jean, Chérubin, ses deux filles Chériette et Louisine, Malvina Sylvain, Sylvanie Sylvain, Joseph Boris, Cassius Boissonnet, Aristide fils de Célina, Emile fils de Célina, Yronne Lacaille, Alcide Gruaud dit Gueule-Puce, Auguste Sévérine, Clerville fils de Sinville, Marcelin Sélam et Célina.

Quant au nommé Surville fils de Sinville, il ne résulte pas de la procédure qu'il ait pris part à l'incendie.

Incendie Symphorien Garnier Larroche.

Le 33 septembre dernier, la même bande a aussi incendié, l'habitation Symphorien Garnier Laroche, la maison principale, le moulin à bêtes, la sucrerie, la case à bagasses, un bâtiment servant de case à barriques, une case à farine et un bâtiment servant de magasin ont été brûlés, les meubles ont été en partie volés ou brûlés, ainsi que le sucre et le sirop qui se trouvaient dans les bâtiments, une charrue et un cabrouet neuf. On a pris en outre trois bœufs de cabrouet.

Les incendiaires sont Lazare Boissonnet, Gersan, Surpriso, Auguste Sévérine, Astéry Boissonnet, Cassius Boissonnet, Joseph Boris, Alténor Grenat, Alcide Gruaud, Altéus, Chérubin, Chériette et Louisine Chérubin, Malvina et Sylvanie Sylvain, Comper dit Guillon Grégoire.

Les pillards sont outre les sus-nommés, Monlio dit Petit-Jean Rocher, Bernard fils de Solitude, Coco Amédé, Assé Amédé, Cyrille Cammille Jean-Louis, Emile Sydney et Victorin Perpétue.

Quand à ces cinq derniers, il ne paraît pas qu'ils soient poursuivis pour d'autres faits et compromis dans les affaires d'incendie.

Incendie de l'habitation St.-Pé.

Le 23 septembre dernier, une bande armée se transportait vers les neuf heures du soir sur l'habitation St.-Pé et mettait le feu : 1° à la maison principale, 2° à la case à farine, 3° à l'écurie, 4° à la sucrerie, 5° au moulin, 6° à une case à bagasse, 7° à une rhumerie.

Il résulte des dépositions des témoins entendus, des aveux des accusés et des révélations faites par ces derniers que le feu a été mis :

1° A la maison principale par 1° la femme Cyrille, 2° la nommée Surprise, 3° le nommé Méhuit, 4° le nommé Décius Sydney, 5° le nommé Gersan, 6° Lazare Boissonnet, 7° Astérie Boissonnet et 8° Maître Sydney.

2° A la case à farine par Astérie Boissonnet qui a pris une torche de paille qu'elle a allumée au feu de la maison principale et qu'elle a apportée à ladite case qu'elle a incendiée.

3° A l'écurie par Moshuit.

4° Aux bâtiments d'exploitation, c'est-à-dire au moulin, à la sucrerie, à la case à bagasse et à la rhumerie par 1° Les sus-nommés, 2° Frère Ferdinand dit Ferdinand Tafi, Gérémi Bruta, Emile Célina, Aristide Célina, Alexandre Célina.

La nommée Surprise et la femme Cyrille se sont fait remarquer par leur exaltation au milieu de l'incendie, non-seulement elles ont mis elles-mêmes le feu, mais encore excité les sus-nommés à le mettre; tous les sus-nommés ayant agi après s'être concertés d'avance et s'étant mutuellement prêtés leur concours il y a lieu d'imputer à tous l'incendie de l'habitation St.-Pé.

Les nommés Sainte-Rose Bardy Augustin, Paulin Martin et Emile Sydney, doivent être relâchés.

Les dépositions des témoins n'établissent pas d'une manière certaine, qu'ils aient rempli un rôle actif, c'est à dire mis eux-mêmes le feu ou alimenté l'incendie.

Arrestation de la Poste. Violence sur le postillon. Correspondance décachetée.

Le 24 et 25 septembre, le postillon Tardy Pascal était arrêté à la Régale par Eugène Lacaille, Portally Lacaille, Yronne Lacaille, Sonson Lacaille, Morigène Lacaille, Emile Auguste-Léandre et Viri St-Cyr. On lui arrachait de force les correspondances pour en prendre connaissance.

Non seulement le secret des lettres était violé, mais encore le contenu dénaturé.

Morigène Lacaille femme Mathéus, ouvrait une lettre de M. le Gouverneur et disait à tous ceux qui l'entourait, que les mots suivants s'y trouvaient consignés : « Restez en paix et attendez, nous allons rétablir l'esclavage » ; chose évidemment convenue entre elle, son père et les sus nommés à l'exception de Viri St-Cyr pour déterminer les personnes qui accompagnaient Eugène Lacaille et faisaient partie de sa bande, à l'aider dans l'accomplissement du projet, qu'il avait et qui du reste, résulte de la procédure, de piller, d'incendier et de tuer tous les partisans de l'ordre et de s'emparer de la Martinique dont lui et ses complices se seraient partagé les terres.

Quant à Viri St-Cyr, le fait seulement qui peut lui être imputé dans la procédure actuelle, est celui relatif aux violences exercées sur le postillon et la violation du secret des lettres.

Les nommés Jules Emmanuel Chéry et Louisy Elphège impliqués dans la procédure dont il s'agit, ne paraissent pas suffisamment avoir pris part à ce qui s'est passé à l'occasion de l'arrestation de la poste.

Bande Lacaille arrêtée les armes à la main.

Le 26 septembre les marins de la Rivière-Pilote faissient jonction avec les troupes et les volontaires du St-Esprit et de la Rivière-Salée.

Les nommés Fonrose, Alcide Gruaud, Charles St-Aimé Zéline, Elie Fontaine et Marcellin Sélam furent arrêtés, ils faisaient partie de la bande Lacaille.

Le premier était armé d'un fusil ainsi que Charles St-Aimé Zéline, le troisième d'un revolver et le second avait des munitions.

Marcelin Sélam se rattache à la procédure Joseph Garnier Laroche, c'est un des incendiaires de cette habitation.

Quant à Elie Fontaine, il n'apparait pas, qu'il ait matériellement pris part à aucun incendie, mais il faisait partie de la bande Lacaille.

Nous sommes d'avis, en ce qui concerne les faits qui ont eu lieu dans les communes du Sud que non-lieu soit prononcé.

1° En ce qui concerne l'habitation Société-Beauregard, en faveur d'Eugène Louis Telgar, retenu et à retenir pour d'autres faits, et de Jean Cassius, qui n'a été signalé que comme pillard.

2° En ce qui concerne le pillage chez Desmartinières, en faveur de: 1. Duclerville Lacaille; 2. Halgan Moïse; 3. Toto Solitude; 4. Emile Suzette; 5. Hervé Lambert; 6. Eustache Moreston; 7. Balthazar Assé et Rome Alexandre, tous laissés en liberté par les magistrats instructeurs.

3° En ce qui concerne l'incendie Gustave Garnier Laroche, en faveur d'Emilien Dabadie.

4° En ce qui concerne l'incendie de l'habitation Joseph Garnier Laroche, en faveur de Surville Jean Achille, fils de Sinville, auquel on n'a reproché aucune part dans l'incendie.

5° En ce qui concerne le pillage et l'incendie Symphorien Garnier Laroche, en faveur de: 1. Coco Amedé; 2. Assé Amédé; 3. Camille Cyrile Jean Louis; 4. Emile Sidney, et 5. Victorin Perpétue.

6. En ce qui concerne l'incendie de l'habitation St.-Pé, en faveur de: 1. Altéus; 2. Alténor Grenat, dit Alténor Claveau Jean; 3. Chérubin Joachin; 4. Joseph Boris; 5. Alcide Gruaud; 6. Ste.-Rose Bardy Augustin; 7. Paulin Martin, et 8. Emile Sidney.

7° En ce qui concerne l'arrestation de la poste, en faveur de Jules Emmanuel Chéry et de Louisy Elphège.

Et nous concluons maintenant que les ci-après nommés soient renvoyés sous l'inculpation, en ce qui concerne l'incendie de l'habitation la Josseau et le pillage.

1. Edouard Néral et Horace Monrose, d'avoir à la Rivière-Pilote, le 23 septembre 1870, ensemble et de complicité, volontairement mis le feu à l'aide d'allumettes chimiques, aux deux cases à bagasses de l'habitation Josseau ou Palmiste, bâtiments non habités ni servant à l'habitation et appartenant à autrui.

2. Edouard Néral seul.

1° D'avoir ledit jour et au même lieu, sur ladite habitation, volontairement mis le feu à un bâtiment servant de logement aux congos de l'habitation, bâtiment habité et servant à l'habitation, appartenant à autrui.

2° D'avoir ledit jour et au même lieu, sur ladite habitation, tenté de mettre le feu à la sucrerie, bâtiment non habité ni servant à l'habitation, et appartenant à autrui. Tentative manifestée par un commencement d'exécution et qui n'a manqué son effet que par des circonstances indépendantes de la volonté de son auteur.

3° Joseph Grégoire et Hyacinthe Bobore, d'avoir ensemble et de complicité, le même jour, au même lieu et sur la même habitation, volontairement mis le feu à une case à cabrouets, bâtiment non habité ni servant à l'habitation, et appartenant à autrui.

Ou tout au moins Hyacinthe Bobore, de s'être rendu complice du crime en procurant audit Joseph Grégoire, des allumettes qui ont servi à mettre le feu, sachant qu'elles devaient y servir, et d'avoir, avec connaissance, aidé ou assisté ce dernier dans les faits qui ont préparé, facilité ou consommé ledit crime.

4. Werner Vernet; d'avoir au même lieu, le même jour, sur ladite habitation, volontairement mis le feu à l'écurie à l'usage de Ludovic et à l'écurie de l'habitation, bâtiment non habité ni servant à l'habitation appartenant à autrui.

5. Romain Revas et tous les sus-nommés, d'avoir ensemble et de complicité, dans les mêmes circonstances de temps et de lieu, en réunion de plusieurs personnes, à force ouverte et assistés par une bande armée, pillé les marchandises effets et propriétés mobilières des sieurs de Fougainville et Duplessis, notamment du rhum, du sucre, des bœufs et des moutons.

Crimes prévus et punis par les art. 434 §§ 1 et 3: 440, 59, 60 et 2 du code pénal colonial.

En ce qui concerne l'incendie de l'habitation Société Beauregard.

1. Almaïde Léon Eugène et St.-Paul Augustine dit Moreau St.-Paul; de s'être mis à la Rivière-Pilote le 23 septembre à la tête des bandes armées et avoir exercé un commandement ou une fonction quelconque pour piller envahir et s'emparer des propriétés d'une généralité de citoyens, notamment de l'habitation Société Beauregard.

2. Maria Bouchon, St.-Paul Augustine dit Moreau St.-Paul, Germain Agathe, Alténor Lysis, Ovide Athalantho et Salomon Dorleus; d'avoir à la Rivière-Pilote sur l'habitation Société Beauregard le 23 septembre 1870, volontairement mis le feu ensemble et de complicité, à la maison principale de l'habitation, bâtiment habité et servant à l'habitation et appartenant à autrui.

3. Félicien Mapouya, Maria Bouchon, Germain Agathe, Bois, Sully Tales, Edouard Néral, Marcelin Elise, Adèle Négrant et Adèle Frémont; d'avoir le même jour et au dit lieu, ensemble et de complicité, volontairement mis le feu aux deux cases à bagasses de la dite habitation, bâtiment non habité ni servant à l'habitation et appartenant à autrui.

Où tout au moins Edouard Néral, Adèle Négrant et Adèle Frémont, de s'être rendus complices du crime, en procurant des allumettes aux sus-nommés qui ont servi à mettre le feu, sachant qu'elles devaient y servir, et d'avoir avec connaissance aidé et assisté les sus-nommés, dans les faits qui ont préparé, facilité ou consommé ledit crime.

4. Maria Bouchon, Germain Agathe, d'avoir au dit lieu le même jour, volontairement ensemble et de complicité, mis le feu à la gragerie ou case à farine de ladite habitation, bâtiment non habité ni servant à l'habitation et appartenant à autrui.

5. St.-Paul Augustine, dit Moreau St.-Paul, Ste.-Croix dit Louis Joseph Ste.-Croix et Salomon Dorleus, d'avoir ensemble et de complicité, ledit jour et audit lieu, volontairement mis le feu aux cases à cultivateurs, bâtiments habités servant à l'habitation et appartenant à autrui.

6. Edouard Néral, St.-Paul Augustine dit Moreau St.-Paul; d'avoir audit lieu et le même jour ensemble et de complicité volontairement mis le feu à un bâtiment servant d'hôpital et de logement aux Indiens.

7. St.-Paul Augustin dit Moreau St.-Paul, Sully Thalès, Germain Agathe, Maria Bouchon et Salomon Dorléus, d'avoir au même lieu et ledit jour ensemble et de complicité volontairement mis le feu au moulin à bêtes et au bâtiment y adhérent servant de parc à mulets, bâtiments non habités ni servant à l'habitation et appartenant à autrui.

8. Tous les sus-nommés, d'avoir ensemble et de complicité le même jour et audit lieu, en réunion de plusieurs personnes, à force ouverte et assistés par une bande armée, pillé les marchandises effets et propriétés mobilières du propriétaire de ladite habitation, notamment du rhum, du sucre, des bœufs, des moutons et des chevaux; crimes prévus et punis par les articles 96, 434 § 1 et 3, 440 59 et 60 du Code Pénal Colonial.

En ce qui concerne le pillage Desmartinières:

1. Théodat Jean-Louis Sévère; de s'être mis à la Rivière-Pilote le 23 septembre dernier, à la tête des bandes armées et avoir exercé un commandement ou une fonction quelconque pour piller s'emparer et envahir des propriétés d'une généralité de citoyens, notamment sur l'habitation Desmartinières.

2. Athénor Lysis, Charlery dit Charlery Silver, Solitude, Alcide Gruaud dit Gueule-Puce, Monflo dit Petit-Jean Rocher, Roro fils de Ste.-Marie Maison dit Privat Alexandre, Emile Auguste Léandre dit Emile Auguste, Théodat Jean-Louis, Bernard fils de Solitude, Augustin Lubin dit Diable, Sidney Rosier dit Sidney Lubin Rosier, d'avoir ensemble et de complicité à la Rivière-Pilote, sur l'habitation Desmartinières, le 23 septembre, en réunion de plusieurs personnes, à force ouverte et assistés par une bande armée, pillé les effets et propriétés mobilières du sieur Desmartinières notamment, une montre en or et sa chaîne, une épée deux sabres, une paire de ciseaux, une dame-jeanne de vin et un chapeau de panama; crimes prévus et punis par les articles, 96, 440, 59 et 60 du Code Pénal Colonial.

En ce qui concerne l'incendie de l'habitation Gustave Garnier Larroche:

1. Eugène Lacaille, Yronne Lacaille, Bernard fils de Solitude, Portaly Lacaille, Sonson Lacaille et Alcide Gruaud dit Gueule-Puce, 1° de s'être ensemble et de complicité, dans les communes du Sud et notamment à la Rivière-Salée, en septembre 1870, rendus coupables d'un attentat dont le but était, 1° d'exciter à la guerre civile en armant et en portant une partie des citoyens à s'armer contre l'autre et à porter la dévastation le massacre et le pillage dans les communes du Sud, 2° d'exciter une partie des citoyens à s'armer contre le Gouvernement de la France, à l'effet de soustraire la colonie à l'autorité de la Métropole, attentat constitué par une tentative d'exécution.

2° De s'être à la Rivière-Salée, le 22 septembre dernier, mis à la tête des bandes armées et avoir exercé un commandement ou une fonction quelconque, pour piller, envahir et s'emparer des propriétés d'une généralité de citoyens;

3° Eugène Lacaille, Yronne Lacaille, Bernard Solitude, Portaly Lacaille, Sonson Lacaille, Monflo dit Petit-Jean Rocher et Alcide Gruaud dit Gueule-Puce, d'avoir ensemble et de complicité, volontairement mis le feu le 22 septembre sur l'habitation Gustave Garnier Laroche, à la Rivière-Salée, au moulin à vapeur, à la rhumerie et à la sucrerie, bâtiments non habités, ni servant à l'habitation et appartenant à autrui.

4° Eugène Lacaille, Sainte-Marie Maison dit Privat Alexandre, Sonson Lacaille et Portali Lacaille, d'avoir ledit jour au même lieu ensemble et de complicité volontairement mis le feu à la maison principale de Gustave Garnier Laroche, bâtiment habité et servant à l'habitation et appartenant à autrui.

5° Tous les sus-nommés d'avoir audit lieu et le même jour, ensemble et de complicité, en réunion de plusieurs personnes, à force ouverte et assistés par une bande armée, pillé les marchandises, denrées, effets et propriétés mobilières, appartenant au sieur Gustave Garnier Laroche, notamment du rhum, du sucre, des meubles, des bijoux, des sangles et brides de cheval, ou tout au moins Eugène Lacaille, de s'être rendu complice des crimes d'incendie et de pillage, 1° en provoquant les sus-nommés par promesses, menaces, machinations à ces actes ou en leur donnant des instructions pour les commettre; 2° en aidant ou assistant les sus-nommés, avec connaissance, dans les faits qui ont préparé, facilité ou consommé lesdits crimes.

Crimes prévus et punis par les articles, 87, 88, 89, 91, 96, 434 §§ 1 et 3, 440, 59 et 60 du Code Pénal Colonial.

En ce qui concerne l'incendie de l'habitation Joseph-Gustave-Garnier Laroche :

1° Althénor Grenat dit Althénor Claveau Jean Chérubin, Gersan et Lazare Boissonnet, de s'être, à la Rivière-Pilote, le 23 septembre dernier mis à la tête des bandes armées, d'avoir exercé un commandement ou une fonction quelconque, pour piller, envahir et s'emparer des propriétés d'une généralité de citoyens.

2° Astérie Boissonnet, Lazare Boissonnet, Gersan, Surprise, Altius, Althénor Grenat dit Althénor Claveau Jean, Chériette et Louisine Chérubin, Malvina et Sylvanie Sylvain, Joseph Boris, Cassius Boissonnet, Aristide fils de Célina, Emile fils de Célina, Yvonne Lacaille, Alcide Gruaud dit Gueule-Puce, Auguste Sévérine, Clerville fils de Sinville, Marcelin Sélam et Célina, d'avoir ensemble et de complicité à la Rivière-Pilote, le 23 septembre volontairement mis le feu à la Maison principale de l'habitation Joseph Garnier Laroche et à l'écurie, bâtiment habité et servant à l'habitation et bâtiment non habité ni servant à l'habitation et appartenant à autrui.

3° Surprise, Astérie Boissonnet, Clerville fils de Sinville et Joseph Boris, d'avoir audit lieu le 24 septembre ensemble et de complicité volontairement mis le feu, à la cuisine bâtiment non habité ni servant à l'habitation et appartenant à autrui.

4° Tous les sus-nommés, d'avoir ensemble et de complicité le 23 septembre dernier, en réunion de plusieurs personnes, à force ouverte, et assistés par une bande armée, pillé les marchandises, effets et propriétés mobilières du propriétaire de l'habitation notamment des meubles et des animaux.

Crimes prévus et punis par les articles 96, 434 §§ 1 et 3, 440, 59 et 60 du Code Pénal Colonial.

En ce qui concerne l'incendie de l'habitation Symphorien Garnier Laroche :

1° Lazare Boissonnet, Gersan, Surprise, Auguste Sévérine, Astérie Boissonnet, Cassius Boissonnet, Joseph Boris, Althénor Grenat dit Althénor Claveau-Jean, Alcide Gruaud dit Gueule-Puce, Altéus, Chérubin, Chériette et Louisine Chérubin, Malvina et Sylvanie Sylvain et Comper dit Guitton Grégoire, d'avoir, ensemble et de complicité, à la Rivière-Pilote, le 23 septembre dernier, sur l'habitation Symphorien Garnier Laroche, volontairement mis le feu à la maison principale, au moulin à bêtes, à la sucrerie, à la case à bagasse, à un bâtiment servant de case à barriques, à une case à farine, à un bâtiment servant de magasin et à une case à cultivateur, bâtiments habités et servant à l'habitation et bâtiments non habités ni servant à l'habitation et appartenant à autrui.

2° Tous les sus-nommés et les nommés Monflo dit Petit-Jean Rocher et Bernard, fils de Solitude, d'avoir, ensemble et de complicité, le même jour, au même lieu, en réunion de plusieurs personnes, à force ouverte et assistés par une bande armée, pillé les marchandises, effets et propriétés mobilières de Symphorien Garnier Laroche, notamment des meubles, des animaux, du sucre et du sirop;

Crimes prévus et punis par les articles 434, §§ 1 et 3, 440, 59 et 60 du Code Pénal Colonial.

En ce qui concerne l'incendie de l'habitation Saint-Pé :

Les nommés Surprise, Meshuit, Décius Sidney, Gersan, Lazare Boissonnet, Astérie Boissonnet Maître Sidney, Frère Ferdinand dit Ferdinand Taff, Gérémie Bruta, Emile Célina, Alexandre Célina, femme Cyrille, d'avoir, ensemble et de complicité, au St.-Esprit, le 23 septembre dernier, volontairement mis le feu sur l'habitation Saint-Pé, à la maison principale, à la case à farine, à l'écurie, à la sucrerie, au moulin, à une case à bagasse et à la rhumerie, bâtiments habités ou servant à l'habitation et bâtiments non habités ni servant à l'habitation et appartenant à autrui,

Crimes prévus et punis par les articles 434 § 1 et 3 59 et 60 du code pénal colonial.

En ce qui concerne l'arrestation de la poste, les violences exercées sur le postillon et la violation des correspondances :

1° Norigène Lacaille femme Mathéus, de s'être rendue complice de l'attentat prémédité par Bernard Solitude, Alcide Gruaud dit Gueule-Puce, Eugène Lacaille, Yvonne Lacaille, Portaly Lacaille, Sonson Lacaille et Emile Auguste Léandre, dont le but était 1° d'exciter à la guerre civile, en armant ou en portant une partie de la population à s'armer contre l'autre et à porter la dévastation le massacre et le pillage dans les communes du sud de la colonie 2° et d'exciter une partie de la population à s'armer contre le gouvernement de la France à l'effet de soustraire la colonie à l'autorité de la Métropole, attentat constitué par une tentative d'exécution, soit en aidant ou assistant les auteurs sus-nommés, soit en y provoquant par des cris proférés publiquement; 2° Eugène Lacaille, Portaly Lacaille, Sonson Lacaille, Yvonne Lacaille, Morigène Lacaille femme Mathéus, Emile Auguste Léandre et Vivi St.-Cyr; d'avoir ensemble et de complicité le 24 et 25 septembre 1870 à la Régale, volontairement exercé des violences et voies de fait sur la personne de Tardy Pascal agent de la poste, sans qu'il en soit résulté, maladie ou incapacité de travail personnel pendant plus de vingt jours.

3° Les mêmes: D'avoir au même lieu, les mêmes jours, ensemble et de complicité, arrêté la poste et violé le secret des correspondances.

Crimes et délits prévus et punis par les articles 87, 88, 89, 91, 311, 59 et 60 du code pénal colonial et 3 paragraphe 6 de la loi sur la presse dans les colonies du 7 août 1850 (Bulletin de la Martinique 1852 p. 530.)

En ce qui concerne la bande Lacaille, Fonrose, Alcide Gruaud dit Gueule-Puce, Elie Fontaine, Charles Saint Aimé Zéline, Marcelin Sélam et Jean Alexandre Charles Zéline; d'avoir soit comme chefs soit comme affiliés fait partie de la bande commandée par Eugène Lacaille; bande levée par ce dernier dans le but de porter la dévastation le massacre, le pillage et l'incendie dans les communes du sud, et de soustraire la colonie à l'autorité de la Métropole, les sus-nommés arrêtés le 26 septembre, à la Régale, lieu de réunion de ladite bande.

Crimes prévus et punis par les articles 87, 88, 89, 91, 96, 97, 59 et 60 du code pénal colonial.

Nous signalerons comme étant compromis dans des affaires étrangères à cette série: Ovide Athalante, Alcide Gruaud dit Gueule-Puce, Théodat Jean Louis Sévère, Lazare Boissonnet, Gersan, Altéus, Alténor Grenat dit Alténor Claveau Jean, Charles St.-Aimé Zéline et Sidney Rosier..................................

....

Il y aura donc lieu, quelle que soit la décision du Conseil de guerre à leur égard, de les retenir pour qu'ils soient jugés quant aux faits non relevés à leur charge dans cette série.

Nous ferons remarquer qu'Eugène Lacaille est compromis dans les affaires de Ste.-Anne et de Ste.-Luce, qu'il devra aussi être retenu.

Signé E. PRÉMORANT,

Capitaine rapporteur.

Le Président : Il résulte des pièces qui viennent d'être lues que vous êtes accusés soit d'excitation à la guerre civile, soit d'avoir voulu soustraire la colonie à la France, soit d'incendie de maisons habitées ou non habitées, soit de pillage. La loi vous accorde le droit de tout dire pour votre défense.

Je prie MM. les défenseurs d'apporter dans l'accomplissement de leur tâche le dévouement dont ils ont déjà fait preuve dans la première série; pas de défaillance. Le conseil a besoin des lumières de la défense, et le défenseur est la moitié du juge.

Me Holozet : J'ai été commis d'office pour défendre les deux frères Célina. J'ai envoyé mon clerc auprès d'eux; ils m'ont fait répondre que c'était Me Béker qui était leur défenseur. Je désirerais savoir si je suis déchargé de la cause de ces deux accusés.

Le Président : Vous êtes leur défenseur tant que votre confrère, Me Béker, ne déclarera pas vous substituer. J'ai déjà d'ailleurs déclaré que les défenseurs pourront s'entendre ensemble pour se substituer réciproquement dans la défense des accusés. Il me semble que j'ai omis de commettre un défenseur à l'accusé Fonrose.

Me Beker : Pardon, M. le président, vous m'avez commis pour sa défense. Seulement l'on m'avait dit qu'il n'était point arrêté. Mais puisqu'il est ici, je vais m'en occuper.

Le Président aux accusés: Il y en a-t-il parmi vous qui n'ont pas de défenseurs?

Plusieurs accusés se lèvent et déclarent ne pas en avoir.

Le président lit alors les noms des défenseurs désignés à chacun des accusés et annonce que MM. Blondet et Duquesnay se sont présentés à lui pour défendre les accusés déjà pourvus de défenseurs. Il réitère son observation précédente en ce que les défenseurs sont libres de céder leurs causes.

La séance est levée et renvoyée au lendemain à midi.

Séance du 23 mai 1871.

La séance s'ouvre à midi.

Me Saint-Félix : M. le Président, j'ai été commis d'office pour défendre Portali et Sonson Lacaille; depuis, ils ont choisi pour leur défenseur M. Clarac qui accepte leur cause. Je vous prie de constater cette mutation.

Le Président : Les deux fils Lacaille ont été requis de choisir un défenseur, ils n'ont pas indiqué M. Clarac, qui les avait défendus à la première série; les demandes réitérées de mutations dans la défense sont un inconvénient qui doit cesser. D'ailleurs, si M. Clarac accepte, la mutation a lieu. — A l'accusé Eugène Lacaille: Quels sont vos noms, prénoms, âge, profession, lieu de naissance et domicile?

L'accusé : Eugène Lacaille, né en 1803 à Ste.-Luce, habitant-propriétaire, domicilié à la Rivière-Pilote.

Le Président: Il résulte des pièces lues hier à l'audience que vous êtes accusé d'avoir excité à la guerre civile, d'avoir porté le pillage et la dévastation dans Sud de la Matinique, d'avoir été chef de bande, et même l'organisateur des bandes qui ont commis ces pillages. Vous avez le droit, vous et votre défenseur, de tout dire dans l'intérêt de votre défense, mais en vous maintenant dans les bornes de la modération. Le Docteur Guérin, médecin ordinaire de la prison, a constaté ce matin votre état; il résulte de son rapport que votre santé vous permet de suivre les débats. Je vous invite donc à éviter les maladies feintes dans le genre de celle d'hier, car elles ne pourront que retarder votre jugement.

Interrogatoire des Accusés.

Premier accusé : *Edouard Néral.*

Le Président: Vous êtes accusé d'avoir, le 23 septembre 1870, à la Rivière-Pilote, habitation Josseau, 1° volontairement mis le feu à des édifices non habités, 2° le même jour, au même endroit, à des édifices habités? — R. Je n'ai point mis le feu sur l'habitation les Palmistes ou Josseau; j'étais avec M. Cotbise sur l'habitation Beauregard ou la Société, quand j'ai vu la Josseau en feu. Je ne faisais pas partie de la bande qui a mis le feu à Josseau et à Beauregard; c'est Joseph, travailleur de l'habitation Josseau, qui a commandé à *ses soldats* de mettre le feu à Josseau; il est ici comme témoin. A huit heures du soir, je me suis rendu sur l'habitation Josseau qui était en feu, avec Althénor, pour poursuivre les individus qui avaient pillé M. Cotbise. Pendant mon trajet, j'ai fait la rencontre de beaucoup de pillards, parmi lesquels s'en trouvait un qui portait une bouteille de kérosine. J'ai pris de force cette bouteille et l'ai remise à Petit-Négro.

D. Quel usage avez-vous fait de cette kérosine? — R. St.-Juste Cyrille a pris la bouteille des mains de Petit-Négro et m'a demandé si elle m'appartenait. Je lui ai répondu que non et lui ai dit d'écraser la bouteille. C'est Joseph et Saint-Paul qui ont commandé de mettre le feu sur l'habitation. Joseph a démonté la porte de la maison et a pillé avec les autres; il est ici, il ne pourra me démentir. Doriéus Salomon et Saint-Paul Sainte-Croix étaient au nombre des pillards. Quand je suis arrivé à Josseau, le feu était éteint.

D. Vous dites que le feu était éteint quand vous êtes arrivé sur l'habitation. Il a été comprimé, c'est vrai, dès le début, mais on l'a remis une seconde fois. — R. La case à bagasse seule était brulée à mon arrivée.

D. On vous a vu mettre le feu à la case de Joseph et à celle des congos? — R. Non, j'ai des témoins.

D. Il y a aussi des témoins qui disent que vous avez mis le feu? — R. C'est possible.

D. Vous avez déjà comparu devant nous, et malgré vos dénégations, vous avez été condamné. Vos juges ne regrettent pas cette condamnation; entrez dans la voie des aveux, c'est la seule manière d'obtenir l'indulgence. — R. Je dis la vérité.

M. de Pontcharra, juge: Quel est ce Joseph, dont la case a été incendiée; n'a-t-il pas un autre nom? — Je ne le connais que sous le nom de Joseph, je ne connais pas ses autres titres.

D. Ainsi, vous persistez à nier que vous ayez mis le feu et à Beauregard, et à Josseau? — R. Oui, M. Cotbise vous le dira.

Deuxième accusé: *Werner Vernet.*

Le Président: Vous êtes accusé d'avoir, le 23 septembre, à la Rivière-Pilote, habitation Josseau, volontairement mis le feu à des édifices non habités. — R. Le 22 septembre, à huit heures du soir, j'étais chez moi quand Paul Adelphe et Lucien sont venus me dire que j'avais tort de laisser mon cheval dehors. La Josseau était déjà incendiée; je suis accusé d'avoir participé à cet incendie; je travaille sur cette propriété, je n'aurais pas commis une telle scélératesse.

D. Vous pouviez être chez vous à huit heures, mais on vous a vu mettre le feu aux écuries à sept heures. — R. Quand je suis arrivé tout était déjà consumé.

D. Vous vous trompez, votre moyen de défense n'est pas habile. Le feu a été mis deux fois à Josseau. Une première fois il a été éteint, malheureusement on n'a pu opérer aucune arrestation, mais plus tard il a été allumé de nouveau. — R. Quand je suis arrivé après le second incendie, tout était brûlé, sauf la sucrerie. J'ai trouvé Edouard Néral qui se disputait avec le géreur, M. Morency; il voulait mettre le feu à la sucrerie et M. Morency voulait l'en empêcher. Celui-ci vous dira si j'ai mis le feu.

D. Avez-vous vu une bouteille de kérosine entre les mains de Néral? — R. Non.

D. Connaissez-vous Petit-Négro? — R. Oui, il est ici.

Le Président à Edouard Néral : Q'avez-vous à répondre à ce que vient de dire l'accusé?

Accusé Néral : Il ment: qu'il dise où il m'a vu me disputant avec M. Morency.

D. Il vous a vu ; que ce soit sous un chêne ou à l'*ombre d'un ananas*, peu importe. Qu'avez-vous été faire à l'écurie? — R. Je ne sais pas cela, je n'ai pas mis le feu.

D. Connaissez-vous Ajax? — R. Oui, il est témoin contre moi; il m'en veut, depuis qu'un jour il m'a trouvé chez lui, causant avec sa femme, et il vient mentir parce qu'on l'a payé pour cela.

D. Le paiement accordé aux témoins n'est pas lourd; les trois-quarts mangent plus que l'argent qui leur est alloué. — R. Il est étonnant que sur l'énorme quantité de monde qu'il y avait à l'incendie Josseau, je sois accusé seulement par deux enfants d'avoir mis le feu aux écuries. Je suis resté en prison douze jours à la Rivière-Pilote ; j'ai été relâché et suis remonté sur l'habitation pour travailler. J'y suis resté dix ou douze jours; si je n'étais pas innocent, on ne m'aurait pas mis en liberté.

D. On a pu croire que vous n'aviez rien fait d'abord, mais plus tard on a reconnu votre culpabilité ; alors vous avez été arrêté. — R. Mais je n'ai rien fait. J'ai des témoins qui déposeront en ma faveur.

Troisième accusé : *Horace Monrose.*

Le Président: Vous êtes accusé d'avoir, le 23 septembre 1870, à la Rivière-Pilote, volontairement mis le feu sur l'habitation Josseau, à des édifices non habités appartenant à autrui. — R. Lorsque le feu a éclaté sur l'habitation Josseau, j'étais chez M. Vent avec ses deux fils. Je me suis rendu de suite sur le lieu pour porter du secours. J'y ai trouvé tant de monde que j'ai jugé ma présence inutile et je me suis retiré.

D. Cependant on vous a vu mettre le feu à une des poutres de la case à bagasse. — Ce n'est pas possible.

D. Et à la case des immigrants? — R. Non plus.

D. Il y avait là beaucoup de monde, qui avez-vous reconnu? — R. Il faisait noir, je n'ai reconnu que Laurencin, Grégoire et Daniel qui étaient venus porter secours.

D. Cependant des témoins affirment que l'on vous a vu mettre le feu. — R. Parmi la populace on a pu croire que j'avais mis le feu, l'on n'a pas distingué les bons des mauvais.

Quatrième accusé : *Joseph Grégoire.* (En raison de la surdité complète de cet accusé, les questions sont transmises écrites par l'interprète.)

Le Président: Vous êtes accusé d'avoir, le 20 septembre 1870, à la Rivière-Pilote, sur l'habitation Josseau, volontairement mis le feu à des édifices non habités appartenant à autrui. — R. Non, puisque le 23 septembre, au moment de l'incendie, j'étais sur l'habitation de M. Vent. Dès que j'ai vu le feu à la Josseau, je suis parti pour porter secours et j'ai trouvé l'incendie presque éteint.

D. N'avez-vous pas reconnu quelqu'un sur l'habitation au moment de l'incendie? — R. Personne.

D. Quel est celui qui vous a donné des allumettes pour mettre le feu à la case aux cabrouêts? — R. Personne, je n'ai pas mis le feu.

Le Président : C'est ce que prouvera la suite des débats, l'on verra si vous êtes innocent ou coupable.

Cinquième accusé: *René-Joseph-Hyacinthe Dobore,*

Le Président: Vous êtes accusé d'avoir le 23 septembre 1870, à la Rivière-Pilote, sur l'habitation Josseau, procuré à Joseph Grégoire les moyens qui ont servi à commettre l'incendie. Dites-nous ce que vous avez fait de six heures à dix heures du soir? — R. En sortant de mon travail, j'ai été apprêter mon dîner. Vers sept heures et demie, j'ai entendu dire que le feu était à la Josseau. Je suis parti avec St.-Rol Laurencin, je suis arrivé vers huit heures. J'ai trouvé sur le canal, le gérant Morency avec son fils. Morency m'a demandé de quel côté j'étais venu; par le chemin des vieux halliers, lui ai-je répondu. Il m'a demandé si je n'avais pas rencontré une bande d'individus qui avaient mis le feu à la Rivière-Pilote. J'ai répondu que non. Je suis resté avec M. Morency et pendant que nous étions ensemble nous avons vu un individu s'avancer vers la case à cabrouêts, faire partir une allumette, mettre le feu et prendre la fuite. M. Morency m'a demandé le nom de l'individu, je ne l'avais pas reconnu.

Le Président : Comment se fait-il que M. Morency dise que c'est vous qui avez mis le feu à la case à cabrouets? — R. Je ne sais, ce n'est pas moi.

D. Connaissez-vous Ludovic? — R. Oui.

D. C'est lui qui déclare que vous avez donné des allumettes à Grégoire? — R. Non, non, je ne suis même pas descendu dans les bâtiments.

D. Vous n'avez pas reconnu celui qui a mis le feu? — R. Non, il était à trois mètres de moi, il faisait noir. Je ne l'ai pas reconnu, mais c'était un mulâtre blanc, barbu.

D. Si vous laissiez pousser votre barbe, on pourrait bien vous prendre pour un mulâtre blanc, barbu.

L'accusé (très précipitemment): Non, non, puisque je suis un mulâtre brun.

Le Président: Ce système de dénégation vous sera très préjudiciable. — R. Je dis la vérité

Sixième accusé : *Alcide Gruaud dit Gueule-Puce.*

Le Président: Vous êtes accusé d'avoir fait partie d'une bande et même d'avoir dirigé la bande qui a pillé l'habitation Desmartinières.. — R. Je n'ai dirigé aucune bande. J'en ai vu une qui pillait chez Mme. Desmartinières et je suis intervenu pour empêcher ce pillage. L'on a mis le feu au moulin et je l'ai éteint.

Accusé Édouard Néral, déjà interrogé.

Le Président : Vous êtes encore accusé d'avoir mis le feu à l'habitation Beauregard. — R. Je demeure sur cette propriété, par conséquent je n'aurai pu la brûler. Tous ceux qui ont mis le feu sont ici.

Septième accusé : *Félicien Mapouya.*

Le Président: Vous êtes accusé d'avoir mis le feu à l'habitation Société Beauregard? — R. Oui,

J'ai mis le feu à la case à bagasse, mais j'ai été poussé à le faire par des individus qui m'ont donné des allumettes.

D. Qui vous a donné des allumettes? — R. Adèle.

D. D'autres ne vous en ont-ils pas donné? — R. Adèle seule.

D. Vous êtes accusé par quelqu'un d'avoir mis le feu à la case à bagasse de l'habitation Josseau? — R. Je n'ai pas été à Josseau.

D. Où êtes-vous né? — R. En Afrique.

Huitième accusée : *Maria Bouchon.*

Le Président : Vous êtes accusée d'avoir mis le feu à l'habitation Beauregard? — R. Ce n'est pas moi qui ai mis le feu.

D. Si ce n'est pas vous, il faut dire qui l'a mis? — R. Ce n'est pas moi; à dix heures du soir, je me suis transportée sur la Beauregard, on criait : *Vivent les Prussiens,* brûlons l'habitation. J'ai reconnu Petit Germain qui a dit que la Beauregard n'était pas assez brûlée, qu'il fallait tout consumer. Il a pris un bouchon de paille qu'il a enflammé et il a mis le feu à la case à barriques.

D. Petit-Germain est-il le même que Petit Germain Agathe? — R. Oui.

D. Dites-nous tout ce que vous avez dit lorsque vous avez été interrogée par le Juge d'instruction? — R. Saint-Paul Augustine avait deux boîtes d'allumettes à la main, il les a enflammées et a mis le feu à deux grandes cases à cultivateurs.

D. Avez-vous vu Mapouya? — R. Oui, c'est M. Cotbiso qui lui a dit de brûler la case à bagasse pour qu'on ne le tuât pas.

D. Voilà du nouveau. D'après vous c'est alors le géreur qui a dit d'incendier l'habitation. — R. Oui, il avait peur, il est parti *marron.*

D. Tâchez de vous rappeler tout ce que vous avez dit lorsque vous avez été interrogée. — R. Je dis tout.

D. Vous n'avez cependant jamais dit que M. Cotbiso eut commandé à Mapouya de mettre le feu. — R. Oui, je l'ai dit.

D. Vous avez dit que c'était Edouard Néral qui avait donné des allumettes à Mapouya pour mettre le feu. — R. Je n'ai pas dit ça à M. Prémorant, il a écrit tout ce qu'il a voulu.

D. Ah bah! M. Prémorant a fait cela? Dites en détail tout ce que Germain Agathe a fait. — R. Il a allumé une torche et a mis le feu au moulin.

D. N'avez vous pas vu mettre le feu aussi à la case à mulets. — R. Non, cette case est adossée au moulin et le feu s'est communiqué de l'un à l'autre.

D. Vous avez dit qu'Agathe Germain avait mis spécialement le feu au moulin. — R. Non, j'ai dit qu'il avait pris les harnachements dans la case à mulets et les avait jetés dans le feu du moulin.

D. Et Sully Thalès, qu'a-t-il fait? — R. Rien du tout.

D. N'a-t-on pas voulu tuer M. Cotbiso. — R. Non, puisqu'il était parti avant que la populace fut arrivée sur l'habitation.

D. Avez-vous entendu proférer des menaces de mort contre M. Cotbiso. — R. Lorsque Althénor, gardien de bœufs à la Josseau, est arrivé à la Beauregard avec sa compagnie, il était armé d'une grande pique en fer et il a demandé M. Cotbiso pour le tuer.

D. A quelle heure est parti M. Cotbiso de l'habitation. — R. A dix heures du soir.

D. Germain Agathe n'a-t-il pas demandé aussi la tête de Cotbiso. — R. Non, c'est Althénor seul.

D. Cependant vous l'avez déclaré. — R. Non.

D. Dans votre intérêt, je vous engage à faire des aveux complets, car si les juges venaient à vous déclarer coupable, vous pourriez être condamnée à une très forte peine. — R. J'ai dit tout ce que je savais.

Le Président : Les témoignages nous éclaireront.

Neuvième accusé : *Germain Agathe.*

Le Président : Vous êtes accusé d'avoir mis le feu à la Beauregard. — R. J'étais sur l'habitation Josseau avec M. Morency, le géreur; il me disait de bien veiller, lorsqu'au même instant nous avons vu la case à bagasse enflammée par quelqu'un qui a pris la fuite. M. Morency a ensuite vu quelqu'un mettre le feu à la case à barriques. M. Morency m'a dit de sauver les objets. J'ai retiré trois charrues de la case. Un tas de monde est arrivé à la Josseau, parmi lesquels se trouvait St.-Paul Augustine qui m'a obligé de marcher à la Beauregard.

D. Et vous, n'avez-vous forcé personne à marcher et à mettre le feu. — R. Non.

D. N'avez-vous vu ni Sully, ni Bois, ni Marcelin. — R. Quand je suis arrivé à la Beauregard, j'ai vu Sully qui disait de ne pas mettre le feu.

D. Vous n'avez pas vu Bois et Marcelin ce jour là, et s'ils disaient vous avoir vu, vous seriez bien étonné? — R. Je ne les ai pas vus.

D. Vous savez ce qu'ils ont fait tous les trois et vous ne voulez pas le dire? — C'est St.-Paul Augustine qui m'a forcé à mettre le feu.

D. Qui commandait la bande? — R. St.-Paul Augustine qui avait une pique en fer.

D. N'y en avait-il pas qui étaient armés de fusils? — R. Non, des piques seulement.

D. Et vous, qu'elle était votre arme? — R. Mon coutelas.

D. Quelles étaient vos relations avec Tolgard fils? — R. Aucune.

D. Vous êtes accusé d'avoir mis le feu au moulin et à la case à mulets. — R. Non, à la case à bagasse seulement, forcé par St.-Paul Augustine.

D. Indiquez nous ceux qui étaient armés dans la bande? Nommez nous surtout ceux qui avaient des fusils? — R. Personne n'avait de fusils, St.-Paul avait une pique. Je n'ai pas reconnu les autres, il faisait noir.

D. Connaissez-vous Zonzon de l'habitation Lescoüet, Oscar, demeurant au Marin, et Pierre-Louis-Victorin? — R. Oui, je les connais; je les ai vus le dimanche après l'incendie.

D. Qui a mis le feu aux deux cases à cultivateurs? — R. Saint Paul-Augustine.

D. Et Saint-Paul Sainte-Croix? — R. Je l'ai vu là, mais ne sais ce qu'il a fait.

D. Et Ovide? — R. Il a mis le feu à un matelas dans la maison principale.

D. Mais il a mis deux fois le feu? — R. Oui.

D. Dans le même matelas? — R. Oui.

D. Comment savez-vous qu'il a mis deux fois le feu dans le matelas? — R. Parce que la première fois, c'est moi qui l'ai éteint et qu'il l'a mis de nouveau.

D. Qu'a fait Dorléus? — Je ne l'ai vu rien faire.

D. Vous ne semblez pas être un mauvais garçon; qui vous a poussé à mettre le feu? — R. Saint-Paul-Augustine seul qui conduisait la bande et qui m'a menacé.

D. Pourquoi avez-vous menacé Maria Bouchon? — R. Je ne l'ai pas menacée.

D. Les incendies n'étaient-ils pas prémédités. Depuis quelque temps n'en parlait-on pas dans les campagnes? — R. Quelques semaines avant l'on parlait de mettre le feu.

D. Combien de temps exactement? — R. Deux ou trois semaines avant les événements de septembre.

D. De quel côté venait ce bruit? — R. Je ne sais, tout le monde le disait.

D. Qui vous a dit cela le premier? — R. Tout le monde le disait. Partout, dans les hauteurs on parlait d'incendier les habitations des blancs.

D. Qu'appelez-vous *les hauteurs*; désignez-nous les endroits? — R. C'est dans les hauteurs de la Rivière-Pilote que j'ai entendu dire cela.

D. Etait-ce à la Régale? — R. Je ne sais, je ne sortais pas de l'habitation Josseau.

M. Matte, juge : De quelle façon Saint-Paul vous a-t-il forcé de mettre le feu? — R. Il m'a menacé de me frapper de la pique en fer dont il était armé; j'ai été contraint d'obéir.

D. M. Cotbise était-il prévenu qu'on devait mettre le feu chez lui? — R. Je ne sais. M. Cotbise demeure à la Beauregard et moi aux Palmistes.

La séance est suspendue pendant vingt minutes et elle est reprise à deux heures et quart.

Dixième accusé : *Dorléus Salomon*.

Le Président : Vous êtes accusé d'avoir le 23 septembre 1870, à la Rivière-Pilote, sur l'habitation Société Beauregard : 1° volontairement mis le feu à des édifices non habités (case à bagasse, moulin, sucrerie, etc.); 2° à des édifices habités (maison principale). — R. Je ne connais pas cela; j'étais sur l'habitation Beauregard, mais je n'ai pas mis le feu; à sept heures du soir, j'allais chez Mme. Labeaume pour la conduire au bourg quand j'ai rencontré une bande qui m'a forcé à la suivre, elle était composée de beaucoup de gens parmi lesquels j'ai reconnu St.-Paul-Augustine et Germain-Agathe.

D. Maria Bouchon dit que vous avez mis le feu à la case à bagasse de l'habitation Beauregard? — R. Non.

Le Président : Maria Bouchon, levez-vous. Qu'avez-vous à répondre à cette dénégation de l'accusé.

Maria Bouchon : Je n'ai pas dit ça.

Le Président : Maria Bouchon, je vous engage à prendre une attitude plus respectueuse devant le Conseil, rappelez-vous que vous n'êtes pas ici dans vos campagnes à pousser les hommes à piller, incendier et assassiner. — A l'accusé Dorléus : Qui avez-vous vu mettre le feu ce soir-là? — R. J'ai vu Saint-Paul-Augustine prendre des allumettes, les faire éclater et mettre le feu à une case à travailleurs. J'ai vu aussi Germain Agathe mettre le feu; il y avait beaucoup de monde et j'ai reconnu Germain et Saint-Paul Augustine.

D. Comment Germain a-t-il fait? — R. Je ne sais pas, il avait des allumettes, et il a mis le feu à une case à bagasses.

Le Président à Germain : Que dites-vous? — R. C'est vrai.

Le Président à Dorléus : Vous a-t-on forcé à marcher dans la bande? — R. Oui.

D. A quelle heure avez-vous laissé la bande? — R. A dix heures du soir.

D. Pendant que vous étiez dans la bande, où a-t-elle été et où a-t-elle pillé. — R. La bande est restée à la Beauregard jusqu'à dix heures du soir; je ne l'ai pas vu piller, mais elle a incendié. Je suis rentré chez moi aussitôt que j'ai trouvé une bonne occasion de m'enfuir.

D. Comment, vous n'aviez pas pu trouver cette bonne occasion avant dix heures du soir. — R. Non.

D. Avez-vous pris part au pillage. — R. Non, j'ai vu St.-Paul Augustine emporter une table en bois du pays.

M. Gabonne juge : Avez-vous vu quelqu'un forcer Germain Agathe à mettre le feu. — R. Oui, St.-Paul Augustine.

Onzième accusé, *Adèle Frémont* :

Le Président : Vous êtes accusée d'avoir fourni les moyens qui ont servi à mettre le feu sur l'habitation Beauregard le 23 septembre dernier. — R. Je ne connais pas ça.

D. Vous avez excité la foule à mettre le feu et vous avez même donné des allumettes pour le faire. — R. Non.

D. Vous avez donné des allumettes à Félicien Mapouya. — R. Non, mais j'en ai donné quatre à Maria Bouchon.

Le Président : Racontez ce que vous avez vu ce soir là. — R. J'ai vu le feu.

D. N'avez-vous pas vu de femmes autres que Maria Bouchon sur l'habitation ce soir là. — R. Non.

D. Avez-vous été à la Josseau après l'incendie Beauregard. — R. Non.

D. Y avait-il longtemps que vous connaissiez Maria Bouchon. — R. Oui, c'est ma voisine.

D. Est-ce elle qui vous a entraînée. — R. Non.

D. Vous saviez qu'elle allait mettre le feu quand vous lui avez donné des allumettes. — R. Non.

D. Il est assez singulier que dans un pareil moment vous donniez des allumettes. — R. On se prête mutuellement des allumettes entre voisines.

Le Président à l'accusé Félicien Mapouya : Vous avez dit qu'Adèle vous avait donné des allumettes pour mettre le feu et que vous aviez exécuté son ordre. — R. Oui, Adèle m'a donné des allumettes et m'a dit de mettre le feu. Je ne voulais pas le mettre. Quand le monde venait, elle m'a dit : « Eh bien, vous ne mettez donc pas » le feu. »

Accusée Adèle : C'est un mensonge.

Douzième accusé, *Bois Joseph* :

Le Président : Quand on a mis le feu sur l'habitation Beauregard vous étiez avec les incendiaires. — R. Non.

D. Vous êtes accusé d'avoir mis le feu à une case à bagasse avec St.-Paul, Germain, Néral et autres. — R. Non, quand j'ai vu venir le monde et que j'ai vu partir M. Cotbise, j'ai été me cacher dans les cases à nègres, et je n'ai rien vu de ce qui s'est passé sur l'habitation.

D. Qui vous a arrêté? — R. M. Cotbise.

D. Pourquoi M. Cotbise vous a-t-il arrêté si vous n'étiez pas coupable? — R. Je ne sais pas. Je n'ai pas vu mettre le feu, j'étais caché. Je n'ai connu les noms des incendiaires que quand les soldats sont venus pour les arrêter, j'ai entendu dire que Edouard Néral, Germain et Saint Paul Augustine avaient mis le feu.

D. Nous saurons plus tard pourquoi vous avez été arrêté?

Treizième accusé: *Sully Thalès*.

Le Président: Vous êtes accusé d'avoir le 23 septembre 1870 à la Rivière-Pilote sur l'habitation Beauregard, volontairement mis le feu à la case à bagasses, au moulin et au parc à mulets. — R. Je ne connais pas ça. Je suis allé à la Fougainville chercher du sel afin de saler un bœuf qui s'était cassé la jambe. J'ai rencontré Mme. veuve Dorival qui m'a dit: faites attention; j'ai entendu deux ou trois jeunes gens dire qu'ils allaient mettre le feu chez Cotbise. A mon retour, j'ai prévenu celui-ci qui était dans la case à bagasse de ce propos, il me répondit : Il n'est pas possible qu'on veuille m'incendier, parce que quand à Saint-Pierre, j'étais riche, ce sont les nègres et les mulâtres qui ont mangé mon bien, il n'est pas probable qu'ils m'en veuillent aujourd'hui. Quand je lui ai assuré que Mme. Dorival avait rapporté ce propos d'une façon sérieuse, il m'a dit de ne pas aller chez moi, de rester avec lui, d'aller chercher Marcelin Elise, Althénor Néral, Edouard Néral et Richard pour veiller la propriété avec moi. Sur mon invitation ceux-ci sont arrivés. Je leur ai distribué du tafia que M. Cotbise m'avait donné pour eux. Richard vint me dire que sa femme avait peur et qu'il allait l'amener sur l'habitation. Je lui ai conseillé de ne pas partir, de rester.

D. Quand la bande est venue, qui la commandait? — R. Saint Paul Augustine.

D. Quelles armes avaient ceux qui la composaient? — R. Ils n'avaient pas de fusils, mais des piques en fer. Saint Paul avait une grande pique.

D. Continuez? — R. J'ai vu Germain Agathe mettre le feu. Saint Paul a dit; où est Cotbise? Je veux le tuer. Althénor a déclaré qu'il était parti depuis quatre heures de l'après-midi. Saint Paul a dit alors: qu'allons-nous faire de la maison? J'ai dit: vous la respecterez, vous ne la brûlerez pas. Saint Paul m'a dit alors: vous *êtes contre*; il m'a lancé un coup de pique; j'ai reculé en arrière d'un bond. Saint Paul est entré dans la maison, a renversé une table pour s'en faire une hotte et l'a chargée d'effets; puis il a mis le feu dans une chambre située au vent. Il est entré ensuite dans une autre chambre et peu après j'ai vu les flammes en sortir, mais je ne l'ai pas vu mettre le feu.

D. Pourquoi vous accuse-t-on d'avoir excité à mettre le feu et d'avoir crié: *Vivent les Prussiens!* — R. Je n'ai pas excité à mettre le feu ni crié *vivent les Prussiens!* je ne connais pas ces gens là. Quand le feu a été mis dans la maison, M. Cotbise m'a remis un de ses enfants pour le sauver. Quand je l'eus apporté à quelques pas M. Cotbise m'a envoyé chercher le fusil de son fils Mathieu qui était dans la maison, mais la foule arrivait et j'ai fui.

Quatorzième accusé : *Marcelin Elise*.

Le Président : Vous êtes accusé d'avoir le 23 septembre 1870, volontairement mis le feu à la case à bagasses de l'habitation Beauregard. — R. Je ne connais pas ça. J'habite l'habitation Fougainville, et je ne vais à la Beauregard que parce que je reste avec une femme de cette habitation. J'étais là quand l'incendie a eu lieu entre huit et neuf heures du soir. J'étais près de la maison avec M. Cotbise quand j'ai vu venir une bande. J'ai dit à Sully : Je vais à ma case, sauver mes effets. J'ai vu alors le feu éclater à la case à bagasse. Je m'y suis rendu; Marie Bouchon était près de cette case, collée avec ce feu. C'est elle qui a mis le feu. Je l'ai vue faire partir des allumettes. J'ai vu aussi Mapouya faire prendre feu à des allumettes.

Quinzième accusé: *St.-Paul Augustine.*

Le Président : Vous êtes accusé d'avoir le 23 septembre 1870, à la Rivière-Pilote, volontairement mis le feu à la case à immigrants de l'habitation Beauregard, édifice habité. — R. Le 23 septembre je suis sorti de chez Mlle. Céline où je travaille pour aller arracher des maniocs chez ma mère. J'ai fini mon travail à sept heures. J'ai emporté les effets, de Mlle. Céline, de la Fougainville chez moi. Après avoir fini de tourner mon manioc et vers environ neuf heures du soir, étant avec Céline et Marie-Sainte, j'ai vu le feu sur l'habitation Beauregard et je m'y suis rendu.

D. Tous les accusés, vos complices, disent que vous étiez à la Beauregard avec la bande, au moment de l'incendie; que vous commandiez même cette bande. — R. Quand on veut composer une bande il faut s'y prendre à l'avance et personne ne peut dire m'avoir vu faire cela. Il ne m'était pas possible de réunir une bande dans l'espace de quelques heures.

D. Oui. Mais lorsque la bande est composée à l'avance et que tout est arrêté, on peut en prendre le commandement de suite. — R. Ceux qui disent que j'ai formé une bande mentent; il y a beaucoup d'accusés ici, qui mentent pour se dégager. Je soutiens que Germain Agathe ne m'a pas vu à six heures. J'étais chez ma mère à cette heure, Warner Vernet peut vous le déclarer, car il était avec moi à tourner le manioc au même moment.

D. Oui, vous avez fait votre manioc et ensuite vous avez été brûler l'habitation Beauregard?

A D. Agathe Germain: Levez-vous. A quelle heure avez-vous vu Saint Paul Augustine sur l'habitation La Beauregard?

Agathe Germain : Entre six et sept heures du soir.

D. A l'accusé: Vous le voyez il vous a vu, et de plus, vous aviez une pique à la main? — R. Non, ce n'est pas vrai. J'ai rencontré la bande; parmi ceux qui la composaient, il y en avait qui étaient armés de piques, j'ai filé à la Beauregard avec la bande pour porter secours.

D. Cela me paraît fort; je ne comprends pas que vous soyez allé porter secours avec cette bande quand elle avait déjà mis le feu? — R. La bande m'a forcé de marcher et j'ai été contraint de le faire. J'ai pris une table et deux chaises, je les ai mises dans les halliers pour les rendre, mais quand je suis revenu les chercher, elles avaient disparu. J'avais vu Agathe Germain mettre le feu dans le moulin.

M. de Poncharra, juge: Qui commandait la bande? — R. Je ne sais pas, si c'était moi je le dirais on doit toujours dire la vérité.

Seizième accusé, *St.-Paul Ste.-Croix* :

Le Président : Etiez-vous avec St.-Paul Augustine le soir de l'incendie Beauregard? — R. Je ne connais pas ça, j'étais au Marin.

D. Etes-vous sûr de cela? — R. Oui.

D. Dites comment vous étiez au Marin? — R. Je demeure dans ce bourg, j'y étais ce jour à faire la garde.

D. Vous pouvez prouver que vous faisiez la garde ce jour au Marin? — R. Oui.

D. C'est tout ce que vous avez à dire? — R. Oui.

Dix-septième accusé, *Ovide Athalante* :

Le Président : Vous êtes accusé d'avoir le 23 septembre 1870, mis le feu à la maison principale de l'habitation Beauregard? — R. J'ai appris par M. Fillassier au bourg de la Rivière-Pilote que Germain m'avait accusé, c'est lorsque j'étais au fort St-Louis, que j'ai vu Germain que je ne connaissais pas. C'est lui qui m'a dit qu'il s'était perdu lui-même, jamais avant les événements je ne l'avais vu dehors.

D. Où étiez-vous le 22 septembre au soir? — R. Sur l'habitation Lescouët et je travaille à Fougainville.

D. Beaucoup de gens vous ont vu dans la bande? — R Personne ne peut dire cela.

D. Connaissez-vous Surin Clem? — R. Oui, il travaille sur la même habitation que moi.

D. Qu'alliez-vous faire chez lui? — R. En sortant de l'habitation Lescouët pour aller à Fougainville, j'ai vu la case à bagasse de cette habitation en feu, j'ai dit à Surin Clem: C'est malheureux qu'on ait mis le feu ici, qu'on ait incendié ce pauvre M. Oscar Duplessis; Surin Clem m'a répondu: Vous ne voyez pas que cette case à bagasse était trop éloignée pour y porter de la bagasse. Je n'ai plus rien dit. Je connais Clem depuis deux ans. J'étais brouillé avec lui. Je nie avoir été à l'habitation Beauregard.

La séance est renvoyée au lendemain à midi.

Séance du 24 Mai 1871.

Dix-huitième accusé: *Alcide Gruaud*, dit *Gueule-Puce.*

Le Président : Vous êtes accusé d'avoir fait partie de la bande qui a pillé l'habitation Desmartinières. — R. Je n'ai point fait partie de cette bande. Quand je l'ai vu pénétrer dans cette habitation où je travaille d'habitude, je suis venu porter secours. J'ai trouvé la foule dans la maison; on maltraitait Mme. Desmartinières. J'ai dit: *Respectez cette dame.* On a défoncé un placard et on a pris deux épées et une dame-jeanne de vin. J'ai pris ces objets entre les mains des pillards. Je les ai rapportés à la maison. En arrivant près de la sucrerie, j'ai vu du monde qui charroyait de la bagasse et mettait le feu au moulin. J'ai éteint l'incendie; j'ai un certificat de M. Ozier Poullet constatant ce fait.

D. Cependant M. Ozier Poullet déclare le contraire. — R. Ce n'est pas possible, il est témoin, il vous dira la vérité.

D. Et cette dame-jeanne de vin, on vous accuse de l'avoir prise vous-même. — R. C'était pour remettre à Mme. Desmartinières.

D. Vous rappelez-vous le nom de ceux qui faisaient partie de la bande? — R. Sidney Rosier, Algan Moïse, Ernest François, celui qui a pris la dame-jeanne de vin, Louis Clerville Lacaille, Monflo, Balthazard Assé.

D. Qu'a fait Algan Moïse? — R. Il a défoncé le placard avec Augustin Diable et il a pris le fusil du commandeur. Dans l'après-midi, je quittais l'habitation, quand j'ai rencontré M. Desmartinières, qui m'a fait beaucoup de compliments pour avoir protégé sa femme; il m'a offert un punch et il m'a prié de retrouver sa montre qui avait été volée. Il m'a engagé à coucher chez lui. J'ai consenti à y rester. Dans la soirée, vers cinq heures, il m'a fait voir l'incendie des habitations Joseph Garnier et Symphorien Garnier.

M. de Pontcharra, juge: Quels étaient les individus qui portaient la bagasse pour mettre le feu au moulin? — R. Je ne les ai pas reconnus, ils étaient devant moi.

Me Désabaye: Quel rôle a joué Monflo sur l'habitation Desmartinières. — R. Je ne l'ai pas vu piller ni défoncer, mais il était dans la cour de la maison.

Dix-neuvième accusé: *Monflo dit Petit-Jean Rocher.*

Le Président: Vous êtes accusé d'avoir fait partie de la bande qui a pillé l'habitation Desmartinières? — R. Je suis passé sur l'habitation le 23 au matin, je ne suis pas entré dans la maison, je suis resté au bas de la sucrerie avec les gens qui étaient avec moi.

D. Les témoins démentent ce que vous avancez maintenant, notamment Desmartinières, Edwige, et Léonise Gabrielle. — R. Je ne sais pourquoi ils disent cela, je n'ai pas pillé, je ne suis pas entré dans la maison, je suis resté au bas du moulin; je n'ai pas avantage à mentir puisque j'ai été déjà condamné.

Vingtième accusé; *Privat Alexandre dit Roro.*

Le Président: Comment s'appelle votre mère? — R. Ste-Marie Maison.

D. Vous avez un frère qui s'appelle Zozo? — R. Non, je n'ai pas de frère de ce nom-là.

D. Vous êtes accusé d'avoir pris part au pillage Desmartinières? — R. C'est faux. Je n'ai pas été chez M. Desmartinières; Gueule-Puce est ici et peut vous dire si je dis vrai.

D. Ce n'est pas ce que disent Desmartinières et Edwige Bernadine. Connaissez-vous Balthasar Assé? — R. Je ne le connais pas.

D. Il vous connaît, lui, et il dit vous avoir vu piller? — R. Pas possible; je ne le connais pas.

Vingt-et-unième accusé: *Théodat Jean Louis Sévère.*

Le Président: Vous étiez le 23 septembre au pillage Desmartinières? — R. Oui, près du moulin, quand tout le monde s'est introduit dans la maison pour piller. On avait mis le feu à des pailles de cannes qui se trouvaient près du moulin. Charlery m'a dit d'éteindre ce feu, ce que j'ai fait.

D. Comment se fait-il que Bernard Léonise et Desmartinières disent que vous avez pillé? — R. Je n'ai pas pillé.

D. Où travaillez-vous? — R. A l'usine Guillaud.

D. Comment se fait-il que vous vous soyez trouvé sur l'habitation Desmartinières. — R. Je suis sorti de chez moi, j'ai vu un gros feu chez Gustave Garnier et je suis rentré à la maison.

D. Pourquoi n'étiez-vous pas à votre travail ce jour là? — R. J'ai laissé mon travail à quatre heure, je suis monté chez moi. Le vendredi matin, je me suis rendu à Desmartinières avec *ce monde-là*.

D. La bande avec laquelle vous êtes monté chez Desmartinières, était-elle armée? — R. Oui, en grande partie de fusils et de sabres; quand à moi, je n'avais aucune arme.

D. Qui était dans cette bande? — R. Althénor Lisis, Roro.

D. Privat Alexandre, levez-vous. (A l'accusé interrogé), lui indiquant Privat Alexandre: Est-ce bien celui-ci que vous appelez Roro? — R. Oui.

D. Qui encore était dans la bande? — R. Deux fils de Lacaille, je n'en connais pas d'autres, Roro avait un fusil.

D. Avant les événements n'est-on pas venu vous prévenir qu'il y aurait du désordre et de vous tenir prêt à marcher? — R. Non, ce n'est que le vendredi, 23 septembre à quatre heures du matin qu'Althénor Lisis est venu chez moi me dire que si je ne marchais pas avec lui et les siens on brûlerait ma case; ma mère m'a dit alors de partir.

D. Avant les événements les émissaires ne sont-ils pas venus à l'usine Guillaud vous prévenir qu'il y aurait un mouvement et de se préparer à marcher? — R. Non.

D. N'a-t-on pas dit cela à d'autres? — R. Je n'en sais rien.

Le Commissaire du gouvernement: Quelles armes avaient les fils Lacaille? — R. Des fleurets. Althénor Lisis avait un fusil.

M. Blondel: L'accusé a cité deux fils Lacaille, quels sont-ils? — R. Sonson et Titi Lacaille.

Vingt-deuxième accusé: *Bernard, fils de Solitude.*

Le Président : Qu'avez-vous fait sur l'habitation Desmartinières, le 23 septembre? — R. J'ai passé sur cette habitation à huit heures du matin, j'y ai vu beaucoup de monde, mais je ne suis pas entré dans la maison.

D. Que faisaient ces gens là? — R. Je n'en sais rien. J'ai vu Algan Moïse prendre un sabre dans la chambre de M. Desmartinières et sortir avec.

D. M. Desmartinières et trois autres témoins disent cependant que vous avez pillé. — R. Ce n'est pas vrai.

D. Quels sont ceux qui étaient au pillage? — R. Roro, Charlery, Monfio, Théodat, Duterville Lacaille, Alcide Gruaud dit Gueule-Puce, qui a pris une dame-jeanne de vin entre les mains de Baltazar Assé et l'a rapportée à la maison.

D. Est-ce bien ce Roro ici présent, qui était là? — R. Oui, c'est lui-même.

M. de Pontcharra, juge : Ne vous avait-on pas donné l'ordre de vous trouver sur l'habitation Desmartinières à huit heures du soir? — R. Non.

Eugène Lacaille.

Le Président : Vous êtes accusé d'avoir 1° le 23 septembre 1870 à la Rivière-Salée pour piller les propriétés d'une généralité de citoyens exercé un commandement ou une fonction quelconque dans une bande armée.

2° Le même jour dans la même commune habitation Gustave Garnier Laroche participé à l'incendie volontaire d'édifices habités, (maison principale) 3° d'édifices non habités (moulin, sucrerie, rhumerie, cases à bagasse) 4° et 5° pillé en bande et à force ouverte des denrées et propriétés mobilières etc? — R. Je n'ai pris part à aucun incendie, j'étais malade chez moi. Je n'ai ni organisé ni conduit aucune bande.

D. On vous a vu cependant le 22 septembre, au bourg de la Rivière-Pilote, à la tête d'une bande avec vos fils? — R. Je suis en effet descendu au bourg de la Rivière-Pilote le 22, avec seulement un de mes fils, qui était venu chercher ses papiers à la mairie pour contracter un engagement militaire. J'étais venu voir Mr de Venancourt, je n'étais à la tête d'aucune bande, n'en ayant organisé aucune. Personne ne s'est réuni chez moi ni avant ni pendant les événements de septembre. Je suis resté tranquillement chez moi avec ma femme et mes enfants.

D. Ce que vous dites n'est pas exact, car vous êtes démenti par les pièces du procès et vous êtes même accusé par vos propres enfants. Dites la vérité, et cela dans votre intérêt, car vos dénégations, Lacaille, seront repoussées par des témoignages dignes de foi. Vous avez commis de mauvaises actions et vous voulez nous embarrasser aujourd'hui ; c'est inutile? — R. Je le répète, je n'ai pas organisé de bande. Je suis innocent de cette inculpation.

D. Il y avait longtemps que vous prépariez le mouvement qui a été exécuté en septembre. Vous profitiez des malheurs de la patrie pour exécuter vos mauvais desseins. On vous a entendu dire *que les blancs avaient assez joui, qu'il fallait partager les propriétés*. C'est ce que disent aujourd'hui les gens de la Commune en France. Vous compliez pour la réussite de vos sinistres projets sur l'établissement de la République, qui, pour vous et certains esprits de ce malheureux pays est synonime de pillages et de désordres? — R. Je n'ai jamais eu de semblables intentions et n'ai jamais tenu de tels propos.

D. Connaissez-vous Louis Telgard? — R. Oui, je l'ai vu sur le grand chemin près de la maison de Mme Athanase lors des événements. Il rassemblait du monde. J'étais malade, je ne sortais pas

D. Oui, vous preniez des bains et vous en faisiez prendre aux autres? — R. Ce sont des mensonges que l'on a débité contre moi.

D. Vous étiez un homme politique. Vous vous occupiez d'économie politique. Vous vouliez partager les terres. Mais aviez-vous bien l'intention de partager les vôtres avec vos voisins? — R. Non, jamais je n'ai eu semblable idée, je tiens essentiellement à conserver ce que je possède.

D. Vous avez essayé d'entraîner les gens de la Baudelle ; Agis l'a déclaré, et il a ajouté que vous aviez promis le partage des terres? — R. Il a menti.

D. Connaissez-vous Mondésir Désir? — R. Non.

D. Il déclare que vous lui avez également parlé du partage des terres. C'est vous qui avez arrêté le courrier le 24 septembre? — Ce n'est pas moi c'est Monfio qui a arrêté le postillon près de l'habitation Cariton et qui est venu m'appeler chez moi.

D. Le postillon a été arrêté et maltraité, la boîte a été brisée, les lettres décachetées par vous en présence de vos fils, de votre femme et de votre fille, et vous les avez fait lire par celle-ci? — R. Ni Sonson, ni Taly n'étaient présents.

D. N'avez-vous pas une fille du nom de Morigène? — R. Oui.

D. N'est-ce pas elle qui a lu les lettres? — R. Oui.

D. C'est vous qui les lui avez fait lire? — R. Non.

D. Quelle part avez-vous donc prise à ces événements? — R. J'ai été obligé de marcher avec ceux qui étaient venus me chercher ; on m'avait fait des menaces et je craignais d'être assassiné.

D. Qui vous a fait ces menaces? — R. Bernard, fils de Solitude.

Le Président : Bernard, levez-vous. Je demande au conseil s'il est possible que cet enfant ait pu intimider un vieillard comme Lacaille, qui était entouré de tous ses fils. — Le Conseil unanimement répond : non, ce n'est pas possible.

Le Président à Lacaille : Le père de Bernard était-il là? — R. Oui.

D. Dites-nous donc ce que vous avez fait. — R.

J'ai demandé au postillon la clef de la boite. Il m'a dit qu'il ne l'avait pas; alors je lui ai dit de partir.

D. Vous avez dit que c'était Monfio qui avait arrêté le postillon. Ne pouvait-il pas lui-même demander la clef de la boite. Pourquoi vous a-t-il chargé de la demander et pourquoi vous êtes-vous emparé de la boite? — R. Je l'ai fait car j'étais menacé par Bernard et Monfio.

D. Comment pouvez-vous avoir la prétention de nous faire accroire qu'un homme aussi déterminé que vous, possédant une grande influence sur ceux qui vous entouraient, ait pu être forcé à obéir aux injonctions et aux menaces de Monfio et de Bernard. — R. Monfio a brisé la boite et en a retiré trois paquets: l'un à l'adresse du Marin, l'autre à celle de Ste.-Luce, et un autre à celle de la Rivière-Pilote. Il a remis celui-ci à ma fille Morigène; il émanait de M. le Gouverneur, à l'adresse de M. le Maire et était ainsi conçu: « Monsieur le Maire, j'ai reçu une lettre » par le paquebot français m'annonçant que la » France est en République. La ville est calme » et tranquille, je vous conseille de maintenir la » tranquillité dans votre commune, etc., etc. » Le reste de la lettre contenait des compliments pour M. le Maire. Monfio a dit à ma fille de lire toute la lettre, car elle devait contenir autre chose, Morigène a déclaré qu'elle avait tout lu.

D. Votre fille Morigène n'a-t-elle pas ajouté que la lettre annonçait que *l'esclavage allait être rétabli?* — R. Je n'ai pas entendu lire cela, à moins qu'elle ne *l'ait lu dans son cœur.*

D. Vous entendrez des accusés et des témoins qui déclareront que Morigène a lu que *l'esclavage devait être rétabli.* Qu'alliez-vous faire à Ste.-Luce? — R. Quand on a mis le feu chez moi....

D. Qui donc a mis le feu chez vous?—R. MM. Garnier et St.-Pée qui de plus ont pillé ma propropriété.

D. L'instruction ne dit pas cela. Ces braves gens avaient assez à faire d'éteindre l'incendie de leurs propriétés pour ne pas l'allumer ailleurs. Continuez, — R. J'allais à Ste-Luce conduire mon fils malade pour lui donner des secours.

D. N'avez-vous pas conduit une bande chez Garnier Laroche? — R. Non.

D. Connaissez-vous Marie Louise? — R. Oui, elle reste chez moi.

D. Ne l'avez-vous pas menacée de la faire fusiller? — R. Moi, menacer de fusiller la sœur de la femme qui *fait* des enfants avec moi; mais ce serait me fusiller moi-même.

D. Connaissez-vous Marcelin Séram? — R. Oui.

D. Ne l'avez-vous pas forcé à se joindre à votre bande, en le menaçant? — R. Non.

D. Vous niez avoir pris part aux événements et avoir dirigé les bandes; vous niez aussi avoir été chez Codé et chez Garnier Laroche commander l'incendie? — R. Oui, je nie.

D. Vous avez été à la Rivière-Pilote le 22? — R. Oui.

D. Vous y avez vu Telgerd? — R. Oui, je l'ai rencontré dans la rue, à la tête d'une bande, avec Villard. Il était monté sur un cheval noir.

D. Vos fils n'étaient-ils pas là. — R. Je n'en sais rien, il faisait noir.

Le Président: Allez à votre place, nous aurons encore à causer avec vous.

Portali Lacaille.

Le Président: Vous êtes accusé d'avoir, le 23 septembre, sur l'habitation Laroche Garnier, volontairement incendié la maison d'habitation, le moulin, la sucrerie, les cases à bagasses, la rhumerie, et en outre d'avoir pillé, etc., etc. — R. Le 22, j'étais chez moi; j'ai entendu, vers huit heures du soir, beaucoup de gens qui parlaient dehors.

D. Avez-vous été chez Gustave Garnier? — R. Je suis sorti de chez moi pour savoir ce que l'on disait; j'ai trouvé beaucoup de monde; on m'a forcé à marcher chez Gustave Garnier. Je me suis arrêté à la barrière de la propriété et j'ai vu mettre le feu.

D. Vous avez mis le feu à la case à bagasse?— R. Non, car je suis resté à la barrière, et la case brûlait que j'y étais; et, quand j'ai pénétré sur l'habitation, la maison principale n'était pas incendiée.

D. Le 24 septembre, à huit heures du matin, où étiez-vous? — R. Chez moi.

D. Ne connaissez-vous pas l'histoire du courrier arrêté. — R. J'étais à déjeuner, j'ai vu une troupe près de Mlle. Duvéli Caritan; je me suis approché et j'ai vu le postillon qui ramassait sa boite et s'en allait; je suis retourné chez moi, continuer mon déjeuner.

D. Vous avez forcé ce postillon, par menaces, à vous remettre la boite? — R. Je ne suis pas arrivé à l'endroit où était le postillon.

D. N'avez-vous pas remarqué Monfio ainsi que votre père? — R. Je ne sais si mon père était là, je n'ai remarqué personne.

D. Vous étiez armé, lorsque vous faisiez partie de la bande qui s'est rendue chez Gustave Garnier. Niez-vous avoir mis le feu sur cette habitation. — R. J'ai été forcé d'aller sur l'habitation Gustave Garnier, je n'étais point armé et n'ai point mis le feu, ni pillé. C'est M. Gustave Garnier qui, le lendemain de son incendie, a pillé et incendié la case de mon père, avec la troupe commandée par M. St.-Pée. Il a pris une jument, une vache et un porc.

D. M. Garnier a-t-il trouvé chez vous tout ce que vous lui aviez volé? — R. Je n'ai pillé nulle part, c'est peut-être mon frère.

Le Commissaire du Gouvernement: Qui vous a forcé à marcher dans la bande? — R. On m'a obligé de marcher, mais je n'ai reconnu personne.

Le Président: Cyprien Ayotte et d'autres témoins vous ont vu mettre le feu à l'habitation de M. Garnier. — R. Ce n'est pas vrai.

D. Vous avez menacé Thérésia Finoly. — R. Je ne connais même pas cette femme. Ce n'est que lors des débats de la première série que je l'ai vue pour la première fois à l'audience.

Me Désabaye: Je prie M. le Président de confronter Taly Lacaille avec Privat Alexandre dit Roro qui déclare que les deux fils Lacaille l'ont entraîné à marcher dans la bande qui a incendié l'habitation Garnier.

Roro, de sa place: Oui, c'est vrai.

Le Président à Roro: Ah! Vous y étiez donc, vous venez cependant de déclarer que vous n'y étiez pas? (Rires dans l'auditoire).

Me Désabaye: Il m'a avoué qu'il y était.

Roro: Oui, j'ai été entraîné dans la bande par les Lacaille.

Thuriaf Lacaille dit Sonson.

Le Président: Vous êtes accusé des mêmes chefs d'accusation que Portaly Lacaille, incendie de maison habitée, de bâtiments d'exploitation, pillage, etc. de l'habitation Gustave Garnier Laroche. — R. Mon père n'était point à l'incendie de Gustave Garnier. J'ai été contraint de suivre la bande. Je me suis arrêté à la barrière. Toute la propriété était en feu. Quant à moi, je n'ai point mis le feu.

D. Des témoins affirment cependant que vous avez mis le feu à la case à bagasses avec votre frère? — R. Non, je ne suis pas entré sur l'habitation.

D. Thérésia Finoly l'affirme. — R. Je ne la connais pas. Je l'ai vue pour la première fois à l'audience de l'autre jour.

D. Alors vous niez avoir mis le feu? — R. Oui.

D. Aurez-vous au moins la sincérité d'avouer quand cela vous sera prouvé? — R. Personne ne peut le dire, à moins de mentir.

D. Vous avez menacé Thérésia Finoly? — R. Elle ment, elle n'est arrivée sur les lieux qu'après l'incendie de la case à bagasse, elle demeure à 2 kilomètres de l'habitation.

D. Comment se fait-il que vous l'ayez vu venir à ce moment puisque vous disiez tout à l'heure ne pas la connaître, du reste, ce n'est pas elle qui déclare que vous avez mis le feu. C'est Cyprien Ayette dit Néréo et d'autres témoins qui le disent, que faisiez-vous le 24 septembre à huit heures du matin. N'étiez-vous pas à l'arrestation du postillon? — R. Non, j'étais à la Beauregard à faire l'amour avec une fille, je ne suis revenu chez moi qu'à dix heures du soir. Je ne connais rien de cette affaire de la poste.

D. Etes-vous allé avec votre père le 22 septembre à la Rivière-Pilote? — R. Non, mon père est descendu seul au bourg pour voir M. le Maire, mais, j'y suis venu le lendemain 23 pour entendre la Messe célébrée à l'occasion de la proclamation de la République, j'ai vu Telgard à la tête d'une bande venant de la Régale........ M. le Président on vous a dit que beaucoup de monde se réunissait dans la maison de mon père, ce n'est pas vrai. C'est au débit de la ferme tenu par Mlle. Duvély Caritan que l'on se réunissait. Aucun bœuf volé n'a été conduit à la maison, mais bien chez Joseph Hortense. Le 24 septembre, j'ai rencontré Telgard sur le grand chemin près le débit de Mlle. Duvély. Il a crié: Qui vive! J'ai répondu: *Républicain*. Ce n'est pas ce qu'il faut répondre, dit-il, il faut dire: *Ami*. Aucune bande ne s'est formée chez mon père. On l'a calomnié parce qu'il avait pris la fuite sous la menace d'être arrêté. Ceux qui l'accusent sont ceux qui sont compromis et qui veulent se dégager. J'ignore la part qu'il a prise dans l'arrestation du postillon.

Yvonne Lacaille.

Le Président: Quel jour avez-vous été arrêté? — R. Je ne sais.

D. Combien de jours après les désordres avez-vous été arrêté? — R. Le lundi ou le mardi d'après.

D. Pourquoi avez-vous été arrêté? — R. Parce qu'on a dit que j'avais été sur l'habitation Garnier.

D. Vous aviez donc fait quelque chose pour que l'on vous arrêtât. — R. Non.

D. Qu'avez-vous fait le jour de la proclamation de la République? — R. Rien je ne suis pas sorti, j'avais mal aux pieds. Ce mal m'a duré six mois, ce n'est qu'au fort Desaix que j'en ai été guéri.

D. N'avez-vous pas mis le feu au moulin de M. Gustave Garnier. — R. Non.

D. N'avez-vous pas volé la montre du propriétaire. — R. Non, Augustin l'a dit et m'a même menacé de son fusil.

D. Avez-vous pris part à l'incendie de la maison principale de l'habitation Garnier. — R. Non j'étais là, mais je n'ai rien fait. J'ai vu beaucoup de monde.

M. Blondel, défenseur de l'accusé: L'interprète se trompe. L'accusé n'a pas dit qu'il était venu sur l'habitation, puisqu'il a déclaré qu'il avait mal aux pieds.

L'Interprète Polycarpe: J'ai répété textuellement ce qu'a dit l'accusé.

Le Commissaire du Gouvernement déclare d'une manière catégorique que c'est la traduction parfaite de la déclaration de l'accusé, et invite le Conseil à ne tenir aucun compte de l'insinuation du défenseur.

Les Sténographes: Nous comprenons aussi bien que qui que ce soit l'idiome créole et c'est ce que nous venons d'écrire.

Le Président à l'accusé: Vous êtes vous rendu sur l'habitation Garnier. — R. Non, je n'y ai pas été, c'est Augustin qui a dit que j'y étais.

D. N'avez-vous plus rien à dire. — R. Après

qu'Augustin m'eut menacé de me donner un coup de fusil, j'ai pris la fuite pour ne pas être tué. Augustin a fait prendre deux bœufs que j'avais donnés à moitié...

Défenseur Blondet à l'interprète : Dites donc *cheptel* !

L'Interprète : Je ne puis pas dire *cheptel* puisqu'il m'a dit à moitié. D'ailleurs en droit ces deux mots sont synonymes.

L'accusé reprend sa phrase interrompue : Augustin a fait prendre deux bœufs que j'avais donnés à moitié à Auguste et les a remis à M. Gustave Garnier pour se payer de la valeur de la montre que celui-ci, a prétendu lui avoir été dérobée par moi.

D. Pour éclairer le Conseil je vais faire donner lecture de l'interrogatoire de l'accusé et ce, à titre de renseignement. Greffier donnez lecture de cette pièce.

Interrogatoire d'Yronne Lacaille.

Le Président : Quels sont vos noms, etc. — R. Joseph dit Yronne Lacaille, (bâtard de Lacaille), âgé de 20 ans, cultivateur, né à la Rivière-Pilote et demeurant chez mon père à la Régalo.

D. Rendez-nous compte de votre temps lors de la proclamation de la République? — R. Le jour de la proclamation de la République, Louis Telgard est venu trouver mon père Eugène Lacaille et lui a dit de ramasser le plus de monde possible, de conduire ces gens au bourg de la Rivière-Pilote et que là on leur distribuerait des armes et des munitions. Mon père m'a fait appeler et m'a dit d'aller chercher du monde pour mettre la révolution dans le pays et que la consigne générale était de tuer M. Codé. Cette consigne a été donnée par Louis Telgard et Eugène Lacaille. Louis Telgard a dit aussi à mon père qu'il fallait que M. Codé expiât sa faute là où il l'avait commise, car ce dernier avait été un des juges de Lubin. Je suis parti en compagnie de Baballe fils légitime de mon père, d'Auguste Médèle et d'un de ses fils. Je me suis dirigé toujours en compagnie des sus-nommés vers la demeure d'Auguste Sévérine où nous sommes arrivés en criant d'une voix unanime : *Vivent les Prussiens.* J'ai dit à Auguste Sévérine que mon père Eugène Lacaille le priait de ramasser du monde afin de descendre tous ensemble au bourg de la Rivière-Pilote, ayant mon père à leur tête. Ils sont en effet descendus dans l'après-midi et sont remontés armés chez mon père vers six heures du soir.

D. Que savez-vous quant à l'incendie qui a eu lieu sur l'habitation Gustave Garnier Laroche et qu'avez-vous fait pendant la journée du 22 septembre? — R. Le 22 septembre au soir, la bande dont je vous ai déjà parlé, qui était composée des nommés Eugène Lacaille, ses fils Sonson, Tali, Duterville et Baballe, Desange, Koyac, Ernest François, Roro, Gueule Puce, Zozo frère de Roro, Charlery, Bernard, Jé de Désiré, Léonce Frasy, Mathéus, Emile Léandre et une foule d'autres personnes dont je ne me rappelle pas les noms est descendue armée sur l'habitation Gustave Garnier Laroche qu'elle a livrée au feu et au pillage; arrivés dans les cocotiers de l'habitation, Gueule Puce détachât Bernard, Sonson et Tali pour aller mettre le feu dans les cases à bagasses afin que la bande pût facilement être éclairée pour voir s'il y avait des gens qui veillaient.. Immédiatement après, une partie de la bande la mieux armée monte à la maison principale pour piller et incendier pendant que l'autre partie se chargeait du moulin et de la case à bagasse.

D. Certaines personnes disent que Sonson Lacaille a pris la montre de M. Gustave Garnier Laroche et accusent en outre Bernard d'avoir pris une boîte d'argenterie au même propriétaire. Vous devez avoir sûrement connaissance de ces faits? — R. Ces deux faits sont exacts et je vous dirai même que plusieurs paquets de linge, bijoux, argent, etc., ont été enlevés par cette bande et transportés chez Eugène Lacaille par quatre de ses fils. Eugène Lacaille a formé lui même plusieurs bandes. La femme nommée Surprise en faisait partie et était armée d'une bouteille. Avant son départ Lacaille avait retiré tous ses effets et les avaient cachés dans les plantations environnantes.

D. Quels étaient les moyens dont se servait Lacaille pour avoir tant d'influence sur les bandes? — R. Eugène Lacaille frottait le corps de tous les individus, leur faisant croire que cette friction les rendait invulnérables.

D. Vous êtes accusé par une foule de témoins d'avoir mis le feu au moulin de l'habitation Gustave Garnier Laroche et d'être un des principaux chefs de la bande qui s'est transportée sur cette propriété? — R. Je vous ai nommé ceux qui avaient mis le feu. J'ai suivi la bande, mais je n'ai pris part à aucun désordre.

Plus n'a été interrogé, etc.

Bernard fils de Solitude.

Le Président : Racontez ce que vous savez de l'incendie de l'habitation Garnier Laroche et la part que vous y avez prise. — J'étais chez ma mère, Tali et Sonson Lacaille sont venus me chercher en me disant qu'il fallait marcher, sinon ils incendieraient la case de ma mère; celle-ci m'a dit de partir. En arrivant près des cocotiers de M. Gustave Garnier, Gueule-Puce qui faisait partie de la bande m'a donné une boîte d'allumettes pour mettre le feu. La case à bagasses, le moulin et la case à barriques étaient déjà en flammes. Je suis revenu sans mettre le feu. J'ai vu Roro sur le chemin mais non sur l'habitation.

Je n'ai pas vu Désir. A mon retour près d'Alcide Gruaud, il m'a demandé si j'avais mis le feu, à ma réponse négative, il a voulu me tuer avec son fusil.

D. Pourquoi n'avez-vous pas dit cela dans votre interrogatoire? — R. Je l'ai dit.

D. Vous avez dit que vous aviez exécuté les ordres de Gueule-Puce, mais vous n'avez pas dit qu'il vous avait menacé de vous tuer, continuez. — R Gueule-Puce m'a fait revenir au moulin, m'a remis une torche allumée et m'a forcé à mettre le feu, puis s'est dirigé vers la maison principale avec ceux qui étaient armés de fusils. Ceux-ci ont fait une décharge sur la maison. Puis ils y sont entrés, ainsi que ceux armés de sabres et ont tout brisé et pillé. J'ai pris une petite boîte que j'ai déposée au pied d'un tamarinier situé devant la maison dans l'intention de la rendre à M. Garnier. Lorsque Sonson Lacaille a mis le feu à la maison, je suis sorti pour chercher la boîte, mais je ne l'ai pas retrouvée elle était lourde et susceptible de contenir de l'argenterie. Je ne sais ce que sont devenus l'argenterie et la montre de M. Garnier, beaucoup d'autres avaient pénétré avant moi dans la maison. J'ai pris deux serviettes et un drap que j'ai portés chez ma mère qui a refusé de les recevoir. Je les ai cachés sous un panier placé derrière la case de ma mère et je les ai laissés là, je ne sais ce qu'ils sont devenus.

D. N'avez-vous pas été chez Lacaille avant ou après les événements? — R. Non, mais chez Mlle. Duvély où se réunissaient les bandes. La troupe se tenait spécialement chez Mlle. Duvély, peu de personnes allaient chez Lacaille. Le vendredi 23 au matin j'ai été chez Lacaille.

D. Où on vous a donné un bain. — R. Oui.

D. Quelle sorte de bain, était-ce un bain de propreté? — R. L'on m'a *frictionné fortement* et l'on m'a dit que c'était *pour aller chercher des armes* à la Rivière-Pilote.

D. De quoi était composé ce bain? — R. Je ne sais, mais il y avait une *forte odeur de rhum*.

D. Vous avez été à la Rivière-Pilote. — R. Oui, en revenant je me suis arrêté chez Mlle. Duvély. J'ai été chez Lacaille le samedi soir pour faire la garde sur le grand chemin; le dimanche je suis allé chez ma mère et dans la journée chez Lacaille.

D. Où travaillez-vous? — R. A l'Usine Guillaud.

D. Avant les évènements, Lacaille ou autre ne vous avait-il pas prévenu qu'un mouvement devait avoir lieu. — R. Non.

D. Quelles sont vos relations avec Yronne Lacaille, était-il votre ami? — R. C'est mon voisin et non mon ami.

D. Quel rôle avez-vous joué lors de l'arrestation du courrier? — R. Je n'étais pas là.

D. Avez-vous vu Yronne Lacaille à l'incendie Gustave Garnier? — R. Oui.

Défenseur Blondel : L'avez-vous vu sur l'habitation ou sur le grand chemin? — R. Sur l'habitation, mais je ne l'ai pas vu mettre le feu.

Le Commissaire du Gouvernement : Quels sont ceux qui ont tiré des coups de fusil sur la maison Garnier? — R. J'étais loin, je n'ai reconnu personne.

Le Commissaire du Gouvernement : Qui vous a donné le bain chez Lacaille? — R. Eugène Lacaille lui même.

L'audience est suspendue à deux heures et reprise un quart d'heure après.

Monfio dit Petit Jean Rocher.

Le Président : Vous êtes encore accusé d'avoir fait partie des bandes armées, et d'avoir incendié la rhumerie de Gustave Garnier? — R. Je travaille à l'usine Guillaud. Le 23 septembre au soir, j'étais chez moi, quand j'ai vu éclater le feu chez M. Codé. Portaly Lacaille est venu me trouver et m'a dit: « *Tout le monde est en branle à la Rivière-Pilote, et vous êtes tranquille ici, il faut marcher avec nous à la Rivière-Pilote. Tout le monde est sur pieds là, et mon père en tête.* » La bande qui l'accompagnait n'était pas armée. Je suis parti avec elle et nous sommes montés chez Lacaille père où nous avons trouvé beaucoup de monde. Eugène Lacaille a dit à la troupe: « *On a foutu un nègre à terre à la Rivière-Pilote. C'est fini!...* » Gueule-Puce (prenant la parole) a dit: « *Vous voulez aller à la Rivière-Pilote, prenez garde à vous, les soldats sont arrivés et vous allez vous faire tuer.* » Portaly Lacaille a dit alors à son père: « *Pendant que le fer est chaud, battons-le: allons mettre le feu chez Gustave Garnier.* » Eugène Lacaille a dit qu'il était malade, Portaly lui a offert de seller son cheval; alors le père lui a dit: « *Prenez des jeunes gens et allez mettre le feu.* » Nous sommes partis et en passant devant le débit de Mlle. Duvély, Gueule-Puce qui venait de s'y rendre nous a rejoint. Il a distribué le monde aussitôt arrivé sur l'habitation; il en a envoyé aux bâtiments, et aussitôt le feu y a éclaté. Portaly Lacaille s'est écrié qu'il fallait tout brûler. Althénor Lysis qui commandait la bande a aussi commandé de tout brûler. Alors on a mis le feu au moulin et à la vinaigrerie.

D. Etes-vous de la Régale? — R. Non, je suis de Fort-de-France. Ils sont montés ensuite à la maison principale où ils ont fait leur affaire. Je me suis retiré sur le grand chemin et j'ai vu le feu éclater dans la maison principale. Je suis parti et me suis rendu chez Mlle. Duvély, où je suis resté jusqu'au lendemain. On m'a dit que tout le monde devait descendre au bourg; j'ai été changer mes moutons de place. Arrivé, dans la croisée de Mme. Athanase, j'ai rencontré une bande qui m'a dit qu'il fallait descendre au bourg. J'ai refusé prétextant que mon costume n'était pas convenable et que je n'étais pas armé. On m'a répondu que j'étais convenablement vêtu et que l'on me donnerait une arme au bourg. En effet en passant chez Thélophe on a pris un fusil qu'on m'a remis. Le vendredi on a formé *un camp* en face de la maison d'Eugène Lacaille. Louis Telgard m'a donné un bout de coutelas et m'a mis en faction devant la ferme Duvély. Vers onze heures du soir je me suis endormi à mon poste. Le lendemain matin Telgard est arrivé armé d'un fusil et m'a mis en joue. Lacaille a crié; *Ne tirez pas sur ce garçon il est de notre côté.* Telgard m'a demandé: Avez-vous vu passer la poste. J'ai répondu; Non. Il m'a commandé d'aller veiller le postillon, ce que j'ai fait. Il est arrivé et comme il me connaissait il m'a dit de lui payer la goutte. Je l'ai amené chez Duvély Caritan et lui ai payé un *grog.* Après avoir bu il est parti. Un moment après j'ai entendu dire qu'Egène Lacaille avait arrêté la poste, j'ai été voir. J'ai trouvé Lacaille avec une *dame.* Il a demandé au postillon la clef de la boîte. Celui-ci lui a répondu qu'il ne l'avait pas. Lacaille a envoyé cette *dame* chercher des clefs et comme elles n'allaient pas, on a voulu défoncer la boîte, j'ai alors dit: ne défoncez pas. On a porté la boîte chez Duvély, où on l'a défoncée, lu les lettres, enfin ils ont fait *leur bibelot.*

D. Vous êtes accusé d'avoir mis le feu à la rhumerie de l'habitation Garnier? — R. Je n'ai mis le feu nulle part.

D. Cyprien Ayette dit Nérée et Syphon Chéry le déclarent. — R. Ce n'est pas vrai.

D. Vous êtes un de ceux qui ont insulté Thérésia Finoly? — R. Non.

D. Alors vous n'avez fait autre chose sur l'habitation Garnier que prendre une dame-jeanne de rhum? — R. Pas autre chose.

D. Eugène Lacaille dit que c'est vous qui avez arrêté la poste? — R. Non, pas possible, je ne sais pas lire. Aujourd'hui qu'il est pris, il cherche à se tirer d'affaire comme il le peut. Quelle influence pourrais-je avoir sur ce vieillard.

D. N'avez-vous pas entendu parler du bain que l'on faisait prendre chez Lacaille? — R. Oui, il a voulu me frotter aussi mais je n'ai pas voulu.

D. Connaissez-vous d'autres personnes qui ont été frottés par lui? — R. Tous ceux qui passaient sur son habitation étaient frottés par lui.

Le Président, à Gueule-Puce: Avez-vous été frotté? — R. Non, je n'ai pas voulu que l'on me frottât, mais j'ai vu frotter tous les autres.

D. De quoi se composait le bain? — R. Le bain était contenu dans une grande chaudière et était composé de tafia, de gombeau musqué, etc.

Le Président, à Lacaille: Quelle vertu attribuiez-vous à ces bains? — R. La seule que je croyais que ce bain pouvait avoir était de faire rester près de moi les individus qui le prenaient. Je ne les frottais qu'aux bras et à la tête. Vous pensez, M. le Président, que cela n'avait pas grande vertu.

D. Je suis même convaincu que cela n'en avait aucune, mais c'était employé envers des esprits crédules pour leur faire accroire qu'ils devenaient invulnérables, que ni le sabre ni la balle ne pouvaient les toucher; c'était dans le but de les exciter à se ruer aveuglément sur les honnêtes citoyens, certains qu'ils étaient d'être à l'abri de tout danger.

Lacaille: Telle n'était pas mon intention.

Le Président, à Surprise: Avez-vous été frottée? (Rires général). — R. Non. Lacaille a voulu me frotter mais je m'y suis opposée.

D. Avez-vous fait la garde? — R. Oui.

Le Président, à Monfio Petit Jean Rocher: qui a arrêté la poste?

Monfio: Lacaille et sa fille. Ce sont les seuls que j'ai vus sur les lieux.

M. de Pontcharra, juge: Combien de temps avant le 22 septembre, étiez-vous fixé à la Régale? — R. Un an et demi à 2 ans.

Le Même: Huit jours avant les événements; n'avez-vous pas été prévenu qu'ils devaient s'accomplir? — R. Non, je n'ai entendu rien dire.

Privat Alexandre dit Roro.

Le Président: Vous êtes encore accusé d'avoir mis le feu sur l'habitation Gustave Garnier? — R. Non, je n'ai pas mis le feu.

D. N'étiez-vous pas avec Charlery et Althénor Lisis le 23? — R. Le 23, vers huit heures du soir, je suis allé chez une de mes voisines faire de la farine. J'ai rencontré sur la route près la croisée de Mme. Athanase des jeunes gens qui faisaient du bruit; ils m'ont obligé à marcher sur l'habitation Gustave Garnier; on a mis le feu dans tous les bâtiments de l'habitation. Quant à moi je suis resté sur le grand chemin, Séram était avec moi.

Le Président à *Alcide Géraud* dit *Gueule-Puce*: Vous avez été partout; vous avez tout vu; faites-nous l'historique de ce que vous avez fait et vu faire. — R. Je suis franc et le serai toujours, je vais vous dire tout ce que j'ai vu et fait.

D. Eh bien, parlez-nous d'Eugène Lacaille. Il a eu de la confiance en vous, puisqu'il vous a confié le commandement d'une troupe. — R. Je connaissais Lacaille, mais j'allais rarement chez lui. Il ne m'a jamais chargé d'aucun commandement; je ne puis rien dire contre lui. Le 22 au soir, j'ai vu éclater le feu sur l'habitation Codé. Une troupe de jeunes gens voulait descendre à la Rivière-Pilote, j'ai donné le conseil aux individus qui en faisaient partie de ne pas se rendre à la Rivière-Pilote, car les soldats de Fort-de-France y étaient arrivés et qu'ils pourraient être fusillés par eux. Portali Lacaille, chez Mlle. Duvély, pérorait et excitait le monde à descendre au bourg. Je suis alors entré chez Duvély et me suis couché sur un banc. Roro est venu me trouver et m'a dit: Il faut aller chez

Gustave Garnier, pour mettre le feu. Je me suis opposé à ce dessein. L'on m'a menacé et j'ai été obligé de marcher. Arrivé à une ferme voisine de celle de Mlle Duvély je me suis arrêté; je me suis caché derrière une porte de ce débit. Portali Lacaille m'a découvert et m'a déclaré qu'il fallait absolument marcher sur l'habitation Gustave Garnier. La bande se composait de 200 individus environ. Parmi eux se trouvaient Roro et Monfio. En arrivant dans le grand chemin j'ai vu la case à barriques, la case à bagasse et d'autres bâtiments en feu. J'ai pénétré sur la propriété et j'ai trouvé Bernard qui mettait le feu au moulin. Tous les autres ont également mis le feu, moi, je ne l'ai mis nulle part.

D. Et les allumettes que vous avez distribuées — R. Bernard seul le dit, il veut se sauver.

D. La bande était-elle armée. — R. Althénor Lisis seul avait un fusil, il était sur le chemin, j'ai été le joindre; alors on a crié: Montons à la maison principale. Je suis venu et me suis placé sous un tamarinier situé devant la maison, j'ai vu tout le monde piller. Des paquets d'effets sortaient de la maison, emportés par les pillards.

D. Savez-vous qui a pris l'argenterie de M. Garnier. — R. Je n'en sais rien, Bernard a pris une boîte dans laquelle peut-être elle se trouvait.

D. Vous savez où est cette argenterie et vous avez promis à quelqu'un de nous dire où elle se trouvait. — R. M. le président, je suis dans une triste position; je n'ai plus rien à attendre et je vous déclare que si je savais où se trouve cette argenterie, je vous le dirais, car la peine la plus grave pèse sur moi.

D. Vous êtes accusé par Tali Lacaille d'avoir mis le feu à la maison principale de Gustave Garnier.—R. Lorsque je prenais le chemin pour m'en aller de l'habitation, j'ai vu le feu sortir de la maison, et immédiatement après j'ai vu Portali Lacaille apparaître sur le seuil. Je ne dis pas cependant que ce soit lui qui ait mis le feu. De là j'ai été me coucher avec Charlery Solitude. Augustin a déclaré que j'avais monté la garde devant la porte du cabinet de Mme. Garnier, que j'avais menacé et insulté cette dame; c'est faux. Si j'avais quelqu'un à menacer, ça aurait été plutôt M. Garnier. Comment admettre qu'Augustin ait pu se cacher dans le tamarin situé près de la maison pendant que la maison principale brûlait, alors que cet arbre était lui-même embrasé par l'incendie, puisque le lendemain il était complétement dépouillé de ses feuilles. Je n'ai pas à mentir maintenant, car *condamné à perpétuité* mes aveux seuls pourraient fléchir mes juges pour l'application de la nouvelle peine que j'encours.

D. Le 23 quelles ont été vos relations avec Lacaille? — R. Je n'étais pas avec le père Lacaille ce jour-là, je suis descendu au bourg avec ses fils.

D. Mais à votre retour du bourg, n'avez-vous pas été chez Lacaille père, à l'occasion d'une arrestation? — R. C'est le dimanche, vers neuf ou dix heures du matin. Me trouvant chez Mlle. Duvély, Duterville Lacaille est arrivé et a dit à Charlery de le suivre, parce que l'on venait d'arrêter un homme armé d'un fusil à *aiguille à 2 coups*, suivi de son domestique. J'ai déclaré à Duterville que l'on ne savait pas ce que l'on faisait en arrêtant ainsi des individus sur la route. J'ai été chez Lacaille avec Duterville et Charlery, et j'ai reconnu que c'était M. Radamiste Latouche, de Saint-Pierre, que l'on avait arrêté. Emile Sabina avait pris son fusil. En arrivant on m'a demandé ce que c'était que ce monsieur? Un monsieur de St.-Pierre, ai-je répondu. M. Radamiste Latouche déclara à la bande ceci: « Si vous voulez me tuer, tuez-moi d'un seul coup, car j'ai deux coups à tirer pour tuer deux de vous. » On l'a relâché, il avait été arrêté par les deux fils Lacaille.

D. Quel jour avez-vous été arrêté? — R. Lundi matin, 26 septembre. La veille, au soir, j'ai été me coucher chez Charlery Solitude à 50 mètres de la maison Lacaille; le matin en me réveillant j'ai vu des soldats et des volontaires arriver chez Lacaille; ils ont déchargé leur fusil sur la maison de celui-ci. Je savais que l'on demandait des volontaires, je suis parti pour me proposer comme tel à la troupe régulière. M. Mars Le Breton, maire de la Rivière-Salée, en me voyant venir m'a demandé ce que je voulais; être volontaire dans votre troupe, lui ai-je répondu, et en même temps je lui ai offert une petite corne que j'avais trouvée sur la route, destinée à enfermer des balles et de la poudre. Villeneuve m'a reconnu et a dit: il est de la Régale, il faut l'arrêter. M. Garnier était là et a dit qu'il fallait m'arrêter afin de me faire couper le cou; j'ai voulu me justifier, mais on n'a pas voulu m'écouter et on m'a bouclé.

Le Président, à Roro: C'est vous qui avez été chercher Gueule Puce pour marcher? — R. Oui, par l'ordre de Portali et Sonson Lacaille.

Accusé Sonson Lacaille: Gueule Puce vous a dit que M. Latouche avait été arrêté par deux fils Lacaille sans vous désigner lesquels; qu'il les désigne.

Gueule Puce: Je n'ai pas dit lesquels, j'ai dit seulement deux enfants Lacaille parce que c'est ce que j'avais entendu dire. M. le Président, j'ai une observation à vous faire, l'on prétend que j'ai pris la boîte d'argenterie de M. Garnier; je déclare que cela est faux. L'on peut savoir facilement où elle est, Bernard a volé une cassette pendant l'incendie, c'est un jeune homme qui ne gagnait que 4 ou 5 francs par semaine; avant d'être arrêté, il a fait un voyage à Sainte-Lucie, à son retour il a été arrêté muni d'une bourse d'argent. Il est probable que cet argent provient de l'argenterie volée.

L'accusé Monfio : Bernard logeait avec moi et la bourse d'argent qui a été saisie entre ses mains m'appartient pour l'avoir gagné à l'usine Guillaud où je travaille depuis deux ans.

Le Président, à Saint-Paul Sainte-Croix : Vous avez trouvé moyen de voler un cheval sur la route du Marin alors que vous avez déclarez que vous n'étiez pas sorti du Marin et que vous y faisiez la garde ? — R. Sur la route du Marin, j'ai rencontré Eloi avec un cheval appartenant à Mme. Elisée, j'ai pris l'animal entre ses mains pour remettre à la propriétaire.

Le Président : Non ! non ! Dans l'instruction vous avez dit que vous aviez pris le cheval pour remplacer le vôtre. — R. On avait tué le mien à la Puyferrat.

D. Si on avait tué le vôtre, cette dame n'en était pas cause, et ce n'était pas un motif pour prendre son cheval en remplacement du vôtre. — R. J'ai remis le cheval à un petit garçon nommé Popotte pour l'amener à Mme. Elisée. Popotte l'a amené au François chez sa mère qui a mis l'animal en fourrière.

D. Puisque vous dites avoir quitté le Marin, voulez-vous avouer avoir été à l'incendie Beauregard. — R. Je ne puis avouer ; je n'ai pas été sur cette propriété.

Le Président à l'accusé Ovide Athalante : Avez-vous vu l'accusé sur l'habitation Beauregard. — R. Non.

D. Vous ne voulez pas dire la vérité, St-Paul Ste-Croix pourra peut être sortir indemne de l'accusation mais pas vous, car nous vous démontrerons que vous avez mis le feu sur l'habitation La Beauregard.

Le Président à l'accusé St-Paul Ste-Croix : Vous avez été vu mettant le feu à une case de créoles. — R. Non, Sully, surveillant de l'habitation pourra dire si j'étais là. C'est le samedi 24 que j'ai pris le cheval je venais de l'habitation Puyferrat, me rendant au Marin. M. Valcourt Duquesnay est monté avec moi à Puyferrat, parce qu'on était venu lui dire qu'on voulait mettre le feu à cette habitation. En arrivant sur cette propriété, j'ai arrêté deux cultivateurs, dont je ne connais pas les noms, qui voulaient mettre le feu. M. Duquesnay s'est approché d'eux et leur a dit : Comment, vous voulez brûler ma propriété, un si bon homme que moi. Ils ont répondu que ce n'était pas du tout leur intention, qu'au contraire ils s'apprêtaient à défendre la propriété contre les gens du dehors qui viendraient pour l'incendier ; je suis retourné au Marin avec M. Duquesnay qui m'a conseillé de ne pas sortir du bourg. Le lendemain matin, M. Duquesnay m'a envoyé 5 francs par le garde-champêtre Amédée.

La séance est levée et renvoyée au lendemain à midi.

Séance du 25 mai 1871.

La séance s'ouvre à midi.

Astérie Boissonnet.

Le Président : Vous êtes accusée d'avoir, le 23 septembre 1870, à la Rivière-Pilote, sur l'habitation Joseph Garnier, volontairement mis le feu à tous les bâtiments et à la maison d'habitation ? — R. Non, je n'ai pas mis le feu ; quand il a éclaté, j'étais à la Rivière-Pilote.

D. Vous ne nous ferez pas accroire cela ; ce système de défense est inutile ; dans l'instruction, vous avez déclaré le contraire. — R. Le jour de l'incendie de Joseph Garnier, je sortais du bourg de la Rivière-Pilote, quand j'ai vu le feu.

D. Votre frère Lazare Boissonnet ne vous a-t-il pas entraînée ; ne vous a-t-il même pas menacée, si vous ne marchiez pas ? — R. Non, car je ne l'ai pas vu ce jour là.

D. Votre frère n'a-t-il pas mis le feu sur les habitations Garnier et St.-Pée ? — R. Il n'était pas là.

D. Connaissez-vous ses complices ? — R. Non.

D. Ce système de dénégation abrège les débats. Si vous croyez nous embarrasser par ce moyen vous vous trompez étrangement. Nous connaîtrons la vérité, et s'il y en a parmi vous qui doivent être punis sévèrement, ce système n'arrêtera pas le Conseil. — R. Je n'étais pas là.

Le Président : Ça suffit, je vais lire votre interrogatoire.

Interrogatoire d'Astérie Boissonnet ; en date du 5 octobre 1870.

« Je me nomme Astérie Boissonnet, fille de Rose Boissonnet, âgé de 21 ans, couturière, née et demeurant à la Rivière-Pilote ne sachant ni lire ni écrire, non condamnée antérieurement.

« *Le Président* : Vous êtes inculpée d'avoir, le 23 septembre, vers trois heures de l'après-midi, ensemble et de complicité avec Lazare et d'autres individus inconnus, volontairement mis le feu sur l'habitation Garnier Laroche et sur l'habitation St.-Pée. Qu'avez-vous à répondre ? — R. Je n'ai pas pris part à l'incendie qui a dévoré les habitations de M. Garnier Laroche et de M. St.-Pée. J'ai assisté seulement à l'incendie de cette dernière habitation. Je n'ai été spectatrice de ce sinistre qu'à mon corps défendant. Mon frère Lazare m'avait menacé de me tuer si je ne consentais pas à le suivre. C'est lui qui a mis le feu sur les habitations Laroche et St.-Pée. Il avait pour complices Surprise, Célina et ses deux fils Emile et Aristide Gersan et d'autres que je ne connais pas. C'est ce dernier qui le premier a donné l'idée de mettre le feu sur les habitations. Quelques uns étaient armés de fusils, de coutelas et de piques.

« D. Quel est celui qui a mis le feu sur ces

habitations et quels moyens a-t-on employés pour incendier tous ces établissements? — R. Surprise avait une boîte d'allumettes avec laquelle elle a mis le feu à la maison de M. Sempé. Lorsque le feu fut mis à la maison principale, Gersan, Surprise et Lazare y prirent des tisons enflammés pour mettre le feu aux établissements de l'habitation. Je n'ai point assisté à l'incendie de l'habitation Garnier Laroche. Je sais que mon frère Lazare, Gersan et Surprise y étaient. Personne n'a ni pillé ni volé.

» Après l'incendie de l'habitation St.-Pée la bande s'est dispersée, je ne sais pas si certains individus de cette bande sont allés rejoindre la bande d'Eugène Lacaille.

» D. Savez-vous qui a mis le feu sur l'habitation Joseph Garnier Laroche. — R. Je n'en sais rien, je ne connais pas les auteurs de cet incendie.

» D. Connaissez-vous Emile Sidney. — R. Oui, je connais Emile Sidney, il faisait partie de la bande qui a incendié l'habitation de M. St.-Pée. Il était armé d'un coutelas. »

Confrontation.

« Ici nous faisons intervenir M. Joseph Garnier Laroche auquel nous donnons connaissance de l'interrogatoire de l'inculpée. Il nous déclare qu'il tient du commandeur Nérée et d'Emile Ayette, demeurant tous d'eux à la Rivière-Salée, sur l'habitation de son frère, que l'inculpée a joué un rôle actif dans ces incendies.

» L'inculpée persiste dans ses dénégations. M. Garnier Laroche ajoute que l'on a volé des matelas et du linge à sa femme et que l'on a volé des bœufs à son frère.

» La prévenue reconnaît que son frère a emmené un bœuf qu'il avait pris sur l'habitation de M. Gustave et qu'il l'a débité. »

Plus n'a été interrogée, etc., etc.

D. Ne vous rappelez-vous pas avoir dit tout ce que vous venez d'entendre? — R. Je n'ai pas dit tout cela; j'ai dit seulement avoir été à l'incendie de l'habitation St.-Pée avec Aristide Célina, Elise Célina, Octave Célina, mon frère Lazare, Surprise et Gersan. Celui-ci était armé d'un fusil; je ne sais rien des incendies Gustave et Symphorien Garnier.

D. Des témoins diront que vous avez mis le feu chez Joseph Garnier Laroche. — R. S'ils disent cela, ils ne diront pas la vérité.

D. M. Gustave Garnier déclare vous avoir vue mettre le feu. — R. Non, puisque je n'étais pas là.

Lazare-Rose Boissonnet.

Le Président: Vous êtes accusé d'avoir le 23 septembre 1871, volontairement mis le feu à tous les bâtiments d'exploitation et à la maison d'habitation Joseph Garnier? — R. Je n'ai pas mis le feu sur l'habitation Joseph Garnier.

D. Vous étiez dans la bande qui a incendié cette propriété? — R. Oui, j'y étais. On m'a forcé à marcher.

D. Vous êtes désigné comme chef de la bande? — R. Non pas moi, mais Gersan.

D. Cependant votre sœur a déclaré que vous aviez menacé de la tuer si elle ne marchait pas? — R. Impossible qu'elle ait dit cela, comment admettre que j'ai eu la pensée de vouloir tuer ma sœur. En arrivant sur l'habitation, Gersan a mis le feu à la maison principale, je n'ai pas vu d'autres le mettre.

D. Qui a mis le feu dans un vieux canapé qui se trouvait dans la salle de la maison. — R. Je n'ai pas vu de canapé.

D. Avez-vous vu Surprise. — R. Elle n'y était pas, ni ma sœur.

D. Beaucoup de personnes ont vu Surprise. — R. Elle n'y était pas.

D. Cependant vous êtes le premier qui ayez dit que Surprise avait mis le feu à un vieux canapé. — R. Pas chez M. Joseph Garnier.

D. Avez-vous vu Surprise mettre le feu dans un vieux canapé chez St-Pée. — R. Je l'ai vu entrer dans la maison principale de M. St-Pée, mais je n'ai sais pas si elle y a mis le feu.

D. Vous avez vu Gersan, que faisait-il. — R. Gersan était chef de la bande; il a brisé les meubles qui se trouvaient dans la maison de M. Joseph Garnier et y a mis le feu.

D. Nommez-nous ceux qui ont pillé sur cette habitation. — R. Personne n'a pillé.

D. Vous n'avez pas pillé, vous? — R. Non, je n'ai pas pris la tête d'une épingle.

D. Etes-vous arrivé sur l'habitation avant le feu? — R. Oui, j'y suis venu avec Vincent, Chériette Chérubin, Louisine Chérubin, et les filles de Mme. Sylvain; ces dernières n'ont rien fait et sont restées dehors à regarder pendant que Gersan *s'amusait* à mettre le feu dans la maison. Althénor Claveau Jean n'a rien fait, il était debout sur un petit morne d'où il regardait.

D. Qui avez-vous aperçu encore dans l'incendie? — R. Joseph Borris, Mme. Chérubin et ses filles.

D. Et votre sœur Astérie. — R. Elle était là, mais elle n'a rien fait.

Le Président lit les noms des invidus qui ont pris part à l'incendie et qui ont été désignés par l'accusé dans son interrogatoire.)

Accusé: Je ne les ai pas nommés.

D. Etiez-vous armé? — R. Oui, j'avais un fusil à deux coups.

D. Pourquoi aviez-vous pris ce fusil. — R. Je demeure à un quart d'heure de chez M. Joseph Garnier; j'ai entendu: *Po! po! popo!* Je me suis emparé de mon fusil et je suis accouru sur l'habitation Joseph Garnier. En arrivant Gersan m'a pris le fusil des mains; contre la force pas de résistance. Mon fusil n'était pas chargé, mais Gersan l'a chargé, le feu éclatait alors sur l'habitation Symphorien Garnier.

D. Où Gersan a-t-il pris des munitions pour charger le fusil? — R. Je n'en sais rien, quant à moi je n'en avais pas.

D. Quand vous avez entendu tirer chez Joseph Garnier, pourquoi avez-vous pris votre fusil, c'était probablement pour tuer quelqu'un? — R. Je me suis dit c'est peut-être quelque chose, je suis parti.

D. Expliquez-nous ce quelque chose? — R. J'ai pris le fusil pour aller secourir M. Garnier.

D. C'est bien trouvé. En prenant votre fusil sans munitions, vous aviez l'intention d'en trouver.

L'accusé ne répond pas à cette question.

D. Etes-vous travailleur sur l'habitation Garnier? — R. Je ne travaille pas pour M. Garnier mais je lui ai rendu des services.

D. Est-ce bien vous qui avez rendu des services à M. Garnier ou bien lui qui vous en a rendus? R. Réciproquement.

D. Y avait-il des motifs de vengeance contre M. Garnier? — R. Non, c'est un bon *béqué*, je n'ai pas à me plaindre de lui, au contraire, il rend des services à tout le monde et est aimé de tout le monde.

D. Et s'il avait été méchant, que lui aurait-on donc fait alors? — R. *C'aurait été pour sa cause seulement.*

D. C'est un mot à signaler à messieurs les Juges. Il existe dans ce malheureux pays une conspiration permanente d'une classe de la population contre une autre. C'est une grave erreur de croire que vous pourrez faire disparaître la classe qui a fondé la colonie depuis 200 ans. Rappelez-vous que derrière elle il y a la France pour la sauvegarder. (A l'accusé). Connaissez-vous Suzanne, pourquoi l'avez-vous forcée à vous suivre sur l'habitation Gustave Garnier? — R. Je ne l'ai point forcée à me suivre, je l'ai au contraire trouvée dans la maison principale enlevant le lit de Mme. Garnier.

D. Vous n'avez rien pris sur l'habitation Gustave Garnier, pas même un bœuf? — R. Non, je n'ai pas volé de bœuf.

D. Mais vous avez vu le bœuf quelque part, vous en avez eu un morceau? — R. Ah! oui, on m'en a donné un morceau.

D. Quels sont ceux qui ont tué le bœuf? — R. C'est Régis Fourchon qui lui a donné deux coups de coutelas à la jambe de derrière. Il y en a d'autres qui ont frappé mais je ne les connais pas; Astérie était là.

D. Et Meshuit était-il là? — R. Ma foi, je serais bien en peine de le dire.

D. Avez-vous vu Chérubin? — R. Pas chez M. Joseph Garnier, mais chez M. Symphorien.

D. Vous n'avez plus rien à ajouter? — R. Quand le feu était éteint chez M. Joseph Garnier, Gersan m'a ordonné de prendre ma torche pour aller incendier l'habitation Symphorien Garnier, j'ai refusé. Nous sommes partis pour cette dernière propriété, Gersan a enflammé un bouchon de paille qu'il a placé sur la solive du moulin, puis il s'est rendu à la maison principale où il a trouvé des papiers qu'il a placés auprès d'une cloison et qu'il a enflammés. Puis, il a brisé des lames de jalousie et les a jetées dans le feu pour l'alimenter. La maison était complètement vide.

D. Il ne s'agit pas en ce moment de l'incendie de l'habitation Symphorien Garnier, mais bien de celui de l'habitation Joseph Garnier, son frère; n'y a-t-il pas eu pillage sur cette propriété? — R. Quand je suis arrivé la maison était complètement vide et tout avait été transporté dans les cases à nègres.

D. A-t-on essayé de piller les cases à nègres? — R. Non, j'étais auprès d'une vieille case occupée par Althénor Pierre, Gersan m'a soulevé et m'a jeté dans l'intérieur de cette case en me forçant à y mettre le feu; Althénor est arrivé et m'a dit: Comment vous mettez le feu à ma case. Je lui ai répondu que c'était Gersan qui m'avait forcé à le faire et qui m'avait menacé de son fusil.

D. Comment vous croyiez qu'un brigand comme Gersan vous eut donné un coup de fusil si vous n'aviez pas mis le feu? — R. Il était enragé. C'était un lion, un tigre, et il m'aurait inévitablement tué si je n'avais pas obéi.

D. Vous ne nous ferez pas accroire qu'un homme déterminé comme vous, accompagné de 300 autres, ait pu être dominé par un mauvais drôle comme Gersan, sans se révolter? — R. Il m'a forcé de mettre le feu et je l'ai mis.

D. Si on vous mettait le couteau à la main pour tuer votre père, le feriez-vous? — R. Non.

D. Pourquoi ne le feriez-vous pour votre père et l'avez-vous fait pour d'honnêtes gens... Allez, réfléchissez, vous avez des juges justes qui ne se laisseront fléchir qu'au moyen d'aveux complets.

Le Commissaire du Gouvernement: Quand Gersan a pris le fusil de vos mains, était-il armé? — R. Il avait son coutelas qu'il a jeté et que j'ai ramassé.

M. de Pontcharra, juge: Où était située la case d'Althénor Pierre? — R. Sur l'habitation Joseph Garnier.

D. Expliquez-nous la présence de votre sœur sur les lieux. Elle dit que c'est vous qui l'avez entraînée. Si vous êtes un bon frère comme vous prétendez l'être. Dites la vérité en sa faveur? — R. Je ne l'ai point entraînée, elle est sortie de la maison pendant mon absence.

M. Guèze: Quelle est la distance de la cuisine de M. Joseph Garnier à la maison principale? — R. 6 à 8 mètres environ.

M. Guèze: Le feu de la maison principale pourrait-il se communiquer à la cuisine? — R. Non, d'ailleurs la cuisine n'a pas été brulée.

Le Président: Précaution inutile M. le Déf...

seur, si vous croyez par cette observation nous persuader que Surprise n'a point mis le feu, vous vous trompez étrangement. Nous sommes suffisamment éclairés sur son compte.

Gersan.

Le Président : Vous êtes accusé d'avoir, de complicité avec Astérie Boissonnet, Surprise, Lazare Boissonnet et autres, mis le feu sur l'habitation Joseph Garnier Laroche? — R. Ce n'est pas moi qui ai mis le feu, c'est Surprise, elle est entrée dans la maison principale et m'a dit : Gersan vous êtes trop sot, pourquoi ne mettez-vous pas le feu? Je lui ai répondu qu'elle était trop pressée. Elle a *flambé* des allumettes et a mis le feu à un vieux canapé qui se trouvait dans le salon. Alors tout le monde a écrasé des lames de jalousie, les ont jetées dans le feu pour attiser. Moi même j'ai fait comme les autres.

Le Président : En voilà au moins un qui ne craint pas de dire ce qu'il a fait. Vous êtes incapable d'intimider trois cents hommes, seulement je ne vous donnerai pas une image.

L'accusé continue : Suzanne a démoli une cloison pour faire passer le lit de Mme. Garnier qu'elle a déposé dans les caféiers.

D. Nommez-nous ceux qui étaient à l'incendie? — R. Auguste Séverine, Altéus Médée, Charles et beaucoup de gens de la Régale. Lazare Boissonnet était là, mais je ne l'ai pas vu mettre le feu, les filles Chérubin sont venues après l'incendie.

D. Qui a pillé? — R. Suzanne seulement qui a pris un lit et quelques matelas.

D. Etiez-vous armé? — R. J'avais mon coutelas.

D. Avez-vous pris le fusil de Lazare Boissonnet? — R. Quand Lazare est arrivé sur l'habitation, il a pris mon coutelas et m'a remis son fusil.

D. Le fusil était-il chargé? — R. Oui, un seul canon était chargé, l'autre étant cassé, il était chargé de *postes* (balles coupées).

D. Comment saviez-vous que le fusil était chargé de balles coupées? — R. Parce que Lazare avait le reste des balles dans sa poche et qu'il me les a données en me remettant le fusil.

Le Président, à Lazare : Que dites-vous de cela? — R. Le fusil n'était pas chargé, Gersan l'a pris de mes mains et l'a chargé avec de la poudre et des balles entières qu'il avait dans la poche.

Le Président, à Gersan : Vous dites que le fusil était chargé de balles coupées et Lazare prétend que c'étaient des balles entières.

Accusé Gersan : Oui avec des balles coupées, puisqu'il les a retirées de sa poche et me les a remises.

Le Président, à Gersan : Est-ce vous qui avez demandé le fusil à Lazare, ou est-ce lui qui vous l'a donné? — R. C'est lui qui me l'a donné en disant : voilà mon fusil, donnez-moi votre coutelas.

Le Président, à Lazare : Pourquoi vouliez-vous vous débarrasser de votre fusil? — R. C'est Gersan qui l'a pris de mes mains et il m'a même jeté à terre pour le prendre.

Le Président : Je conçois assez l'avantage de cet échange, car Lazare a craint que le fusil étant très mauvais, n'éclatât entre ses mains. Quels sont ceux qui étaient armés, combien il y avait-il de fusils? — R. Deux fusils et un pistolet. Altéus Médée Charles avait le pistolet, Séverin Auguste un fusil, les autres avaient des piques et des coutelas.

M. de Pontcharra, juge : Quel était le chef de la bande? — R. Il n'y en avait pas, tout le monde était *bien disposé*, chacun commandait.

M. Chapotot : Lazare Boissonnet dit que vous étiez le chef? — R. Il dit cela; mais je puis vous assurer que *tout le monde était animé de la même intention de mettre le feu.*

Le Président : Comment se fait-il que tout le monde était animé de la même intention, qui peut vous faire croire cela? — R. Quand j'ai rencontré la bande, chacun disait : *Allons, allons mettre le feu!*

Le Président : Il y a encore, il faut le reconnaître une fâcheuse influence qui pèse toujours sur ces gens, nous avons obtenu quelques aveux timides, mais précieux, qui établissent le complot. Le mot d'ordre est même donné jusque sur ces bancs, hier un des accusés nous a avoué que trois semaines avant les événements il était question d'un soulèvement et d'incendie prémédité.

M. Malle, juge : Pourquoi avez-vous accepté le fusil et les munitions de Lazare? — R. Il m'a forcé de les prendre pour avoir mon coutelas.

Le Président : Le fusil était crevé, il aimait mieux avoir un coutelas. — (A l'accusé) : quel usage Lazare Boissonnet a-t-il fait du coutelas? — R. Il s'en est servi pour briser les jalousies qu'il a jetées dans le feu.

Lazare Boissonnet : C'est un menteur, c'est lui qui a brûlé la maison principale, puis il a voulu incendier encore l'écurie, et c'est moi qui l'en ai empêché.

M. Malle, juge, à Gersan : Vous avez dit que tout le monde avait les mêmes idées, lesquelles?

Gersan : Tout le monde était déterminé à mettre le feu, c'est pourquoi je me suis mêlé à la chose.

Lumina Sophie, dite *Surprise.*

Le Président : Depuis votre incarcération et lors des débats de la première série, vous avez constamment nié avoir mis le feu et avoir pris part aux événements. Il est de votre intérêt de ne pas persister dans ce système de dénégation, car des témoins honorables viendront vous démentir; je vous engage donc à dire la vérité. Voulez-vous convenir que vous étiez chez Joseph Garnier

Laroche. — R. J'ai été chez M. St.-Péo, mais non chez M. Joseph Garnier.

D. Lazare Boissonnet et Gerson vous accusent d'avoir mis le feu dans un vieux canapé, chez Joseph Garnier; ils n'ont pas intérêt à vous accuser, ils ne peuvent avoir d'inimitié contre vous qui êtes une jeune femme. — R. Ils ne peuvent pas dire cela, puisque pendant l'incendie de M. Joseph Garnier, j'étais à la Rivière-Pilote.

D. La femme Édérie déclare que le 24, vous lui avez demandé du feu pour brûler chez Joseph Garnier Laroche la cuisine qui n'avait pas été brûlée la veille, elle a voulu vous détourner de ce projet et vous l'avez repoussée. — R. Ce n'est pas vrai.

D. Connaissez-vous Sinville; lui avez-vous dit de vous cueillir des cocos, sur l'habitation Garnier? — R. Oui.

D. Ne lui avez-vous pas dit de venir mettre le feu à la cuisine, ne vous a-t-il pas refusé? — R. Non.

D. Il a eu peur de vous, dit-il, car votre caractère est très désagréable. — A Gerson: Qu'avez-vous dit lors de votre confrontation avec Surprise?

Gerson: J'ai dit que Surprise avait mis le feu à la maison de Joseph Garnier.

Le Président à Surprise: Allez à votre place, malheureuse, réfléchissez sur votre triste situation et tâchez de nous dire la vérité.

Althénor Claveau Jean.

Le Président: Vous êtes accusé d'avoir incendié l'habitation Joseph Garnier? — R. Le 23 septembre, quand on a mis le feu chez M. Joseph Garnier, je faisais des herbes pour mon cheval. Je me suis transporté sur le lieu de l'incendie; la toiture de la maison venait de s'abîmer dans les flammes.

D. Vous êtes signalé comme chef de bande et comme ayant mis le feu à la maison principale de M. Joseph Garnier; vous avez été vu par M. Joseph lui-même, par Cyprien Ayette, Emile Ayette et Décius Sydney. — R. Je ne suis pas arrivé sur l'habitation Joseph Garnier, (je suis franc) seulement sur le grand chemin; tous ceux qui sont ici pourront vous le dire. J'ai vu bruler l'habitation, tout le monde était parti.

D. Comment admettre cela, puisque M. Joseph Garnier, Czprien Ayette et autres honorables témoins affirment vous avoir vu mettre le feu à la maison principale. M. Joseph Garnier est incapable de vous en vouloir, il ne peut, comme tous les propriétaires, que vouloir vous faire du bien; ainsi il vaut mieux avouer plutôt que nier. — R. Je ne pense pas que les témoins, à moins de se tromper, puissent dire que j'ai mis le feu.

D. Quand vous avez été interrogé, vous avez reconnu que vous aviez été sur l'habitation Laroche Garnier? — R. Non, je n'ai pas dit ça.

D. N'avez-vous pas menacé Suzanne ce jour-là? — R. Non, je ne pouvais le faire, puisqu'elle était armée d'un grand coutelas. Je ne l'ai pas vue chez Joseph Garnier, mais chez Symphorien Garnier.

D. N'avez-vous pas vu Mme. Chérubin au pillage de l'habitation Joseph Garnier? — R. Je l'ai rencontrée dans le chemin, elle portait une jarre qu'elle avait volée.

D. Quels sont les individus qui commandaient la bande qui s'est transportée chez Joseph Garnier? — R. Je n'en sais rien, je n'étais pas là.

— D. Est-ce la même bande qui est allée chez Symphorien Garnier? — R. Oui.

D. Comment savez-vous cela? — R. C'est Gersan qui me l'a dit.

Le Président à l'accusé Gersan: Où avez-vous rencontré Althénor Claveau Jean. — R. Il est venu me joindre chez Symphorien Garnier, je ne l'ai pas vu avant.

Le Président à Claveau: Quels sont les individus qui composaient la bande qui a pillé et incendié l'habitation Symphorien Garnier? — R. Gersan, Lazare Boissonnet, Alsérius Sévérino, Joseph Boris, les filles Chérubin, les deux filles Sylvain et beaucoup d'autres, dont je ne me rappelle pas les noms. Je n'ai pas vu Surprise.

D. Pourquoi alors dans votre interrogatoire dites-vous qu'elle y était? — R. Je n'ai pas dit ça.

M. Blondel, défenseur: Qu'ont fait les filles Chérubin et Sylvain? — R. Rien du tout.

L'audience est suspendue pendant 20 minutes et reprise à deux heures.

Chérubin Joachim.

Le Président: Vous êtes accusé d'avoir mis le feu sur l'habitation Joseph Garnier. — R. Je ne connais pas ça, je ne sais pas ce que ça veut dire.

D. Des témoins dignes de foi diront que vous êtes un des principaux incendiaires. — R. Ils ne pourront pas dire cela; je n'ai rien fait, je n'ai ni pillé ni incendié.

Le Président: La suite des débats nous éclairera sur la valeur de vos dénégations.

Chériette Chérubin.

Le Président: Qu'alliez-vous faire le 23 septembre sur l'habitation Joseph Garnier, en compagnie de Lazare Boissonnet, Gersan et autres? — R. Le 23 septembre Gersan et Joseph Boris ont passé chez ma mère et m'ont intimé l'ordre ainsi qu'à ma sœur de marcher avec eux; ma sœur et moi, nous les avons suivis. Arrivé près de l'habitation Joseph Garnier, ma sœur m'a dit de nous en retourner, ce que nous avons fait. Arrivé sur l'habitation Suffrin, j'ai vu le feu éclater chez M. Joseph Garnier; je suis revenu sur mes pas et j'ai trouvé la maison principale en flammes. Ma sœur Lousine, Suzanne et moi avons sauvé le lit de Mme. Gustave Garnier; j'ai rencontré là Lazare Boissonnet.

D. Pourquoi vous et votre sœur avez-vous volé sur l'habitation? — R. Je n'ai rien volé, seulement ma sœur a emporté avec elle deux tiroirs d'une armoire qui avait été brisée.

D. Elle n'aurait pas dû prendre ces tiroirs. Il y a des individus qui, trouvant une pièce de 5 francs sur la route, la mettent dans leur poche parce qu'ils ne savent pas à qui elle appartient; ce qui est très mal, car ils devraient la déposer au commissaire de police; mais prendre des tiroirs d'une armoire dont le propriétaire est connu, c'est tout simplement un vol. — R. Ma sœur n'a pas pris ces tiroirs dans l'intention de les garder. M. Joseph Garnier les a fait prendre par ses nègres.

D. Vous êtes aussi accusé d'avoir pris part à une partie de l'incendie de Joseph Garnier.—R. Quand je suis arrivé sur l'habitation, l'incendie existait déjà.

D. Des témoins disent que vous avez mis le feu. — R. Ce n'est pas vrai.

D. Et votre père était-il là? — R. Non.

L'accusé Chérubin (de sa place), je n'étais pas là, M. le président, et il est malheureux pour mes filles qu'elles aient profité de mon absence pour laisser la maison et se rendre à l'habitation de M. Garnier.

Le Président: Vous auriez dû élever vos filles assez bien pour les empêcher de sortir de chez vous quand vous n'y êtes pas, et surtout pour ne pas faire ce qu'elles ont fait. — R. Je les ai très bien élevées.

Le Président: Je m'en aperçois.

Le Commissaire du Gouvernement: Gerson et Boris étaient-ils armés? — R. Ils avaient leur coutelas.

Le Président; Comment se sont-ils pris pour vous obliger à marcher? — R. Ils m'ont dit simplement de marcher et j'ai marché.

Lurisine Chérubin.

Le Président: Pourquoi vous êtes-vous trouvée dans la bande? — R. Gerson et Joseph Boris sont venus chez moi et m'ont intimé l'ordre de marcher avec eux, j'ai refusé; ils m'ont menacée, alors j'ai été obligée de partir. A moitié chemin je me suis esquivée de la bande avec ma sœur, et arrivée sur l'habitation Suffrin, j'ai vu le feu éclater chez M. Joseph Garnier; ma sœur et moi nous nous sommes transportées chez celui-ci; nous avons aidé Suzanne à sauver le lit de Mme. Garnier.

D. Connaissez-vous Gersan et Joseph Boris, et depuis combien de temps? — R. Oui, depuis environ 2 ans.

D. Vous les avez suivis à leur première injonction. Vous avaient-ils menacée? — R. Gersan m'a dit de venir sur l'habitation Joseph Garnier et je suis partie..

D. Ce n'est donc pas par intimidation que vous y avez été, c'était sans doute dans vos idées, comme on l'a déjà dit ici. — R. Non, il n'est jamais entré dans ma pensée de mettre le feu.

M. Gabonne, juge: Etiez-vous présente quand Gersan et Lazarre Boissonnet ont échangé leurs armes? — R. Non.

Le Président: Vous êtes en outre accusée d'avoir mis le feu à la maison principale de l'habitation Joseph Garnier Laroche? — R. Jamais, puisque j'étais sur l'habitation Suffrin quand la maison principale brûlait.

D. Vous avez pris deux tiroirs, qu'en avez-vous fait? — R. Oui, j'ai sauvé deux tiroirs vides; j'ai dit à M. Garnier que je les avais, et il les a fait prendre.

Malvina Sylvain.

Le Président: Rappelez-vous ce que je vous ai déjà dit? Tâchez de vous modérer un peu; vous avez l'air d'une petite pièce qui n'est pas commode. Vous êtes accusée d'avoir pillé et brûlé l'habitation Joseph Garnier Laroche. — R. J'étais chez ma mère dont la maison est proche de cette habitation, quand j'ai aperçu l'incendie. Je me suis transportée sur les lieux; la maison principale brûlait et j'ai sauvé une selle, des brides et 2 chaînes à bœufs pour les rendre, j'ai déposé ces objets chez ma mère.

D. Qu'a dit votre mère en voyant ces objets? — R. Elle ne les a pas vus, elle soignait ma sœur malade. Je les ai déposés sous un pied de calebasse.

D. Et qu'en avez-vous fait? — R. M. Joseph Garnier les a fait prendre.

D. Comment M. Garnier savait-il que vous aviez ces objets. — R. Le jour de mon arrestation, j'ai rencontré M. Garnier sur la route, je lui ai dit que j'avais ces objets et lui ai désigné l'endroit où ils se trouvaient.

D. Pourquoi ne l'avoir pas prévenu plutôt. — R. Je n'ai pas eu d'occasion.

D. Et le petit bœuf? — R. Je l'ai pris chez M. Francis et dans l'intention de le rendre le lendemain.

D. L'avez-vous rendu volontairement. — R. Je l'amenais quand Henri Ste.-Catherine me l'a pris *entre les mains.*

D. Henri Ste.-Catherine avait-il un droit de propriété sur ce petit bœuf. — R. Non, il l'a pris tout bonnement.

Le Président: C'est la fable des deux voleurs et l'âne.

Arrive un troisième larron
Qui saisit maître Aliboron.

vous niez avoir pris part à l'incendie de l'habitation Garnier. — R. J'ai été sur l'habitation, mais je n'ai rien fait.

D. Connaissez-vous Cyprien Ayetto dit Nérée. — R. Oui.

D. Que fait-il. — R. Je ne sais.

D. Eh bien, il vous accuse d'avoir incendié. — R. Il ne peut pas dire cela. Il n'était pas là, s'il y avait été, je l'aurais vu.

D. D'autres disent vous avoir vue incendier. — R. Personne ne peut le dire, j'étais chez ma mère quand le feu a éclaté.

D. Vous avez été très maladroite en venant sur l'habitation prendre un petit bœuf, des tapis, selles, etc., etc. — R. J'ai pris tout ça dans l'intention de les rendre.

M. Rouquette, juge : Quel jour avez-vous été arrêtée. — R. Le 26, c'est ce jour que j'ai rencontré M. Joseph Garnier.

Le Commissaire du Gouvernement : Avez-vous reconnu quelqu'un dans la bande. — R. Oui, Lazare, Chériette, Louisine, Joseph Boris, Gersan et autres. Je ne sais pas ce qu'ils ont fait.

Sylvanie Silvain.

Le Président : Vous êtes accusée d'avoir pillé et incendié l'habitation de Joseph Garnier. — R. J'étais chez ma mère quand j'ai vu le feu chez M. Joseph Garnier. J'ai été sur les lieux, ma sœur m'avait précédée. J'ai trouvé une petite paillasse sur le glacis, j'ai fait dire à la servante de M. Garnier que je l'avais et que je la tenais à sa disposition. La servante m'a fait répondre que je pouvais la garder parce qu'elle n'avait aucun endroit pour la mettre en sûreté. Ma mère a été arrêtée le lundi 26, je l'ai suivie jusque chez Mlle Duvély, c'est là que j'ai été arrêtée.

D. Pourquoi votre mère a-t-elle été arrêtée. — R. Elle n'avait rien fait.

D. Avez-vous pris part au pillage de l'habitation Joseph Garnier ? R. J'ai été sur l'habitation mais je n'ai point pillé, j'ai pris seulement la petite paillasse appartenant à Mme Garnier qui est très bien avec ma famille.

D. Vous avez reçu une forte ration de bœuf. — R. Oui, mon frère m'a apporté un morceau de bœuf.

D. Il y a de graves préventions qui pèsent contre vous. Il est malheureux qu'ayant été sauver les objets de M. Joseph Garnier, vous ayez été accusée d'avoir pillé. Quels étaient les individus qui composaient la bande. — R. Gersan, Lazare Boissonnet, Dame et Dlles Chérubin, filles Médéric, Suzanne.

D. Qu'avez-vous vu faire par Mme Chérubin. — R. Je l'ai vue rouler une jarre.

D. Gersan et Lazare Boissonnet étaient-ils armés. — R. Non.

D. Avez-vous vu Surprise ? — R. Non.

M. de Pontcharra, juge. Quelle est la distance de la maison de votre mère à l'habitation Joseph Garnier. — A vingt mètres environ.

M. Chapotot, juge. Vous étiez si près de M. Garnier, il n'était donc pas si difficile de rendre les objets emportés. — R. Après l'incendie, personne n'était sur l'habitation.

D. Qui vous a arrêté. — R. Des volontaires, M. Garnier m'a rencontré en route et m'a demandé pourquoi vous a-t-on arrêté. Je n'en sais rien lui ai-je répondu. Je vais vous faire relaxer, m'a-t-il déclaré. S'adressant à ma mère, il a dit Quant à vous je ferai maintenir votre arrestation car on a trouvé de la viande chez vous.

Joseph Boris.

Le Président : Vous êtes accusé d'avoir mis le feu sur l'habitation Joseph Garnier. — R. Je ne connais pas cela. J'étais sur l'habitation, mais je n'ai mis le feu nulle part.

D. Pourquoi avez-vous été chercher les filles Chérubin. — R. Je n'ai pas été les chercher. C'est Gersan.

Le Président : à Gersan : Vous aviez été chercher les filles Chérubin. — R. Non, je passais et je les ai appelées et elles sont venues.

Le Président à Gersan : Etiez-vous avec Borrie. — R. Oui, Borris était avec moi. Joseph Borris a engagé aussi ces demoiselles à venir avec nous.

Le Président, à l'accusé Joseph Borris : Vous venez de nous dire que vous n'étiez pas là. — R. J'étais avec Gersan, mais je n'ai rien dit à ces filles.

D. Mais puisque vous déclarez n'avoir pas pris part à l'incendie et que vous y étiez, vous avez dû voir qui a mis le feu. — R. Surprise et Gersan.

D. Comment Surprise s'est-elle prise pour mettre le feu. — R. Elle a pris une torche allumée et a mis le feu à un canapé qui se trouvait dans la salle de la maison principale. J'étais là avec Gersan.

D. Vous étiez donc bien près pour voir cela. — R. Oui j'étais là avec elle.

D. Pourquoi ne l'avez-vous pas empêché de mettre le feu. — R. Ce n'était pas possible. C'était Gersan qui m'avait amené, il m'avait menacé, si je ne marchais pas ; il m'avait dit ; Tout le monde agit, il faut aller mettre le feu ou autrement *malpropres ceux qui ne font rien.*

D. N'avez-vous pas jeté du bois dans le feu pour l'alimenter. — R. Pas moi mais Gersan j'étais là en simple spectateur.

Le Président à Gersan : Que dites-vous de ces déclarations Gersan. — R. Il a jeté des lames de jalousie dans le feu.

Le Président à Boris : Qui avez-vous encore reconnu. — R. Lazare Boissonnet que je n'ai vu rien faire.

D. Et Allénor Claveau. — Il n'était pas là.

(Un tremblement saisit l'accusé.)

D. Vous avez dit dans l'instruction qu'il était chez Joseph Garnier. — R. Non.

D. Vous aviez un coutelas. — R. Oui.

D. Et les autres n'étaient-ils pas armés de fusils et de pistolets ? — R. Gersan avait un fusil mais je n'ai pas vu de pistolet.

M. Malle, juge : Où Gersan avait-il pris le fusil. — R. Je n'en sais rien.

D. Réfléchissez bien ? — R. Gersan avait pris le fusil de Lazare, et Lazare le coutelas de Gersan.

D. Avez-vous vu Gersan charger le fusil. (L'accusé après hésitation.) Oui, il l'a chargé. Je ne sais ce qu'il a mis dedans, mais il cognait *to, to, toto, to.*

D. Qu'a-t-il mis dans le fusil. — R. De la poudre et des balles, je pense.

D. Quelles balles, balles coupées ou entières. — R. Je ne sais, mais il a chargé le fusil.

D. Qui avait les munitions. — R. Je ne sais. J'ai vu Lazarre donner à Gersan un *bagage*, qu'il a mis dans le fusil, mais je ne puis dire ce que c'était. — L'accusé continue en termes incompréhensibles.

D. Que dites-vous. — R. Rien.

Le Défenseur Blondet: Il dit: pas aujourd'hui.

D. Au contraire, dites tout de suite. — *L'accusé*: Je n'ai pas dit cela.

Le Président: Demain je causerai encore avec vous.

Alexandre Aristide Célina:

Le Président: Qu'avez-vous fait le 23 chez Joseph Garnier. — Je n'étais pas là. Il y a deux ans que je n'y ai mis les pieds.

D. Lazarre et Astérie Boissonnet ont déclaré que vous y étiez. — R. Ils mentent, ils ont peut-être à exercer quelque récrimination contre moi. Je ne suis pas entré sur la propriété Garnier pendant l'incendie.

D. Pourquoi cette récrimination. — Je n'en sais rien.

D. Puisque vous n'étiez pas chez Garnier Laroche, où étiez-vous. — R. Chez moi.

D. Quelle distance y a-t-il entre votre demeure et l'habitation Garnier Laroche. —R. Un kilomètre.

D. Alors vous avez vu les lueurs de l'incendie. — R. J'en ai vu la fumée.

D. N'avez-vous pas été chez St-Pée avec Gersan et Surprise. — R. Non, je n'ai pas été chez M. Joseph Garnier. J'ai été entraîné à aller chez M. St-Pée par ces gens-là. Je ne sais pourquoi Astérie déclare que j'étais chez M. Joseph Garnier quand je n'y étais pas.

Emile Célina

Le Président: Qu'avez-vous fait chez Joseph Garnier Laroche. — R. Il y a cinq ans que je n'ai mis les pieds chez lui. J'étais à mon *dégrat*, situé à deux kilomètres, quand j'ai vu le feu. Je suis rentré chez moi. Je ne comprends pas l'accusation portée contre moi.

D. Comment se fait-il qu'Astérie Boissonnet l'ait déclaré dans son interrogatoire. — R Je n'en sais rien.

Le Président à l'accusée Astérie Boissonnet: Pourquoi avez-vous dit que l'accusé était à l'incendie de Joseph Garnier. — R. Je n'ai pas dit cela, puisque je n'étais pas chez Joseph Garnier mais j'ai dit, seulement que Emile Célina avait été sur l'habitation St-Pée.

Accusé Emile Célina: Tous les désordres qui ont eu lieu ont été comis par Astérie Boissonnet, Lazare Boissonnet et Gersan. Je vous ferai mes confidences quand vous m'interrogerez sur l'incendie St-Pée.

Yronne Lacaille.

Le Président: C'est vous qui êtes nommé Joseph Yronne. — R. Oui.

D. Vous avez été à l'incendie Joseph Garnier. — R. Non.

D. Emile Ayelle a déclaré que vous faisiez partie des incendiaires de la propriété Joseph Garnier. — R. Je n'y étais pas.

D. Quand vous avez offert à votre père de lui seller un cheval pour se rendre chez Joseph Garnier y mettre le feu, que vous a-t-il répondu. — R. Je n'ai jamais offert un cheval à mon père C'est Portali.

Eugène Lacaille, de sa place: Personne ne m'a jamais offert de monter à cheval pour aller mettre le feu sur l'habitation Joseph Garnier. C'est un mensonge comme tout ce qui a été débités sur mon compte.

Le Président à Yronne Lacaille: Vous avez été sur l'habitation Gustave Garnier, vous dirigiez la bande. — R. Je n'étais pas chef de bande, je suis incapable de l'être.

D. Vous étiez chargé d'enrôler du monde. — R. Je n'ai jamais rien dit à personne.

D. Vous avez cependant déclaré au capitaine rapporteur que vous étiez chargé de recruter du monde. — R. Non, je n'ai point dit cela, le capitaine rapporteur a voulu me le faire déclarer et sur mon refus il m'a mis au cachot.

Alcide Gruaud dit *Gueule-Puce.*

Le Président. Vous avez été encore vous *promener* sur l'habitation Joseph Garnier. — R. Je ne devais pas me trouver chez M. Gustave Garnier, la fatalité a voulu que j'y aie été. Mais je n'ai point été sur l'habitation Joseph Garnier puisque pendant l'incendie de cette propriété j'étais au bourg de la Rivière-Pilote, je suis monté chez M. Desmartinières et c'est lui qui à trois heures de l'après-midi m'a annoncé que M. Joseph Garnier avait été incendié et m'a fait des compliments pour ma bonne conduite de la veille. C'est Gersan qui a mis le feu sur la propriété de M. Joseph Garnier; l'on a contre moi une espèce d'antipathie, si on doit me couper la tête, qu'on le fasse de suite, mais que l'on ne me tracasse pas comme je le suis.

Le Président: Vous ne méritez que de la pitié, car dans votre position on n'a qu'à vous plaindre.

L'accusé: Je ne conçois pas cet acharnement contre moi. Comment voulez-vous que j'aie été partout et en même temps, *il faudrait être alors papillon ou gibier.*

D. N'avez-vous pas entendu parler de l'incendie Garnier Laroche? — R. J'en ai entendu parler par Gersan.

Clerville Sinville.

Le Président : Vous avez pris part à l'incendie Joseph Garnier? — R. Je n'étais pas sur l'habitation Joseph Garnier le jour de l'incendie, ce n'est que le lendemain, le jour où Surprise a mis le feu à la cuisine que j'y étais ; elle m'a dit de lui cueillir des cocos.

D. N'avez-vous pas aidé Surprise à mettre le feu à la cuisine? — R. Non, deux personnes étaient trop pour mettre le feu à une si petite cuisine.

D. Pourquoi accompagniez-vous Surprise? — R. Elle m'avait rencontré chez Mlle. Duvély, m'avait dit de venir lui cueillir deux cocos chez M. Joseph Garnier, et comme je connaissais son caractère irrascible, je n'ai pas pu lui résister.

D. Avez-vous vu positivement Surprise mettre le feu à la cuisine? — R. Non, mais je l'ai vue prendre du feu chez Mme. Médéric ; je ne sais si ce sont des allumettes ou un tison, entrer dans la cuisine et peu de temps après sa sortie l'incendie y éclatait.

Marcelin Séram.

Cet accusé se présente à la barre en riant.

Le Président: Vous riez ! Trouvez-vous votre position magnifique. — R. Je ris toujours, c'est ma mine qui fait ça.

D. Vous êtes accusé d'avoir pris part à l'incendie Joseph Garnier. — R. Je ne sais ce que cela veut dire, c'est par passion que M. Garnier m'a fait arrêter.

D. Pourquoi cette passion. — Je n'en sais rien, je portais une dame-jeanne d'eau pour Mlle. Duvély, quand M. Symphorion a dit à la troupe: arrêtez cet homme, car il a dû avoir mis le feu chez moi.

D. Le 24, n'avez-vous rencontré personne sur la route. — R. Le postillon.

D. Non, non, un autre qui vous a parlé d'une façon particulière. — R. J'ai rencontré une bande commandée par Louis Tolgard.

D. Non ; Vous n'avez point dit ça dans l'instruction, vous avez été confronté avec Yronne Lacaille et vous avez dit au Capitaine rapporteur qu'il était venu vous chercher d'ordre de son père. — R. En effet, le capitaine m'a demandé si Yronne Lacaille était venu me chercher au nom de son père. J'ai répondu: Oui.

D. Vous avez répondu oui. — R. Oui, en effet, j'ai dit cela.

D. Et pourquoi avez-vous dit cela? — R. Je croyais que c'était pour panser une piqure de serpent, parce qu'il était venu me dire que son père m'appelait pour un congo, J'ai refusé disant que j'avais un travail à faire pour Mme. Saint-Louis à qui je devais 4 francs.

D. Vos déclarations d'aujourd'hui ne sont point conformes à celles faites dans l'instruction. Le Conseil va en juger par la lecture de la confrontation qui a eu lieu entre l'accusé et Yronne Lacaille.

Le Président lit alors la confrontation conçue dans ces termes :

Confrontation de Marcelin Séram et d'Yronne Lacaille.

« D. à Marcelin Séram : Dites-moi, ce que vous savez du rôle joué par Yronne dans la bande des incendiaires qui s'est transportée sur l'habitation Joseph Garnier Laroche. — R. Yronne Lacaille est venu me chercher chez Mme. veuve Saint-Louis où j'installais une cuisine, il m'a engagé à faire partie des bandes qui s'organisent chez son père pour porter le feu et le pillage sur les propriétés. J'ai d'abord refusé prétextant que j'avais mal aux pieds ; mais devant les menaces de mort, qui m'ont été faites par les individus de cette bande, j'ai du céder et suivre le mouvement. Je reconnais avoir été sur l'habitation Joseph Garnier Laroche, le vendredi 23 septembre en compagnie d'Yronne Lacaille et de plusieurs autres, dont j'ignore les noms.

» D. à Yronne Lacaille : Qu'avez-vous à répondre après la déclaration de Marcelin Séram? — R. Je reconnais avoir été le chercher ainsi que plusieurs autres de la part d'Eugène Lacaille pour faire partie des bandes incendiaires, mais je nie avoir été sur l'habitation Joseph Garnier Laroche. »

Plus n'a été interrogé, etc., etc.

Octave Célina.

Le Président: Comment vous êtes-vous trouvé mêlé à tout cela? — R. Je ne sais pas ce que cela veut dire.

D. C'est Astérie Boissonnet qui la première vous a accusé. — R. C'est malheureux pour moi.

D. Pas malheureux car son témoignage n'est pas très croyable.

L'accusé: Depuis deux ans, je n'ai pas mis les pieds chez M. Joseph Garnier. J'ai été chez M. St-Pée contraint et forcé par Lazare et Gersan qui ont incendié, quant à moi je suis resté à l'écart.

Séance du Vendredi 26 mai.

L'audience s'ouvre à midi.

Lazare Rose Boissonnet.

Le Président : Quelle part avez-vous prise à l'incendie Symphorien Laroche Garnier. — R. Aucune.

D. N'avez-vous pas mis le feu avec Surprise, Gersan et autres? — R. Non, je n'ai pas mis le feu. J'étais sur l'habitation, j'ai vu mettre le feu par Gersan, Altéus Médée ; Compère l'a mis dans un parc à cochons.

Le Président, à l'accusé Compère: Ne vous rappelez-vous pas que Lazare ait brisé les jalousies, et les ait jetées dans le feu en même temps que vous? — R. C'est la vérité.

Le Président, aux accusés : Croyez-vous bande d'assassins, de pillards et d'incendiaires venir nous en imposer ici. Vos dénégations ne font rien; vos juges sont fixés sur votre culpabilité — à Lazare, je vais donner lecture de votre interrogatoire.

« D. Vous êtes inculpé d'avoir, le vendredi 23 septembre, volontairement mis le feu sur l'habitation Joseph Garnier Laroche, ensemble et de complicité avec Gersan, Surprise, Auguste Sévérine et autres; qu'avez-vous à répondre? — R. C'est Surprise qui a mis le feu dans un vieux canapé qui se trouvait au milieu du salon de la maison principale. Pendant ce temps je cassais des lames de jalousies pour alimenter le feu.

» D. Quels sont ceux qui ont pris part à l'incendie de cette habitation? — R. J'ai vu Gersan qui brisait des jalousies pour jeter dans le foyer de l'incendie de la maison.

» D. Connaissez-vous les pillards de cette habitation? — R. Je n'ai rien pris, et je n'ai vu personne piller.

» D. Connaissez-vous les individus qui composaient cette bande? — R. J'ai reconnu les nommés Astérie ma sœur, Gersan, Surprise, Alténor Claveau Jean, Chérubin et ses deux filles, Joseph Boris, et bien d'autres que je ne connais pas.

» D. Etiez-vous armé? — R. J'avais mon coulas; du reste, toute la bande était armée.

» D. N'avez-vous pas obligé une nommée Suzanne à force de menaces de vous suivre sur l'habitation Joseph Garnier Laroche? — R. J'ai vu cette femme chez M. Garnier Laroche, mais je ne lui ai jamais fait aucune menace.

» N'avez-vous pas obligé votre sœur Astérie Boissonnet, de vous suivre sur l'habitation Joseph Garnier Laroche en la menaçant de la tuer. — R. C'est faux.

» D. Votre sœur vous accuse encore d'avoir volé un bœuf et de l'avoir débité. — R. Je faisais partie de la bande qui a tué ce bœuf, et j'ai donné un coup de main, mais je ne suis pas le seul.

» D. Alors dites-moi quels sont ceux qui ont volé ce bœuf. — R. Ce sont les nommés Meshuit, Régis Fouchou, Astérie ma sœur, et bien d'autres que je ne connais pas.

» D. N'avez-vous pas vu Mme Chérubin voler une jarre et divers autres objets chez Mme Joseph Garnier Laroche. — R. Non.

» Plus n'a été interrogé, etc. »

Le Président : Voilà ce que vous avez dit au Juge d'Instruction : Qu'avez-vous à rectifier à cette déclaration première. — R. Je n'ai rien fait chez Joseph Garnier. C'est faux, ceux qui le disent en ont menti.

D. Vous êtes des insensés; ceux qui vous conseill'ent de vous défendre ainsi valent encore moins que vous.

Gersan

Le Président: Vous êtes accusé d'avoir le 23 septembre, mis le feu chez M. Symphorien Garnier. — R. J'ai été chez Symphorien avec Surprise, Althéus Médée, Lazare Albéry. J'ai vu Althéus mettre le feu au moulin, quant à moi, je ne l'ai mis nulle part.

D. Qui a mis le feu dans la maison principale. — R. Il y avait beaucoup de monde, mais un seul a mis le feu ; je ne me rappelle pas son nom.

D. Pourquoi avez-vous dit que vous aussi vous aviez mis le feu. — R. J'ai fait comme les autres quand j'ai vu le feu éclater, je l'ai alimenté avec du bois.

D. Qui était là avec vous? — R. Surprise, Althéus Médée, Lazare, Chéry et beaucoup d'autres.

D. Quelle est la part prise par chacun dans cet incendie? — R. Je regardais avec les autres.

D. Mais le feu n'a pas pris seul? — R. Quand le feu de la maison était gros, personne ne l'a plus mis. Seulement Lazare a été le mettre à la case à bagasses, Althéus et Auguste Sévérine ont mis le feu à la maison principale.

D. Vous ne nous prendrez pas à des pièges si grossiers. Nous sommes suffisamment édifiés sur votre compte. Qui vous a conseillé de ne pas parler comme hier? Sont-ce vos co-accusés ou d'autres? Je vais être obligé d'interdire la communication entre la prison et l'extérieur. Vous avez plus à redouter de la justice que ceux qui vous conseillent. Dites ce que vous avez déjà dit? — R. Je dis la verité. J'ai brisé des lames de jalousies que j'ai jétées dans le feu pour l'alimenter.

Le Président: Vous n'avez pas fait cela tout seul, d'autres étaient avec vous. Quels sont-ils? — R. Chéry Brielle, Altéus Médée, Surprise, Lazare et beaucoup de monde de la Régale. Lazare a dit que c'était moi qui l'avais excité à mettre le feu à la case à bagasses, ce n'est pas vrai; c'est lui qui l'a mis de sa propre volonté.

D. Qu'est devenu le bœuf que vous avez pris sur l'habitation Symphorien Garnier. — R. Je n'ai pas pris de bœuf.

D. N'avez-vous pas vu d'autres personnes à l'incendie, les filles Chérubin, par exemple? — R. Elles étaient là, mais je ne les ai vu rien faire.

D. N'ont-elles pas brisé les jalousies pour attiser le feu? — R. Je ne sais si ces demoiselles ont fait cela.

D. Qu'avez-vous pillé? — R. Rien, puisque la maison était vide.

D. Vous n'avez rien bu? — R. Rien du tout. On m'a offert du rhum, mais Chéry Brielle ayant déclaré qu'il était empoissonné, je l'ai cru, car c'est lui qui fabriquait ce rhum; et personne n'a bu.

D. Quatre témoins affirment que c'est vous

qui avez mis le feu. — R. Ce n'est pas vrai.

D. Vous l'avez avoué dans votre interrogatoire. — R. Je n'ai pas dit cela.

Lumina Sophie dite *Surprise.*

Le Président: N'étiez-vous pas sur l'habitation Symphorien Garnier? — R. Non.

Astérie Boissonnet.

Le Président: Et vous, vous n'y étiez pas non plus? — R. Non.

Joseph Boris.

Le Président: Vous étiez sur l'habitation Symphorien Garnier quand le feu a pris? — R. Oui.

D. Quelle part avez-vous prise à ce désordre? — R. Aucune.

D. Qui a mis le feu? — R. Le feu était allumé quand je suis arrivé sur l'habitation. Je ne puis dire qui l'a mis.

D. Vous avez dit hier que vous aviez passé chez Gustave Garnier avant d'aller chez Symphorien Garnier. — R. Oui, j'ai été chez Symphorien Garnier avec la bande. La foule était grande et je n'ai pas distingué ceux qui avaient mis le feu.

Le Président donne lecture de l'interrogatoire de l'accusé.

« D. Vous êtes accusé d'avoir, le vendredi 23 septembre dernier, volontairement mis le feu à la maison principale de l'habitation Joseph Garnier Laroche, ensemble et de complicité avec Gersan, Surprise, Althénor Claveau, Auguste Sévérine et autres? — R. J'ai vu Surprise mettre le feu dans le vieux canapé qui se trouvait au milieu du salon de la maison principale. J'avoue que j'ai pris des débris de la maison pour les jeter au milieu du foyer de l'incendie.

» D. Pouvez-vous me citer les noms des incendiaires de cette propriété. — R. J'ai reconnu parmi les incendiaires Surprise, Gersan, Lazare Rose-Boissonnet, Althénor Claveau et bien d'autres que je ne connais pas.

» D. Connaissez-vous les pillards de cette habitation. — R. Non.

» D. Etiez-vous armé? — R. J'avais mon coutelas; du reste toute la bande était armée. »

« Plus n'a été interrogé. »

Accusé: Je dénie ce qui est contenu dans cet interrogatoire. C'est Gersan qui a mis le feu.

Le Président: comme tout ce que vous avez dit dans votre interrogatoire est affirmé par des témoignages, nous devons croire à votre première déclaration. — R. Tout ce que je viens de dire, c'est ce que j'ai dit au Juge d'Instruction.

Althénor Claveau-Jean.

Le Président: Vous étiez à l'incendie Symphorien Garnier? — R. Oui, je suis arrivé le dernier j'ai trouvé l'habitation en feu

D. Tous vous êtes arrivé les derniers, c'est M. Symphorien Garnier qui a eu la malice d'incendier son habitation pour faire croire que c'étaient ses *honorables voisins* qui avaient mis le feu chez lui.

Accusé: Je sortais de chez Mlle. Duvély quand j'ai entendu la foule crier: *Vive la République!* J'ai crié aussi, j'ai suivi la bande sur l'habitation Symphorien Garnier, mais je me suis arrêté sur une terrasse. De là, j'ai vu le feu; je n'ai rien fait.

Le Président: Six témoins vous accusent et disent que vous étiez chef de bande. — R. Non pas, je n'avais qu'un bout de coutelas et je ne pouvais pas avec cela conduire une bande.

D. Un général peut conduire son armée, l'épée au fourreau. — R. Je n'avais pas d'épée.

D. Je le crois bien, est-ce qu'un être de votre espèce peut porter une épée? Connaissez-vous Chéry Brielle, il vous accuse d'avoir mis le feu aux cris de: *Vivent les Prussiens!* — R. Non, non, je ne connais pas les Prussiens.

D. Vous ne les connaissez pas, mais d'autres les connaissaient pour vous; on vous disait qu'ils étaient vos amis, parce qu'ils étaient les ennemis de la France. Ils sont plus blancs que nous, les Prussiens, et je voudrais vous voir tomber un instant sous leur coups, vous danseriez; j'en réponds: N'avez-vous pas vu d'autres individus au feu? — R. Joseph Boris, Gersan, Altéus Médée, Lazare, les filles Chérubin et beaucoup d'autres que je n'ai pas reconnus.

D. Que faisaient-ils? — R. Ils contemplaient l'incendie.

D. Personne n'a eu l'idée de porter secours? — R. Non, on regardait.

D. Puisque vous étiez là en curieux, vous auriez dû au moins chercher à éteindre le feu. — R. Les autres regardaient, j'ai fait comme eux.

M. de Pontcharra, juge: N'avez-vous pas remarqué quelqu'un de plus exalté que les autres, qui dirigeait la bande? — R. Non.

Alcide Gruaud dit *Gueule Pace.*

Le Président: N'étiez-vous pas chez Symphorien Garnier, le jour de l'incendie de son habitation? — R. Non, j'étais au bourg de la Rivière-Pilote.

Le Président: Si nous voulions, vous suivre dans vos pérégrinations, nous pourrions vous démontrer que vous étiez à l'incendie de Symphorien Garnier. Vous êtes une vieille connaissance, nous sommes suffisamment éclairés sur votre compte.

Chérubin Joachim.

Le Président: Vous étiez sur l'habitation Symphorien Garnier quand l'incendie a éclaté? — R. Non, je n'ai été sur aucune habitation.

D. Vos filles, y ont été? — R. Oui, c'est vrai, et si j'avais été chez moi, je les aurais empêché de sortir. Si j'avais eu à incendier, j'aurais brûlé deux petites maisons que j'ai perdues par suite d'un procès avec M. Suffrin et non pas la propriété de Symphorien Garnier.

D. Cette raison est très peu concluante: Emile Ayette, Monique Agassau vous ont vu mettre le feu. — R. Ils ne disent pas la vérité, car je n'ai pas été sur l'habitation.

Chériette Chérubin.

Le Président: Qu'avez-vous été faire sur l'habitation Symphorien Garnier? — R. J'y ai été, mais je n'ai rien fait quand j'y suis arrivée, l'incendie était déjà allumé.

D. Vous n'avez vu personne rien faire. — R. Non.

Louisine Chérubin.

Le Président: Vous êtes allée aussi sur l'habitation Symphorien Garnier le jour de l'incendie. — R. Oui. J'y suis allée, mais je n'ai rien fait; j'ai regardé seulement l'incendie.

D. Qu'avez-vous supposé quand vous avez vu le feu. Avez-vous cherché à savoir qui l'avait mis? — R. Non, j'ai compris seulement qu'on avait mis le feu.

D. Vous n'avez pas demandé qui avait mis le feu? — R. Non.

D. Vous n'êtes pas très curieuse, vous n'avez pas le défaut ordinaire des personnes de votre sexe; vous êtes accusée d'avoir mis le feu à la maison principale? — R. Jamais

D. Et même, comme une intrépide que vous êtes, on vous a entendu crier en mettant le feu: *Vivent les Prussiens!* — R. Ce n'est pas vrai.

Sylvanie Sylvain.

Le Président: Vous êtes accusée d'avoir mis le feu sur l'habitation Symphorien Garnier? — R. Je ne suis pas allé sur cette habitation.

D. Chéry Briel, Exzalda Morcy, Lisette Monique et autres vous ont vu mettre le feu et entendu crier comme une pie: *Vivent les Prussiens!* — R. Je ne connais pas les Prussiens.

D. Monique Agassau affirme que vous avez mis le feu chez Symphorien Garnier. — R. Ce n'est pas vrai, car je ne suis pas allée chez lui, mais chez son frère Joseph.

Malvina Sylvain

Le Président: Vous êtes accusée d'avoir pris part à l'incendie de Symphorien Garnier? — R. J'ai été chez M. Joseph Garnier, mais pas chez M. Symphorien.

D. Vous n'avez rien pillé? — R. Non,

D. Et les brides, la selle, le tapis, les chaînes à bœuf, où avez-vous pris tout cela? — R. J'ai sauvé ces objets chez M. Joseph Garnier et après les avoir mis en sûreté sous un calebassier, j'ai été chez M. Symphorien, quand je suis arrivée, j'ai trouvé l'habiltion en feu. Je suis retournée de suite chez moi.

D. Monique Agassau dit que vous avez mis le feu. — R. Je ne la connais pas, elle ne me connaît pas, elle ne m'a jamais vue. Comment peut-elle dire ça.

M. de Pontcharra juge: Avez-vous été seule sur l'habitation. — R. Oui.

Le Commissaire du Gouvernement: N'avez-vous reconnu personne sur l'habitation. — R. Oui, j'ai reconnu Suzanne Civilise, Déclérice Alexandrine.

D. Que faisait Suzanne? — R. Je ne sais. Le feu était allumé déjà.

Guiton Grégoire.

Le Président: Vous êtes accusé d'avoir mis le feu sur l'habitation Symphorien Garnier le 23 septembre. — R. Oui, j'ai mis le feu. J'étais dans mes cannes. J'ai entendu quelqu'un crier: *Préparez-vous, vous autres, car on va mettre le feu au Morne-Fort.* En tournant la tête, j'ai reconnu Suzanne. J'ai dit à Lisette de déménager les effets de M. Symphorien Garnier ce que nous avons fait. Un moment après nous avons aperçu le feu chez M. Joseph Garnier. J'ai fait observer à Lisette que ceux qui avaient mis le feu chez M. Joseph étaient des misérables. Je lui ai même ajouté que nous avions parfaitement fait de mettre à l'abri les effets de M. Symphorien. J'ai vu une troupe considérable qui descendait chez M. Symphorien. J'ai offert du rhum à ceux qui la composaient dans le but de les calmer. Je ne puis affirmer qui a mis le feu au moulin. J'ai reconnu Gersan, Lazare, Joseph-Borris, Auguste Sévérine et Médée Althéus. Je leur ai dit: — Allons boire du rhum! Gersan m'a répondu: — Votre tafia est empoisonné. D'ailleurs nous ne sommes pas venus ici pour boire, mais pour mettre le feu. On a défoncé la sucrerie et j'ai vu Gersan, Auguste Sévérine et Altéus Médée qui ont mis le feu. Lazare Boissonnet était assis sur un boucaut et grignotait du sucre. Il m'a même offert d'en manger. Quand ils sont sortis de la sucrerie, Gersan a commandé à Altéus de mettre le feu à la case à barriques. Dans le même moment le feu a éclaté au moulin. J'ai dit à Gersan: Comment vous mettez le feu chez ce bon M. Symphorien qui n'est pas là. Vous faites mal, il m'a invité à me taire en me disant que si je répétais de semblables paroles, il me fo...ait un coup de fusil. En parlant ainsi il me mit en joue. Il m'a ordonné de mettre le feu, je me suis refusé à le faire; il m'a menacé de son fusil, j'ai pris alors une torche et j'ai dit: Je vais mettre le feu à la case à cochons. Je suis parti effrayé, j'ai été me cacher dans un cassis, puis je suis entré dans une chambre attenant à l'écurie. On a mis le feu dans cette chambre dans l'intention de me brûler. Je suis parvenu à m'esquiver et j'ai été rejoindre mes deux enfants qui, depuis le matin, n'avaient pas mangé.

D. C'est alors que vous avez pris les 2 bœufs pour les nourrir. — R. Tout à l'heure je vous parlerai des bœufs. Gersan a commandé à Lazare de mettre le feu à la case d'Althénor Pierre, il lui a dit de mettre le feu aussi à l'écurie, je leur ai dit de ne pas faire cela, car c'était un crime. J'ai partagé du rhum avec Léandre; j'ai vu qu'on pillait les bœufs, j'en ai pris deux, Lisette en a pris trois et les autres ont pris le reste, M. le Président j'ai pris les bœufs pour les rendre et je les ai rendus le lendemain.

D. Et vous les avez rendus de bonne volonté. — R. M. Symphorien est venu les chercher, je les lui ai remis.

D. Quelle arme aviez-vous. — R. Aucune.

D. Et les autres. — R. Gersan un fusil, un jeune homme de la Régalle, Althéus Médée Charles un pistolet, Lazare un coutelas. Je n'ai vu ni Astérie, ni Surprise, on m'a dit cependant que cette dernière était sur l'habitation.

D. Avez-vu Gueule-Puce. — R. Non.

D. Outre les bœufs qu'avez-vous mis encore à l'abri. — R. J'ai porté chez moi des vieilles planches afin qu'on ne les volat pas, avec intention de les rendre à M. Symphorien

M. de Pontcharra juge: Qui dirigeait la bande? — R. Gersan, Althéus Médée Charles, et Auguste Sévérine.

Le Président à Gersan: Chez qui travaillez-vous? — R. Chez Mme. Honoré, propriétaire de sucrerie.

Dame Camille Jean Louis Cyrille.

Le Président: Vous avez été chez Symphorien Garnier, le 23 septembre. et vous y avez volé un bœuf? — R. Je n'ai pas été chez M. Garnier et n'ai rien volé.

D. Vous avez avoué dans l'instruction avoir volé un bœuf. — R. Non.

D. Vous avez de l'aplomb! vous avez dit avoir pris un tout petit bœuf, que vous avez partagé avec vos frères et amis. — R. Je n'ai pas dit cela.

D. Alors, vous n'avez rien fait? — R. Je n'ai été qu'un très petit moment chez M. St.-Pée.

Monfio dit *Petit Jean Rocher.*

Le Président; Vous avez aussi pris part à l'incendie de l'habitation Symphorien Garnier? — R. Je n'ai pas été sur l'habitation le 23, jour de l'incendie, mais le lendemain.

D. Vous avez volé quelque chose? — R. Non.

D. Connaissez-vous ceux qui ont pillé? — R. Non.

D. Où étiez-vous, le 23? — R. Au bourg de la Rivière-Pilote.

D. Qu'alliez-vous faire, le 24, sur l'habitation Symphorien Garnier? — R. J'accompagnais Alfred Hortense, homme de la Régalle, qui allait sur l'habitation chercher du rhum. Alfred Hortense était aussi accompagné par d'autres individus. Quand ils sont arrivés sur la propriété, ils ont pris un bœuf, du rhum et autres choses. J'ai détourné la tête pour ne pas voir ce pillage.

D. Et vous ne vous êtes pas opposé à ce pillage, vous vous en êtes rendu complice. — R. Je ne suis pas complice.

D. Mais si des gendarmes étaient arrivés dans ce moment là, vous auriez été arrêté comme les autres? — R. Probablement.

D. Etait-il bon, le rhum de M. Symphorien? — R. Je ne pourrai vous le dire, car je ne l'ai point goûté.

D. Etait-il empoisonné? — R. Non, puisque tous ceux qui l'ont bu n'en sont pas morts.

D. Comment se fait-il que vous vous soyez trouvé dans ce pillage? — R. C'est Alfred Hortense qui m'a obligé d'aller sur l'habitation. J'ai déjà les travaux forcés à perpétuité sur ma tête; je n'attends que la mort, je n'ai donc pas peur de dire la vérité.

Bernard, fils de *Solitude.*

Le Président: Qu'avez-vous fait chez Symphorien Garnier? — R. J'ai été chez M. Symphorien Garnier, mais je n'ai rien fait, je n'ai point pillé, j'ai assisté le 24 au pillage du rhum, mais je n'y ai pas pris part.

D. N'avez-vous pas vu Monfio ce jour-là, et n'a-t-il pas pris un bœuf? — R. Oui, je l'ai vu, mais il n'a rien pris.

D. A-t-il pris du rhum? — R. Je ne sais pas.

D. N'avez-vous pas pris part au partage des animaux? — R. Non.

D. Qu'est devenu le bœuf pris par l'ami de Monfio? — R. Je ne sais pas; ce que je sais c'est qu'on a tué un bœuf chez Alfred Hortense et Monfio m'en a donné un morceau.

Le Président à Monfio: Vous voyez que vous avez volé un bœuf. — R. Je n'ai point volé de bœuf, on m'en a donné un morceau.

Le Président à Bernard: Qui était là quand on a débité le bœuf? — R. Alfred Beuze, Monfio, Auguste Léandre, Jean Lucien Marie-Joseph.

L'audience est suspendue pendant un quart d'heure et reprise à deux heures.

Lazare Rose Boissonnet.

Le Président: Le 23 septembre vous avez mis le feu sur l'habitation Saint-Pée? — R. Non, je n'ai pas mis le feu.

Le Président: Assez d'effronterie comme cela, je vais lire votre interrogatoire. — Il donne de nouveau lecture de l'interrogatoire.

Gersan.

Le Président: Le 23 septembre vous avez mis le feu sur l'habitation Saint-Pée. — R. Non.

D. Vous êtes entré dans le même système de dénégation que les autres. — R. J'ai été sur l'habitation le 23 mais je n'y ai pas mis le feu.

D. Qui était sur l'habitation le 23? — R. Lazare et Astérie Boissonnet, Surprise, les trois fils Célina. Ceux-ci sont venus avec nous quand nous avons passé devant leur maison.

D. Qui a mis le feu à la maison principale? — R. C'est Décius Sidney qui l'a mis dans la chambre de M. Saint-Péo; il a fait éclater des allumettes et a mis le feu à un matelas.

D. Qui a incendié la sucrerie? — R. C'est Fatal fils de Chéry Emmanuel, avec un paquet de bagasse enflammée.

D. Qu'ont fait ceux que vous avez nommés il y a un moment? — R. Ils n'ont rien fait, ils étaient simples spectateurs.

D. N'avez-vous pas envoyé du bois dans le feu pour l'alimenter? — R. Non, c'est Fatal; une fois que le feu est pris il est inutile de l'alimenter avec du bois.

D. Pourquoi avez-vous convenu d'avoir mis le feu avec Décius Sidney à la maison principale? — R. J'ai dit que c'était Décius Sidney qui a mis le feu à la maison principale; j'étais présent quand il a mis le feu. Je ne me suis point accusé moi-même, car l'on ne peut mentir contre soi. Ce que j'ai dit ici, c'est ce que j'ai dit au Juge d'instruction.

Le Commissaire du Gouvernement: Demandez à Compère si Gersan l'a menacé de son fusil pour l'obliger à mettre le feu.

Accusé Compère: Oui, il m'a couché en joue il a voulu me tuer.

Accusé Gersan: Vous mentez Compère.

Le Président à Compère: Gersan est un jeune homme, comment avez-vous pu vous laisser intimider par lui. — R. D'habitude Gersan est très calme, mais ce jour-là il était comme enragé. Il a voulu me fusiller.

Gersan: Beaucoup de personnes mentent sur moi. Je n'ai pas été chef de bande car pour l'être, il aurait fallu disposer de quinze jours au moins pour prévenir son monde, et je n'ai point abandonné mon travail.

Le Président: Pourquoi étiez-vous si actif, si animé ce jour-là? — R. J'avais bu plusieurs grogs, j'avais la tête en l'air.

D. Savez-vous si depuis longtemps ces gens avaient l'idée d'incendier. — R. Je ne sais: *La République est venue et de ce moment tout le monde a eu cette idée.*

D. Alors chaque fois que la République arrivera, on devra mettre le feu. — R. Je ne savais pas que la République devait arriver, je ne reçois pas de gazette.

D. Vous devez savoir que la loi défend de mettre le feu; le curé de votre paroisse a dû souvent vous dire cela. — R. Le curé monte en chaire et *parle français*. Je ne comprends pas ce qu'il dit (rire général).

D. Rappelez-vous ce que vous avez dit au Juge d'Instruction et répétez le nous. — R. Tout ce que je viens de dire, c'est ce que je lui ai dit.

M. de Pontcharra, juge: Qui commandait la bande. — R. Personne et tout le monde.

D. Qui a conseillé le premier d'aller mettre le feu sur l'habitation St.-Péo. — R. Je n'ai entendu personne dire cela.

Althénor Claveau Jean.

Le Président: Vous êtes encore accusé d'avoir mis le feu le 23 septembre sur l'habitation St.-Péo, de complicité avec Astérie, Surprise et Lazare. — R. Je ne suis point allé sur l'habitation St.-Péo. Ces messieurs qui sont ici pourront vous le certifier.

D. Vous faisiez partie de la bande qui a pillé et incendié M. Symphorien Garnier? — R. Oui, mais quand la bande s'est transportée sur l'habitation St.-Péo, je me suis arrêté à huit heures du soir chez Mlle. Duvély, pour acheter de la morue.

D. Ce soir là avez-vous mangé votre morue sans remords? — R. Oui.

Joachim Chérubin.

Le Président: N'êtes-vous pas allé sur l'habitation St.-Péo le 23 septembre? — R. Je n'ai été sur aucune habitation. (Il rit).

Joseph Borris.

Le Président: Quel rôle avez-vous joué dans l'incendie St.-Péo? — R. Connais pas cette affaire là.

D. Vous êtes un malin qui ne savez jamais rien et dites cependant beaucoup quand vous le voulez. Vous nous avez dit quelque chose hier, parlez encore? — R. Je n'étais pas dans ce parti. Quand j'ai quitté l'habitation Garnier Laroche, je me suis retiré chez Mme. Honoré.

Lumina Sophie dite Surprise.

Le Président: Vous étiez revenue de la Rivière-Pilote, lors de l'incendie St.-Péo. — R. Oui, à cinq heures et demie.

D. Vous avez pu alors aller chez St.-Péo? — R. Oui, j'y ai été.

D. Qu'y avez-vous fait? — R. Gersan m'a donné une boite d'allumettes, j'ai mis le feu dans une pièce de cannes et Mme. Cyrille a éteint le feu.

D. C'est drôle que Mme. Cyrille ait éteint le feu, c'est sans doute par jalousie de ne l'avoir pas mis elle-même. Qui était chez St.-Péo? — R. Gersan.

Le Président, à Gersan: Vous avez donné des allumettes à Surprise pour mettre le feu? — R. Non, je ne venais pas du bourg où j'aurais pu en acheter, tandis que Surprise en revenait. Je suis seul garçon chez moi, je n'ai pas besoin d'allumettes.

D. Il n'y a pas besoin d'aller au bourg pour avoir des allumettes, on en trouve partout. (A Surprise): Qu'avez-vous pillé? — R. Rien.

D. Qui a pillé? — R. Personne.

D. Qui a mis le feu à la maison principale? — R. Lazare, Gerson, Meshuit et Décius-Sydney.

D. Vous étiez avec eux? — R. Oui.

D. Lazare dit que vous avez mis le feu à la maison principale? — R. Non, c'est lui même.

Accusé Lazare: Non, c'est Surprise, quand je suis arrivé dans la maison, j'ai pris quelques planches pour les mettre en sureté.

Le Commissaire du Gouvernement. Je ferai observer au Conseil que Lazare Boissonnet a déclaré n'avoir pas été sur l'habitation St.-Pée et que maintenant il avoue y avoir été.

Emile Célina.

Le Président: Vous êtes aussi accusé d'avoir mis le feu chez M. St.-Pée? — R. J'y ai été, mais je n'ai pas mis le feu. Gerson vient de vous dire que Fatal avait mis le feu à la sucrerie, ce n'est pas vrai. J'étais là, je peux vous dire cela correctement. Le 23, j'étais chez moi quand j'ai vu arriver une bande commandée par Lazare et Gerson, tous deux armés de fusils, ils m'ont dit de venir brûler, Gerson a dit: On brûle partout il faut brûler *sans réserve*. Ils nous ont conduits chez Alexandre Coulange, un *petit béqué* qui demeure tout près de moi, où ils ont voulu mettre le feu; je leur ai dit qu'il n'y avait pas de nécessité à cela, ils m'ont écouté, ils se sont rendus chez Dubocage qu'ils ont voulu également incendier, je les ai encore supplié de ne pas mettre le feu chez M. Dubocage qui était un *vieux corps*, sans famille, sans femme et sans fils, si on brûlait, ce serait l'obliger à aller coucher dehors au milieu des serpents. La bande excitée a étouffé ma voix, Surprise a dit, que les gens de St.-Pée étaient armés et qu'il fallait aller brûler son habitation. La bande est partie et s'est arrêtée chez Jérémie Bruta, un vieillard vénérable et qui donne de très bons conseils; je l'ai engagé d'user de son influence sur ces gens qu'il connaissait afin de les détourner de leur sinistre dessein et d'épargner aussi M. St.-Pée. Ils sont restés sourds aux sages conseils de Jérémie Bruta et se sont rués sur l'habitation St.-Pée en obligeant Jérémie Bruta à marcher avec eux. Aussitôt arrivés sur l'habitation Lazare Boissonnet, Surprise et Gerson sont entrés dans la maison principale ont brisé les jalousies et ont mis le feu. Dorval Syphon, le bâtard de M. St.-Pée m'a appelé pour sauver le moulin à farine et des jarres. Dans ce moment le feu a éclaté au moulin, Dorval déménageait les planches, quand Gerson est arrivé le fusil à la main en disant: Ces planches sont à St.-Pée, laissez-les ici pour être brûlées ou sinon je vous brûle la cervelle. Je n'ai point mis le feu, si cela avait été possible, j'aurais défendu M. St.-Pée.

D. N'avez-vous pas aidé à déménager les planches? — R. Oui, je les ai déposées dans la savane ainsi que du sirop et quelques barriques de sucre.

D. N'avez-vous pas pris des petits morceaux de bois? — R. Non.

D. On dit que vous portiez ces morceaux de bois pour alimenter le feu? — R. C'est faux; on en a menti. C'est au fort Desaix qu'on m'a dit cela.

Aristide Célina.

Le Président: Et vous, qu'avez-vous fait sur l'habitation St.-Pée? — R. J'étais dans la même bande que mon frère, j'ai agi comme lui. La bande a passé chez moi et m'a obligé de marcher.

D. Qui avez-vous reconnu? — R. Personne.

D. Que faisiez-vous pendant l'incendie. — R. J'étais dehors avec Jérémie Bruta et mes deux frères. J'ai sauvé des planches, des jarres et du sucre avec Dorval et Emmanuel.

D. Comment se fait-il qu'Astérie Boissonnet vous désigne ainsi que vos frères comme ayant mis le feu. — R. J'étais là, mais je n'ai pas mis le feu.

D. Connaissez-vous Emile Ayette? — R. Oui.

D. Il vous accuse aussi. — R. Il n'était pas là. D'ailleurs, il demeure chez M. Gustave Garnier.

Le Président: Ce n'est pas une raison pour qu'il ne dise pas la vérité.

Octave Célina.

Le Président: Vous étiez à l'incendie de l'habitation St.-Pée, quelle part y avez-vous prise? — R. J'étais chez moi, Lazare Boissonnet, Surprise, Gerson, Décius Sidney et Emile Sidney m'ont dit de marcher avec eux pour aller mettre le feu sur l'habitation St.-Pée. J'ai refusé net. La foule m'a dit: Il faut marcher, si vous ne marchez, vous serez tué et incendié. J'ai demandé où l'on allait. On m'a répondu: marchez, vous verrez. Arrivé chez Alexandre Coulanges, la bande a voulu mettre le feu, mais je m'y suis opposé. Elle s'est rendue chez Bocage, que l'on a voulu également incendier, je m'y suis encore opposé. On s'est levé contre moi, *comme des serpents sur leur queue*; c'étaient des enragés ils m'ont dit d'aller brûler St.-Pée. En passant chez Jérémie Bruta, celui-ci a conseillé à la bande de ne pas mettre le feu; elle ne l'a pas écouté et l'a contraint de marcher avec elle. Meshuit avait un fusil. On est arrivé sur l'habitation, et tout le monde a mis le feu.

D. Qui a mis le feu à la maison principale? — R. Lazare Boissonnet, Astérie Boissonnet et Gerson, avec des allumettes.

D. Et surprise, ne l'avez-vous pas vue? — R. Je ne l'ai pas vue, il faisait noir.

D. Et Meshuit, quel rôle a-t-il joué? — R. Je l'ai vu prendre une branche de paille et mettre le feu à l'écurie.

D. Qui a mis le feu à la sucrerie? — R. Je crois que c'est Décius Sidney, je n'y ai pas porté attention.

D. Emile Sidney n'était-il pas là? — R. Oui.

D. Avez-vous déménagé des planches? — R. Oui, avec Dorval Syphon.

D. Dorval dit même que vous avez jeté du bois dans le feu pour l'alimenter. — R. Ce n'est pas vrai.

D. Astério dit que vous avez joué un certain rôle dans l'incendie. — R. Je n'ai rien fait, Mme. Cyrille était là, mais elle n'a rien fait non plus.

D. Elle n'a pas besoin d'être défendue par vous, elle se défendra bien elle-même. Marie Finoly, dite Capresso, Syphon Dorval et Cécilia Joachim disent que vous avez mis le feu. — R. Je déclare n'avoir pris aucune part à l'incendie.

Alcide Gruaud, dit *Gueule-Puce*.

Le Président: N'étiez-vous pas aussi sur l'habitation Saint-Pée? — R. Mais non, M. le président, je ne conçois pas cet acharnement contre moi; qu'on me coupe une bonne fois la tête, alors j'aurai la tranquillité.

M. Malle, juge: Vous avez dit tout à l'heure que vous aviez été sur l'habitation Saint-Pée. — R. Non.

Le Président. Il n'y était pas, c'est convenu.

Femme Camille Jean Louis Cyrille.

Le Président: Vous êtes accusé d'avoir mis le feu sur l'habitation Saint-Pée le 23 septembre, de complicité avec Surprise, Lazare, Gersan et autres. — R. J'étais chez Alexandre Coulange, quand a passé la bande composée du fils Célina, de Gersan, Lazare, Astério, Décius Sidney et Maître Sidney.

D. Et Ferdinand n'était-il pas là. — R. Je ne l'ai pas vu en commencement, mais un peu plus tard.

D. Quel était le chef de cette bande. — R. Gersan; Alexandre Coulange m'a dit que Gersan voulait mettre le feu chez lui et de tâcher de l'en empêcher. Gersan avait une torche allumée dans la main; les frères Célina et moi avons pris la torche et l'avons éteinte. Gersan a dit: si vous ne voulez pas mettre le feu chez Coulanges allons incendier Dubocage. Arrivé chez celui-ci, il a voulu mettre le feu avec le restant de sa torche, nous avons jeté la torche. Gersan est entré dans la maison Dubocage en jurant. Je lui ai dit: respectez ce vieillard. *Il l'a forcé ainsi que ses filles à crier vive la République*. M. Dubocage a offert du rhum aux gens de la bande qui ont tous bu à l'exception de Gersan qui a déclaré que le rhum était empoisonné. Il voulait mettre le feu partout Il a dit à mon mari de venir avec lui mettre le feu chez M. St-Pée. Mon mari a refusé en disant qu'il avait mal aux pieds. Alors envoyez votre femme a-t-il répondu et si l'un ou l'autre ne vient pas, je vous tue tous les deux et j'incendie votre case en revenant. M. Dubocage m'a alors conseillé d'aller avec la bande chez M. St-Pée

D. Dorval Syphon vous accuse d'avoir mis le feu à une paillasse dans la maison de St.-Pée? — R. J'ai vu Gersan entrer dans la maison avec une bougie allumée, Décius Sidney est entré avec lui et ils ont tous les deux mis le feu à un matelas.

D. Le même témoin dit que vous avez mis le feu à la sucrerie et que vous vous faisiez remarquer par l'effervescence de vos paroles? — R. Je suis descendue à la sucrerie pour déménager les planches; après avoir fait deux voyages j'ai reçu un coup à l'estomac et je me suis retirée.

D. Un autre témoin dit que vous étiez tellement exaltée que vous transportiez du bois pour alimenter le feu? — R. Ce n'est pas vrai; c'est Surprise qui a mis le feu dans les cannes; j'ai éteint trois fois l'incendie, M. Dubocage pourra vous dire que je n'ai rien fait.

D. Un témoin dit que vous étiez plus exaltée que Surprise; vous êtes la seule qui ayez proféré des menaces de mort contre St.-Pée. Vous avez dit: *Quel dommage que St.-Pée ne soit plus là, je lui aurais coupé un morceau de la gueule pour le faire griller?* — R. Je n'ai pas dit cela.

D. Syphon Dorval et Marie Finoly vous ont entendu proférer ces exécrables paroles? — R. Pas vrai, je n'ai pas dit cela.

D. Vous vous êtes vantée d'avoir été mise en liberté, parce que l'on a été obligé de vous relaxer? — R. Non, seulement un M. Porée, du Saint-Esprit, s'étant permis de me dire qu'il était étonné qu'on m'eut mise en liberté après avoir mangé tous les bœufs des *béqués*, et après les avoir incidiés. Je lui ai répondu que cela ne le regardait pas si j'avais mangé ou pas mangé les bœufs des *béqués* et de se mêler de ses affaires. Il m'a dit que j'étais une insolente; pas plus insolente que vous, lui ai-je répondu; du reste, il n'y a pas d'insolents qui ne s'en traitent.

D. Vous n'avez pas mis le feu? — R. Non.

D. Qui a mis le feu chez M. St.-Pée? — R. Gersan et Décius Sydney ont mis le feu à la maison principale; Surprise a mis le feu dans les cannes.

D. A quelle distance de la maison principale se trouvent les cannes où le feu a été mis. — R. Tout près de la maison principale, à 30 mètres environ.

Meshuit.

Le Président: Le 23 septembre 1870, vous avez mis volontairement le feu sur l'habitation St.-Pée. — R. M. le Président, j'ai quelque chose à vous dire, je vais vous en dire plus long que je ne l'ai fait lorsque j'ai été interrogé par M. le Juge d'Instruction, parce qu'alors je n'avais pas le temps.

D. Parlez, tant mieux. — R. Le 23 septembre ma femme était malade, je ne suis pas sorti de chez moi, à huit heures du soir, j'ai entendu un grand bruit; je me suis rendu chez mon beau-père et là j'ai vu rassemblée une bande à la tête de laquelle étaient Surprise, Gersan et les frères Célina. Gersan a dit d'un ton *sérieux*: Qu'est-ce que vous faites ici, vous autres, vous n'avez pas encore brûlé St.-Péo? Comment ai-je dit vous voulez bruler M. St.-Péo, un *bon béqué* comme ça. Surprise me répondit si vous êtes le fils de St.-Péo, je ne suis pas sa fille; il faut le bruler *il n'est pas meilleur qu'un autre*, mon beau-père Jérémie Bruta a voulu aussi prendre la défense de M. St.-Péo, mais Surprise lui a dit, que s'il continuait à le défendre, elle brulerait sa case aussi. Les gens de la bande ont demandé du rhum, je leur en ai porté. Gersan s'est écrié: Ce rhum doit être empoisonné car vous êtes du parti des blancs. Il a dit à mon beau-père ainsi qu'à moi de marcher ou sinon il nous tuerait et nous incendierait; nous avons été contraints de rentrer dans la bande. Où est votre arme arme m'a dit Gersan. Je n'en ai pas ai-je répondu. Il faut en avoir une me riposta-t-il. J'avais chez moi un fusil avarié qu'on m'avait donné en paiement, il y avait un canon où il manquait le grand ressort et dans l'autre il y manquait la cheminée. Pour obéir à Gersan, je me suis emparé de cette mauvaise arme et j'ai suivi sur l'habitation St.-Péo, Surprise et Gersan sont entrés dans la maison principale, Gersan a demandé à Joachim de la lumière; celui-ci lui a remis un bout de bougie avec lequel il a mis le feu à un vieux bureau rempli de papiers, puis à un vieux matelas. Lazare Boissonnet a pénétré dans le cabinet des enfants et y a mis le feu. Surprise a mis le feu dans la chambre de Mme. veuve Lillette la belle-mère de M. St.-Péo, Gersan est entré au salon et, y a mis le feu, puis il m'a ordonné de prendre du bois pour l'alimenter. J'ai obéi par peur, car Gersan était enragé dans ce moment là et me menaçait de son fusil. Surprise a commandé d'aller mettre le feu chez Dorval Symphor. Gersan m'a commandé d'aller mettre le feu à l'écurie, j'ai pris des branches de paille: je dis la vérité M. le Président, si je mérite la mort vous la prononcerez contre moi, mais ce que je vais vous dire est exact. J'ai pris en effet deux branches de paille pour satisfaire à l'ordre de Gersan, je suis allé à l'écurie, je me suis baissé pour voir s'il n'y avait pas de chevaux et en me levant le feu a malheureusement pris à la toiture. C'est par inadvertance que j'ai mis le feu, mais pas volontairement, quand j'ai vu le feu allumé, je me suis écrié: ah mon Dieu, quel malheur!... Croyez-moi, Monsieur le Président, je dis la vérité; on m'a appelé pour sauver le moulin à farine, je suis accouru. Surprise et les autres sont allés à la sucrerie et bientôt après le feu était partout, je déclare sur l'honneur ce que j'ai fait.

D. Qu'a fait la femme Cyrille? — R. Je ne sais pas.

D. Etes-vous son parent? — R. Non.

D. Cependant vous avez dit qu'elle était à la tête de la bande avec Déclus Sidney et Ferdinand frère. — R. Oui.

D. N'avez-vous pas entendu la femme Cyrille proférer des menaces contre M. St.-Péo? — R. Non, mais j'ai entendu Dorval Syphon dire que Mme. Cyrille avait déclaré qu'il était regrettable qu'elle n'eut pas trouvé St.-Péo afin de lui *couper un morceau de la gueule pour le griller*.

D. On vous accuse d'avoir mis le feu à une paillasse, dans la maison St.-Péo. — R. Non, je n'ai pas fait cela.

D. Mais vous avez fourni des aliments à l'incendie? — R. Oui, je l'ai fait, forcé et menacé par Gersan, qui me tenait au bout de son fusil.

Le Commissaire du gouvernement: Quelles sont les menaces que Gersan vous a faites pour vous obliger à mettre le feu? — R. Il m'a intimé cet ordre en armant son fusil et me couchant en joue.

Le Président, à l'accusé Octave Célina: Vous avez vu Meshuit mettre le feu à l'écurie? — R. Oui, je l'ai vu prendre de la paille enflammée et communiquer le feu à l'écurie.

Le Président, à l'accusé Meshuit: Il faut avouer que c'est une drole de façon de regarder dans l'écurie, en vous baissant; que cherchiez-vous là? — R. Je voulais m'assurer si les chevaux y étaient, afin de les sauver; ils n'y étaient pas.

Le Président, à l'accusé Octave Célina: Est-ce bien comme l'a déclaré Meshuit que le feu a été mis? — R. Oui, mais en supposant qu'il n'eut pas mis le feu à l'écurie, il aurait été inévitablement communiqué par celui de la maison principale, contigué à l'écurie.

Astérie Boissonnet.

Le Président: Qu'avez-vous été faire sur l'habitation St-Péo. — R. Rien.

D. Les témoins disent que vous avez mis le feu à la maison principale. — R. Ceux qui disent cela en ont menti.

D. Où avez-vous pris les allumettes avec lesquelles vous avez mis le feu. — R. Je n'avais pas d'allumettes. C'est Octave Célina qui a dit cela, Ce n'est pas vrai.

D. Votre frère était là, pourquoi ne l'avoir pas empêché de mettre le feu. — R. Je ne sais s'il a mis ou non le feu.

D. Vous avez jeté du bois dans le feu. — R. C'est un mensonge d'Octave Célina.

D. Vous avez mis le feu dans la case à farine et à la maison principale? — R. C'est encore un mensonge. J'ai vu Déclus Sidney mettre le feu à la maison principale. Capresse Finoly et Reine disaient: *Laissez brûler la propriété des Béqués, ils ont assez joui ils nous ont fait assez travailler sans nous payer, il est temps de leur couper la tête à tous.* J'ai vu Emmanuel Fatal mette le feu au moulin. Il faisait noir, Octave Célina ne peut dire que j'aie mis le feu nulle part.

D. Où avez-vous vu Surprise mettre le feu. — R. Dans le fourneau.

D. Pourquoi dans le fourneau, était-ce pour faire le pot au feu. Pourquoi avez-vous dit dans votre interrogatoire qu'elle avait mis le feu au moulin. — R. Je n'ai pas dit cela.

Jean Frère.

Le Président: Etiez-vous dans l'incendie St-Pée? — R. Oui, mais je n'ai pas mis le feu.

D. Vous avez un frère? — R. Non

D. Votre père était-il là. — R. Non.

D. Qu'aviez-vous été faire à l'incendie? — R. Gersan armé d'un fusil et d'un pistolet a passé chez moi et m'a dit qu'il fallait aller avec lui mettre le feu ou sinon il brûlerait ma case. J'ai refusé de marcher, il m'a mis en joue a tiré sur moi. Fort-heureusement la capsule a raté. J'ai donc été obligé de le suivre.

D. Qui était dans la bande? — R. Lazare Boissonnet, Astério Boissonnet, Surprise, Dme Cyrille, Emile Célina.

D. Qu'a fait Astério Boissonnet? — Je ne l'ai rien vu faire. J'ai vu Gersan, Surprise et Lazare mettre le feu à la maison principale. Mme Cyrille a aussi mis le feu à cette maison.

D. Et vous qu'avez-vous fait? — R. Rien, c'est par force que j'ai marché, Gersan ayant menacé et même essayé de me fusiller. Lorsqu'il est arrivé dans le grand chemin, il m'a remis son pistolet.

D. Altéus Médée avait seul un pistolet, c'est donc celui-là que vous aviez? — R. Je ne sais s'il appartenait à Altéus, c'est Gersan qui me l'a donné.

Le Président, à Gersan: Que dites-vous de cela. Avez-vous forcé l'accusé à marcher.

L'accusé Gersan: Ce n'est pas vrai. C'est lui-même qui est venu nous joindre armé d'un fusil. Je n'ai pas pu lui remettre un pistolet puisque jamais je n'en ai eu.

L'accusé Jean Frère: C'est Gersan qui m'a dit: Marchez, marchez ou sans ça je vous fusille.

Le Président, à Emile Célina: Votre maison est-elle plus éloignée de la maison St.-Pée que celle de Jean Frère? — R. Oui.

D. Vous devez savoir alors si Gersan a été chez ce jeune homme? — R. Non, il n'y a pas été car il n'a pas abandonné la bande un seul instant.

Accusé Jean Frère: Gersan seul est venu me chercher vers huit heures du soir.

Le Président, à Emile Célina: A quelle heure étiez-vous chez Rosina? — R. A sept heures, et à huit heures nous étions sur l'habitation St.-Pée.

Le Président, à Jean Frère: Avez-vous vu incendier cette habitation? — R. Oui, j'ai vu Surprise, Gersan, Dme Cyrille et Lazare mettre le feu à la maison principale.

D. Vous avez été avec la bande incendier la pièce de cannes? — R. On a incendié la pièce de cannes après la maison principale.

D. Pourquoi puisque vous n'aviez pas été à l'incendie de la maison principale avez-vous été à celui des cannes? — R. J'y ai été tout naturellement, car retournant chez moi, je devais passer devant cette pièce de cannes.

Me Béker: Je ferai observer au Conseil que l'accusé Emile Célina a déclaré que Gersan n'avait pas abandonné la bande.

Jerémie Bruta.

Le Président: Vous êtes accusé d'avoir mis le feu sur l'habitation St.-Pée. — R. Non, une bande a passé chez moi, déclarant qu'elle allait incendier M. St.-Pée, Gersan avait un fusil; j'ai dit ne faites pas cela, ne faites pas du tort à M. St.-Pée, c'est un bon béqué, il vous donnera une bonne barrique de vin. Surprise m'a dit: Si M. St.-Pée est votre père, il n'est pas le mien et je n'ai pas besoin de lui. Surprise, Lazare et Gersan m'ont dit alors de marcher, si non ils m'incendieraient, Surprise a ajouté: *J'ai brulé à la Rivière-Pilote, je brulerai tout, même le Bon Dieu s'il était sur la terre.* J'étais donc obligé de marcher, arrivé sur l'habitation St.-Pée, on a mis le feu, j'ai sauvé un cheval.

D. Etiez-vous armé? — R. Oui, quand j'ai vu ces gens si enragés et qu'ils pouvaient me faire un mauvais parti, j'ai pris chez moi un petit piquet en fer qui me sert à fouiller mes patates.

D. Qui a mis le feu à la maison principale de l'habitation St.-Pée. — R. Décius Sidney, Lazare Boissonnet et Gersan, ce sont ceux que j'ai particulièrement remarqués comme ayant mis le feu à la maison principale, quand j'ai vu le feu, je me suis rendu chez moi.

Paulin Martin.

Le Président: Vous avez mis le feu à l'habitation St.-Pée. — R. Pas du tout, j'ai été sur l'habitation mais je n'ai rien fait.

D. Avez-vous été volontairement ou de force? — R. Gersan et Lazare à la tête d'une bande sont venus chez moi et m'ont obligé à marcher sous peine de mort. Gersan était armé d'un fusil et Lazare d'un coutelas, ils se sont rendus sur l'habitation St.-Pée, Gersan a allumé une bougie à la porte de la maison et y est entré ainsi que les autres. Le feu a éclaté, je ne sais qui a mis le feu à une pièce de cannes située à 50 mètres de la maison. Mme. Cyrille, moi et quelques autres avons éteint le feu des cannes; j'ai vu Meshuit muni de quelques branches de paille enflammées passer derrière la maison et mettre le feu à l'écurie, je ne sais comment il a mis le feu.

D. Surprise a dit que vous avez brisé des planches que vous avez jetées dans le feu. — R. Ce n'est pas vrai.

D. La connaissez-vous? — R. Oui, depuis deux ou trois ans.

D. Pourquoi disait-elle ça? a-t-elle des motifs pour vous en vouloir. — R. Je n'en sais rien.

D. La connaissiez-vous d'une manière particulière? — R. Non.

D. Etes-vous son frère? — R. Non.

D. Avez-vous été son amant? — R. Non.

Guèze, défenseur de Surprise: C'est son beau-frère du côté gauche.

L'accusé: En effet, Surprise est la concubine de mon frère.

L'audience est levée et renvoyée au lendemain 27 à midi.

Séance du 27 mai.

La séance est ouverte à midi:

Le Président: Greffier faites l'appel des témoins. Je préviens MM. les défenseurs et les accusés que je fais assigner comme témoins à charge, MM. Louis Cotbise et Radamiste dit Tafia. Je leur ferai prêter serment, attendu que je suis dans les délais légaux pour les appeler. Défenseurs et accusés, je vous préviens que si vous avez des témoins à citer, vous pouvez vous adresser à cet effet à M. le Commissaire de la République. Beaucoup des accusés n'ayant pas les moyens pour le faire à leurs frais.

Les témoins sont introduits dans la salle M. Le Président les avertit qu'ils peuvent se retirer mais a charge de se présenter le lundi 29.

Le Commissaire du Gouvernement: Je pré- MM. les défenseurs et les accusés que je vais faire citer à charge, Louis Cotbise, Radamiste dit Tafia, Henri Dubocage, Victor Lucia, Magdeleine Sabine, Duvély Morette et Valsain.

L'interrogatoire des accusés continue:

Fonrose:

Le Président: Des charges graves pèsent sur vous, vous êtes inculpé d'avoir à la Rivière-Pilote au mois de septembre 1870 excité à la guerre civile et porté le pillage et la dévastation dans les communes du sud de la Martinique.— R. Je ne connais pas ça.

D. Qu'avez-vous fait le 22 septembre? — R. Je reste à la Régalle, je ne suis pas sorti de chez moi ce jour-là.

D. Vous n'êtes pas sorti quand vous avez entendu des coups de fusil. — R. J'ai entendu beaucoup de coups de fusils.

D. Connaissez-vous Mme Honoré. — R. Non, quand j'ai entendu ces coups de fusils, je suis sorti de chez moi pour aller me rendre du côté des volontaires sachant que M. le Maire demandait des hommes de bonne volonté. Je suis arrivé chez Mme. Louvré et là j'ai été arrêté par la troupe, St.-Aimé Zéline et Alexandre qui m'accompagnaient ont été arrêtés en même temps que moi.

D. St.-Aimé était-il armé. — R. Tous les trois nous avions nos fusils.

D. Et qu'alliez-vous faire chez Mme. Honoré. — R. J'avais vu là des soldats et j'allais m'offrir comme soldat volontaire.

D. Quels étaient ces soldats? — R. C'étaient des soldats du Gouvernement.

D. A quelle heure avez-vous entendu des coups de fusil le 22. — R. A huit heures du matin,

D. Du tout, ce n'est pas possible, vous aviez votre fusil chargé? — R. Oui, je l'avais chargé pour aller joindre la troupe.

D. Vous avez suivi St.-Aimé qui était un des chefs de la bande Lacaille. — R. J'allais joindre les soldats et arrivé chez Mme. Honoré, ils m'ont arrêté, je n'ai rien fait le 22 septembre, je ne suis sorti de chez moi, je plantais des maniocs.

D. En êtes-vous bien sur? — R. Oui.

D. Pourquoi vous a-t-on arrêté en compagnie de St.-Aimé et de Jean-Baptiste. — R. J'avais entendu dire que M. de Venancourt maire demandait des volontaires et j'allais m'offrir comme tel aux soldats qui au lieu de me recevoir m'ont arrêté.

D. Quels étaient ces soldats, des matelots ou des militaires? — R. Ceux qui m'ont arrêté sont Nérée, deux nègres et un soldat blanc qui était avec eux.

D. Ce soldat était-il gradé? — R. Non, il n'avait pas de galons.

D. Ce n'est pas possible. Un simple soldat ne peut-être chargé d'une mission et le lieutenant Maillard qui commandait 10 hommes seulement à la Rivière-Pilote ne pouvait pas détacher un seul homme de sa force pour l'envoyer dans les hauteurs.

D. Le soldat qui faisait partie des quatre personnes qui vous ont arrêté, n'était-ce pas un pompier? — R. Non, c'était un véritable soldat un soldat blanc, il avait une casquette sur la tête.

D. Mais vous êtes blanc aussi vous; je connais des gens en France qui sont plus noirs que vous, exemple: moi. Avez-vous été arrêté le 26, vous dites que oui, c'est une erreur probablement de votre part. Je ne tiens nullement à vous croire coupable. Je voudrais au contraire que vous fussiez tous innocents? — R. J'ai été arrêté le 26.

D. Pouvez-vous nous le prouver.

Me Béker, défenseur de Fonrose, *M. Duquesnay*, défenseur de St. Aimé Zéline et *M. Alexandre Marchand*, défenseur de Alexandre Zéline déclarent qu'il résulte de l'instruction que ces 3 accusés ont été en effet arrêtés ensemble le 26.

D. Pourquoi étiez-vous armé d'un fusil le jour de votre arrestation? — R. J'allais joindre la troupe comme volontaire.

M. Pontcharra, juge: Qu'avez-vous fait exactement le 22.

Alcide Gruaud dit Cuculo Puce.

Le Président: Je ne veux point revenir sur vos interrogatoires. Vous avez été frappé pour des faits graves; malheureux, je plains votre position. Vous avez fait partie de la bande? — R.

Quelle bande.

D. Celle de Lacaille? — R. Pas du tout. Je n'ai jamais eu aucune relation avec Lacaille.

D. Nous sommes suffisamment édifiés sur les relations qui ont eu lieu entre vous et Lacaille. Vous niez, c'est bien? — R. Jusqu'à présent Eugène Lacaille est dans une bonne position, puisqu'il n'a pas encore été condamné, tandis qu'une condamnation pèse sur ma tête.

D. Non pas encore sur votre tête? — R. Si j'avais eu des relations avec Lacaille, je l'aurais dit.

Le Président : Eh bien, je ne vous crois pas du tout.

St.-Aimé Zéline.

Le Président: Connaissez-vous Argis? — R. Lequel, j'en connais deux.

D. Argis Avet? — R. Oui.

D. Connaissez-vous Arthur de la Débat? — R. Oui.

D. Et René Charles Louis? — R. Je le connais également.

D. Vous êtes accusé d'avoir mis le feu le 23 septembre sur l'habitation Benquet? — R. Puisque je suis ici depuis 8 mois pour les affaires de la République.

D. La République n'a rien à faire ici, la République étant un gouvernement ne peut être composé que d'honnêtes gens. L'établissement d'un gouvernement quelconque ne doit pas servir de prétexte aux faits graves d'incendie et de pillage qui vous sont reprochés à tous. Ceux qui vous disent le contraire vous trompent, ne parlez plus de République. Vous êtes accusé d'avoir mis le feu sur l'habitation Benquet, répondez sur ce point? — R. Je suis charpentier, je travaillais chez M. Landa à la Rivière-Pilote. Le 20 septembre étant à table avec lui, il m'a dit que la République...

D. Comment vous parlez encore de République, défendez-vous sur l'accusation qui est portée contre vous? — R. Alors M. le Président, impossible de défendre. Je dois tout dire au risque de faire tomber ma tête.

D. Votre tête, on n'y tient pas tant!... — R. Landa me dit qu'on avait formé un complot pour couper la tête des blancs, ce sont des imbéciles et des sots m'a-t-il dit qui ont conçu un semblable projet, je ne suis pas de leur avis, ils le savent, je suis certain qu'ils voudront me tuer aussi, mais j'ai un fusil et j'en abattrai quelques-uns avant de succomber. Il m'a dit encore: N'allez pas vous mêler dans ces bêtises. Que gagnera-t-on quand on aura tué une douzaine de blancs, le gouvernement enverra alors des soldats dans les bourgs, dans les bois, dans les forêts pour faire la chasse; on dressera la guillotine partout et même dans les Anses on fera tomber les têtes comme des mouches. M. Landa avait raison, c'était un bon raisonnement. La République proclamée le jeudi, M. de Venancourt a fait célébrer une messe, je suis descendu pour y assister; j'ai rencontré en chemin deux hommes, je dis la vérité M. le Président; *c'était une chose déjà décidée à la Rivière-Pilote.* Un de ces hommes, Charlery m'a dit: il ne faut pas descendre, il y aura du désordre ce soir, on va arrêter Codé et brûler son habitation. J'ai vu arriver un autre individu et pour me débarrasser de lui, j'ai été me cacher près de la rivière. Il y avait beaucoup de monde du côté de M. Codé. Cette foule faisait un grand bruit. J'ai entendu la voix des gendarmes et celle de M. de Venancourt, j'ai pensé à ce que venait de me dire Charlery relativement à l'arrestation de M. Codé et à l'incendie de son habitation. Je me suis dit: Diable! il paraît que ce que Charlery m'a dit est vrai. J'ai pensé alors au conseil de Landa. J'ai été me mettre du côté du maire et des gendarmes J'ai vu deux hommes qui ont voulu mettre le feu au fourneau, ils étaient munis de torches allumées, je leur ai dit: Comment vous voulez mettre le feu. J'ai été m'appuyer sur l'encolure du cheval de M. de Venancourt et l'ai suivi jusqu'au cassis qui sépare son habitation de celle de M. Codé, là Théodule m'a abordé et m'a dit: Etes-vous brave? Je lui ai répondu: Oui. Eh bien! m'a-t-il ajouté: Venez avec moi. Je lui ai demandé: où ça. Il a répondu: vous n'avez pas besoin de savoir, venez. Voyant que je persistais, il m'a laissé en me disant: vous ne voulez pas venir, eh bien tant pis pour vous; j'ai été alors chez M. de Venancourt, et après je suis descendu au bourg. Là, la foule m'a obligé d'aller chez M. Lafosse.

D. Qu'avez-vous fait chez Lafosse, vous avez volé comme les autres sans doute? — R. Je n'ai rien pris chez M. Lafosse, on m'a dit qu'il y avait un camp d'armes chez lui. M. Lafosse était un bon homme, il me faisait crédit, j'ai dit à la foule: qu'allez-vous faire chez Lafosse? on n'a pas voulu m'écouter. Je me suis rendu chez lui, j'ai posé le pied sur le pas de la porte qui s'est ouverte instantanément. M. Lafosse était derrière, il s'est présenté à moi et m'a dit comment Saint-Aimé, vous êtes là? Je vous confie mon fusil, il est chargé; j'ai pris le fusil et pour éviter un malheur je l'ai déchargé, puis je me suis rendu à la gendarmerie. J'ai dit à M. de Venancourt qu'on disait dans le bourg qu'il avait envoyé chercher de la troupe au Marin pour tirer sur le peuple. M. de Venancourt m'a dit alors d'aller dire à la foule que ce n'était pas vrai, que la troupe arrivait au contraire pour mettre la paix. Je me suis rendu ensuite au presbytère où j'ai rencontré l'abbé Sery qui m'a dit qu'il venait de chez Codé; il a appelé son domestique nommé *Molocoyo* pour le prévenir qu'il allait au bourg avec moi, je lui ai conseillé de ne pas descendre attendu qu'il y avait du danger. Vous croyez me dit-il que je crains quelque chose et en disant cela il a dégainé une épée qui se trouvait dans sa canne.

D. Nous en avons assez de vos discours, répondez à nos questions, vous avez pris un pistolet à M. Benquet. — R. Non.

L. Vous n'aviez pas sur vous ce pistolet. — R. Non, mais le révolver de Benquet.

D. Que signifie cette façon de répondre, pensez-vous par hasard pouvoir nous égarer, vous vous trompez, allez-vous asseoir. Je soumettrai au Conseil vos interrogatoires et il appréciera votre conduite.

Séram Marcelin.

Le Président : Vous avez pris part aux troubles de la Rivière-Pilote. —R. J'avais mal aux pieds, je ne pouvais parconséquent marcher avec personne

D. Vous êtes cependant revenu de Fort-de-France le mercredi 21 septembre. — R. Oui.

D. Qui avez-vous rencontré en route. — R. Le postillon.

D. Vous n'avez pas aussi rencontré une bande. — R. Oui, commandée par Louis Telgard.

D. Vous avez dit dans l'instruction que cette bande était commandée par Lacaille. — R. Non.

D. Que vous a dit le chef de la bande. — R. Il m'a dit qu'il fallait marcher ou sinon je serais tué. Il a ajouté qu'on avait formé un camp chez Duvély.

Un Juge: (M. Chapotot) Mais vous avez ajouté pour faire un coup. — R. Non, je n'ai pas dit *coup* mais *camp*.

D. Alors on ne vous a pas dit d'arriver au camp à six heures du soir puisque vous avez suivi la bande aussitôt qu'elle vous a rencontré. — R. Non, j'ai suivi la bande et j'ai marché avec elle jusqu'à la croisée Caritan.

D. Où la bande a t-elle mis le feu. — R. Je ne sais.

D. Ne reconnaissez-vous pas quelqu'un ici qui vous a forcé à marcher? — R. C'est Louis Telgard, mais personne ici présent.

D. Non ce n'est pas Telgard mais Gueule-Puce. Vous l'avez dit au Juge d'Instruction. — R. C'est par erreur que j'ai dit cela.

D. Mais qu'avez-vous fait après avoir dépassé la croisée Caritan. — R. Rien, je me suis rendu chez moi au bourg de la Rivière-Pilote.

D. Avez-vous encore peur de Gueule-Puce? c'est tout à fait inutile, puisqu'il est coffré pour le restant de ses jours. Vous pouvez parler sans crainte. — R. Dire le contraire ce serait mentir. Celui qui m'avait menacé de me donner un coup de fusil s'appelle Alcide, mais ce n'est pas Alcide Gruau dit Gueule-Puce.

Me Béker : Je crois de mon devoir, comme défenseur, de faire au Conseil une observation qui se rattache trop à l'intérêt de mes clients pour qu'il me soit permis de garder sur ce point le silence.

Ce matin, à la prison, je faisais remarquer à l'accusé Séléus Marcelin, combien il paraîtrait étonnant à ses juges qu'il vint, à l'audience, substituer aux noms de Lacaille et d'Alcide Gruau, indiqués dans son interrogatoire, les noms de Telgard, aujourd'hui en fuite, et d'un autre individu qui n'est même pas en cause.

Je n'entends accuser ni Lacaille ni Alcide Gruau; telle n'est point ma mission. Mais quand il est évident pour moi que certains accusés sont en butte à un système d'intimidation qui les oblige à déguiser la vérité, pour se soustraire aux menaces dont ils sont l'objet, je dois protéger ces malheureux contre leur propre faiblesse et prier le Conseil, de ne pas se montrer, pour cela plus sévère à leur égard.

Il n'est pas permis de douter de l'intimidation dont je parle quand, jusque sur ces bancs, nous en sommes à chaque instant témoins.

Et comme preuve plus certaine encore de ce que j'avance, je dirai que l'accusé Gersan m'a déclaré être le point de mire de récriminations qui se traduisent à haute voix, dans l'intérieur de la prison, devant lui, et même pendant la nuit, depuis qu'il a fait, devant le Conseil, des aveux qui lui ont mérité les éloges de M. le Président.

M. le Président : Je vous remercie Me Béker des explications que vous venez de donner au Conseil. Comme vous, je suis persuadé qu'une influence fatale a pesé sur ces malheureux et pèse encore sur eux jusque sur ces bancs. Je vais être dans l'obligation d'interdire toute communication entre la prison et l'extérieur. Les misérables qui ont conseillé les accusés se tiennent à l'écart, tandis que ces malheureux peuvent être victimes des conséquences des actes déplorables qu'ils ont accomplis.

M. Duquesnay : Je désirerai savoir, M. le Président, si Eugène Lacaille est soupçonné d'avoir influencé les accusés afin de changer leurs premières déclarations. Je ne pense pas qu'un semblable soupçon puisse peser sur lui, puisqu'il est à l'hôpital et ne communique pas, par conséquent, avec les accusés.

Me Béker : Mon observation a été faite d'une manière générale elle porte sur des particularités qui sont manifestes; mais j'ai pris soin de déclarer que je n'accusais personnellement ni Eugène Lacaille, ni Alcide Gruau.

Jean Alexandre Charles Zéline.

Le Président: Vous avez été arrêté avec un fusil chargé dans la bande Lacaille. — R. Non.

D. Quel jour avez-vous été arrêté? — R. Le 26 septembre. Le premier jour de ma sortie de chez moi depuis les événements; personne ne peut dire m'avoir vu dans les désordres. Je savais que M. de Venancourt avait formé une compagnie de volontaires. J'ai pris mon fusil pour joindre la troupe. Quand je l'ai aperçue près de chez Mme. Honoré.

D. Fourose a été arrêté avec vous? — R. Mon

frère aussi.

D. Par qui? — R. Par un soldat blanc qui était avec Nérée et Evariste; un autre soldat blanc est venu joindre ceux qui m'avaient arrêté. Je ne suis pas sorti pendant les événements, j'ai gardé la boutique de mon frère que l'on avait le dessein d'incendier; de là j'ai vu tous les incendies, je n'ai pas participé à aucun désordre, je vous le jure.

Le Président : Les interrogatoires sont terminés.

Sonson Lacaille, hier contre votre propre intérêt vous avez pris la défense de votre père, je vous félicite pour ma part personnellement, et le Conseil n'oubliera pas votre conduite en cette circonstance, mais quant à vous, Eugène Lacaille, si vous aviez bien dirigé cette jeune nature, vous en auriez fait un bon sujet, car il y a là du cœur, et aujourd'hui il n'aurait pas à répondre aux accusations graves qui lui sont reprochées.

Eugène Lacaille: J'ai toujours bien élevé mes enfants, je leur ai toujours donné de bons conseils et c'est la fatalité qui veut qu'aujourd'hui eux et moi nous soyons assis sur ces bancs.

Le Président à Monflo : Et vous aussi Monflo quoique condamné vous avez pris hier la défense de quelqu'un. Je vous en félicite également. Vous êtes jeune, repentez-vous, l'indulgence du chef de l'Etat pourra s'étendre sur vous.

La séance est levée et renvoyée à lundi 29 à midi.

Séance du Lundi 29 mai.

La séance s'ouvre à midi.

Audition des Témoins

Petit Nègre, 12 ans, sans profession.

Le Président: Qu'avez-vous vu faire, à l'incendie de l'habitation Josseau? — R. J'étais chez mon père, Edouard Néral est venu me prendre par le bras et m'a dit de partir avec lui, en me remettant une bouteille de kérosine. Arrivé à la Josseau, Edouard Néral a pris cette bouteille de mes mains, il a imbibé de kérosine la porte de la sucrerie et y a mis le feu au moyen d'allumettes; le feu n'ayant pas pris, Néral est venu auprès de moi pour reprendre la kérosine, il s'est emparé de la bouteille, mais Gros Joseph la lui a retirée des mains et l'a brisée.

D. Gros Joseph, quel est-il? — R. Un gros monsieur, cabrouétier sur l'habitation la Josseau.

D. N'est-ce pas Joseph Bardieu, témoin assigné? — R. Je le connais sous le nom de Gros Joseph; je ne sais s'il s'appelle Bardieu.

Le Président ordonne l'introduction dans la salle du témoin Joseph Bardieu. — Au témoin : Est-ce lui que vous appelez Gros Joseph? — R. Oui.

D. Savez-vous ce qui s'est passé sur l'habitation Beauregard? — R. Quand Gros Joseph a brisé la bouteille de kérosine, il m'a conduit sur l'habitation Beauregard, et quand je suis arrivé tout était brulé, tout était fini.

D. Edouard Néral a-t-il mis le feu à la Beauregard? — R. Non.

D. Avez-vous entendu dire que Marcelin Sélam avait mis le feu à la Beauregard? — R. Non.

D. Et Maria Bouchon? — R. Non, elle n'a pas mis le feu.

D. Et Adèle? — R. Elle était près de la case à bagasse. Maria Bouchon lui a donné des allumettes.

D. Alors vous connaissez Maria Bouchon? — R. Je connais Maria, mais je ne sais pas si elle s'appelle Bouchon.

D. Cherchez-là sur les bancs. — Le témoin indique Maria Bouchon.

D. Avez-vous vu Edouard Néral ailleurs? — R. Non.

D. Connaissez-vous Félicien Mapouya? — R. Oui.

D. Montrez-le nous. — Le témoin l'indique.

Le Président: Dites donc, Maria Bouchon! tenez-vous plus convenablement, ne riez pas, ainsi que vous le faites, car, autrement, je serai dans l'obligation, à la fin de l'audience, de vous mettre dans un endroit où vous ne rirez pas.

D. Connaissez-vous Germain Agathe? — R. Oui.

D. Et Salomon Dorléus? — R. Je connais Dorléus, mais je ne sais s'il a pour prénom Salomon.

D. Indiquez-nous Dorléus Salomon. — Le témoin le désigne.

D. Ne vous rappelez-vous pas avoir dit que ces trois hommes avaient mis le feu à la case à bagasse de l'habitation Beauregard? — R. Je ne me rappelle pas avoir dit cela.

Louis-Michel-Hiacinthe Morancy, 60 ans, gérant de l'habitation la Josseau, domicilié à la Rivière-Pilote.

Le Président: Dites-nous ce que vous savez de l'incendie de l'habitation la Josseau? — R. A six heures et demie, le vendredi 23 septembre, j'ai vu le feu éclater sur l'habitation Fougainville. Je vais tout vous détailler, ce sera un peu long, mais ma conscience avant tout..... à six heures du matin, M. Duplessis m'a dit qu'il fallait aller au bourg. L'atelier était très-mal disposé, je suis descendu au bourg; là, j'ai vu M. Mourat, commandant de l'état de siége, et je lui ai annoncé qu'on devait mettre le feu. M. Mourat m'a répondu : Si on met le feu, prévenez-moi de suite, afin que j'agisse. Je suis retourné chez moi et j'ai trouvé mon commandeur qui avait déménagé. Pourquoi avez-vous retiré vos effets de chez vous, lui ai-je dit? — Parce qu'on va mettre le feu ici, m'a-t-il répondu. Aussitôt qu'il m'eût dit cela, j'ai vu le feu éclater sur l'habitation Fougainville. Je me suis dit alors on va mettre le feu à ma case à bagasse. Je n'ai pu, dans ce moment, réprimer mon indignation; j'ai poussé un juron terrible; il y avait deux cents *brigands* sur l'habitation; ils m'ont demandé du rhum; je n'ai pas obéi, et ils ont défoncé la rhummerie et *pillé* le rhum. Une *compagnie*, dans ce moment, passait sur la grand'route en criant: *Vivent les Prussiens* et *Vive le Diable*, je crois. Un congo est venu me dire qu'on venait de mettre le feu à la case à cabrouets; j'ai vu un mulâtre, je ne l'ai pas reconnu, il s'est enfui et je me suis écrié: que la Divinité veuille qu'il se casse la jambe afin que je puisse le prendre!

La bande est ensuite partie pour la Beauregard qu'ils ont brûlée à minuit; elle est revenue ensuite sur la Josseau en disant: « la Josseau appartient à Fougainville, il faut tout brûler, il faut la raser. Je suis descendu à la sucrerie, j'ai vu mettre le feu aux fourneaux, je me suis adressé aux incendiaires et je leur ai dit: plutôt de mettre le feu sur l'habitation, tuez-moi. On a mis le feu. Joseph Bardieu m'a aidé à l'éteindre; les bandits ont ensuite incendié les cases à congos.

Quelques jours plus tard on est venu me dire qu'on avait mangé nos moutons; j'ai envoyé mon fils faire des perquisitions à ce sujet. Trois des pillards sont venus chez moi pour prendre des arrangements; un travailleur de l'habitation m'a déclaré que Monrose et Grégoire-Joseph avaient mis le feu à la case à bagasse.

D. Connaissez-vous Joseph Grégoire? — R. Oui. (Le témoin l'indique.)

D. Où a-t-il mis le feu, dans la case à cabrouets? — R. J'ai vu quelqu'un mettre le feu, s'enfuir; je ne l'ai pas reconnu, mais on m'a dit que c'était Joseph-Grégoire.

D. Connaissez-vous Horace Monrose? — R. Oui.

D. L'avez-vous vu mettre le feu. — R. Non, c'est Jean-Modeste qui l'a vu, qui me l'a désigné.

D. N'est-ce pas lui qui a voulu forcer Jean-Modeste à mettre le feu à la maison principale. — R. Oui,

D. Qu'a fait Edouard Néral. — R. Mon commandeur, Saint-Just Cyrille, et Joseph, mon cabrouétier, m'ont dit que Néral avait frotté la porte de la sucrerie de kérosine et y avait mis le feu.

D. Connaissez-vous Maria Bouchon. — R. Oui, mais je ne sais ce qu'elle a fait ce soir-là.

D. L'avez-vous vue mettre le feu. — R. Non, j'ai vu le feu prendre à la porte de la sucrerie, et j'ai été l'éteindre.

D. Je vous inflige un blâme, car vous ne dites pas exactement ici ce que vous avez déclaré dans l'instruction. — R. Ils ont fait tous leurs efforts pour mettre le feu à la sucrerie.

D. Qui. — R. Edouard Néral et ces femmes qui étaient là, notamment Maria Bouchon. (Le témoin l'indique.)

D. Qui a mis le feu à l'écurie. — R. Warner Vernet. (Il le désigne.)

Défenseur Paret: Le témoin a-t-il vu Joseph Grégoire mettre le feu. — Oui, je ne l'avais pas reconnu, ce n'est qu'après qu'on m'a dit son nom.

Le Président: Cette question est tout à fait inutile puisque le témoin a déjà déclaré que Joseph Grégoire avait mis le feu.

Défenseur Guèze: Le témoin n'a-t-il pas eu un entretien avec Bobore pendant qu'on mettait le feu à la case à cabrouets, Morancy ne lui a-t-il pas demandé qui mettait le feu? — R. Non, non, non.

M. de Pontcharra, juge: Avant les événements, n'avez-vous pas entendu dire qu'on devait mettre le feu à la Fougainville? — R. Non.

Mᵉ Husson: Je prie le témoin de donner des renseignements au Conseil sur la moralité de St.-Paul Augustine? — R. Jusqu'au jour de ces désordres, il se conduisait comme un brave homme; pendant les trois mois, qu'il a travaillé sur l'habitation, je n'ai pas eu à me plaindre de lui.

Ludovic, ignorant son âge; paraissant âgé de 12 ans, cultivateur sur l'habitation Fougainville à la Rivière-Pilote.

Le Président: Dites-nous exactement tout ce qui s'est passé le 23 septembre sur l'habitation la Josseau? — R. J'étais ce jour là sur l'habitation, quand j'ai vu arriver une foule de gens qui faisaient beaucoup de bruit. J'ai vu, en me rendant aux bâtiments, Vernet (le témoin le désigne) mettre le feu à l'écurie.

D. Comment s'y est il pris pour mettre le feu? — R. Il a fait éclater une allumette, qui n'a pas pris feu, puis il en a fait éclater une seconde, avec laquelle il a enflammé la toiture de l'écurie. Il s'est emparé d'une tête de paille enflammée pour aller mettre le feu à une boutique.

D. Quelle boutique? — R. Celle de Louisy Prudent. Le feu avait commencé à prendre, mais M. Morancy est arrivé et l'a éteint avec son bâton.

D. Connaissez-vous Bobore? — R. Oui. (Il l'indique.)

D. Que faisait-il du côté de la vinaigrerie? — R. Il était là avec son frère Moncé et Joseph.

D. Quel est ce Moncé? c'est la première fois qu'on en parle; cherchez parmi les accusés et dites-nous s'il est ici.

Le témoin, après avoir cherché, déclare ne pas le trouver.

D. Ce Moncé n'est-il pas le même qu'Horace Monrose? — R. Non, ils étaient tous là, Bobore m'a donné une boîte d'allumettes et m'a dit d'aller mettre le feu à la case à boucauts; j'ai refusé de faire cela. Joseph Grégoire a alors pris les allumettes et a mis le feu à cette case.

Le Président: Tiens, Joseph Grégoire rit, il entend donc; il paraît qu'il n'est plus sourd; le malin.

Le témoin continue : Grégoire, après avoir mis le feu, s'est mis à courir, il est tombé ; Morancy s'est alors écrié : « *Que Dieu fasse qu'il se soit cassé le cou.* »

Le Président : Cela aurait été très heureux car nous n'aurions pas eu aujourd'hui à le juger.

D. Qu'a fait Bobore? — R. Il m'a donné une boite d'allumettes pour mettre le feu, mais j'ai refusé.

Le Président : Ludovic, tu es un brave enfant, je t'en félicite ; continue comme tu as commencé, travaille bien et n'écoute pas les mauvais conseils de ceux qui voudraient te perdre.

Paul Ajax, 21 ans, cultivateur sur l'habitation Josseau, demeurant à la Rivière-Pilote.

Le Président : Racontez-nous les événements qui se sont accomplis le 23 septembre sur l'habitation la Josseau? — R. A sept heures et demie du soir, j'ai entendu un grand bruit qui venait du grand chemin, j'ai été avec Ludovic et Jean voir ce que c'était; une *rafale de monde* a pénétré sur la propriété; j'ai vu Vernet près du moulin à vapeur, derrière l'écurie.

D. Que faisait-il là? — R. Il a flambé une allumette qui n'a pas pris, puis une seconde avec laquelle il a mis le feu au pignon de l'écurie.

D. N'avez-vous rien vu faire par Maria Bouchon et Horace Monrose? — R. Non.

Jean Modestine: agé de 15 ans, cultivateur sur l'habitation la Josseau, demeurant à la Rivière-Pilote.

D. Parlez-nous de l'incendie de l'habitation Josseau? — R. J'étais, le soir, sur l'habitation quand j'ai vu arriver un *troupeau de monde* qui s'est arrêté près de la case à bagasse, j'ai vu Bobore et Macé...

D. Connaissez-vous Bobore? — R. Oui, le voilà. (Il le désigne).

D. Que faisait il? — R. Il a donné à Horace Monrose une boite d'allumettes pour aller mettre le feu à la case à bagasse.

D. Vous connaissez Horace Monrose? — R. Oui, le voilà. (Il le désigne).

D. Qu'a-t-il fait des allumettes? — R. Il est descendu du côté de la ravine, a mis le feu à la case à bagasse et est revenu près de Bobore et de Macé, qui étaient à comploter; il leur a dit : j'ai mis le feu en haut parce que si je l'avais mis près de terre, il aurait pu s'éteindre. Ils sont ensuite venus à la maison principale.

D. Qui a mis le feu à l'écurie? — R. Vernet. (Il le désigne).

D. Où étiez-vous quand Vernet a mis le feu? — R. J'étais avec Ajax. Vernet a fait éclater une allumette qui n'a pas flambé, puis en a allumé une seconde et a mis le feu au pignon de l'écurie.

M. Malle, juge : Avez-vous vu Bobore mettre le feu? — R. Non, mais il a distribué les allumettes avec lesquelles on l'a mis.

M. Gabonne, juge : Bobore a-t-il voulu vous faire mettre le feu? — R. Non.

Joseph Bardieu, 38 ans, chef cabrouétier sur l'habitation la Josseau, demeurant à la Rivière-Pilote.

Le Président : Dites ce que vous savez sur l'incendie la Josseau? — R. Après l'incendie des deux cases à bagasse et de la case à cabrouets, Edouard Néral est arrivé sur l'habitation et a dit : l'habitation Fougainville n'est pas assez brûlée, il faut complètement l'incendier. Il a commandé de mettre le feu aux fourneaux. M. Michel s'est crié : ne brûlez donc pas tout, laissez quelque chose. Néral a mis le feu à une pile de bagasse qui se trouvait près des fourneaux, mais j'ai pu éteindre ce commencement d'incendie.

D. N'a-t-on pas mis le feu à la maison principale. — R. Non.

D. N'a-t-on pas essayé de la brûler. — R. Oui.

Le témoin Morancy est rappelé à la barre.

Le Président : N'avez-vous pas eu connaissance que l'on ait voulu incendier la maison principale. — R. Non. (Il se retire.)

Le Président à Joseph Bardieu : Dites-nous comment l'on a essayé d'incendier la maison principale. — R. Après qu'Edouard Néral eut été chassé des fourneaux, où il avait, comme je vous l'ai dit, allumé l'incendie dans une pile de bagasse, il a appelé Petit-Nègre et lui a dit de porter la bouteille de kérosine pour brûler la maison, je lui ai pris cette bouteille des mains et je l'ai brisée. Ah! s'écria-t-il, vous voulez m'empêcher de mettre le feu ! Il a été mettre le feu à la case à Congos et à la mienne.

D. Comment a-t-on essayé de mettre le feu à la maison principale. — R. Ils sont venus avec du feu, mais ils n'ont pas eu le temps de le mettre.

D. N'a-t-on pas frotté la porte de la maison avec de la kérosine. — R. Non, j'avais déjà brisé la bouteille.

D. N'avait-on pas employé de la kérosine ailleurs. — R. Je ne le sais.

D. Petit-Nègre a-t-il fait quelque chose. — R. Non, seulement Edouard Néral l'a obligé à porter la bouteille de kérosine sur l'habitation.

D. Vous qui êtes cabrouétier, qui, par conséquent, circulez à droite et à gauche, n'avez-vous pas, avant les événements, entendu dire que l'on devait incendier. — R. Non.

Me La Rougery : Prière au témoin d'expliquer comment Edouard Néral s'est pris pour mettre le feu à la maison des immigrants et à la sienne. — R. Il a fait partir des allumettes et il a mis le feu à la paille des toitures.

M. de Pontcharra, juge : A quelle distance de la case des congos était située la vôtre? — R. A dix mètres environ.

Le témoin Tannis Elphège ou Asperge est appelé et ne répond pas. Le Conseil rend un jugement qui condamne le témoin défaillant à 100 francs d'amende et déclare que, sa déposition, n'étant pas indispensable à la manifestation de la vérité, il sera passé outre aux débats.

Le Président : Greffier lisez l'extrait de la déposition de Tannis Elphège.

Le Greffier donne cette lecture.

Extrait de la déposition de Tannis Elphège.

« Samedi, 27 septembre, j'ai rencontré chez Vincent le nommé Marcelin Elise, cultivateur de l'habitation la Fougainville, et qui m'a demandé si je pouvais lui dire où l'on pourrait trouver M. Cotebise, gérant de l'habitation Société appartenant à M. Beauregard. Je lui ai dit que je n'en savais rien et je lui ai demandé pourquoi il en voulait à M. Cotebise, il m'a répondu à deux reprises différentes : « *Nous vlé li au soir.* » J'ai compris par là qu'il en voulait à sa vie. Il était armé d'un coutelas et d'un bâton ayant forme de fourche à l'extrémité. Plus n'a déposé, etc.

» Signé : FILASSIER et EMILIEN VICTORIN. »

Mathieu Cotebise, 53 ans, né à Bordeaux, gérant d'habitation, domicilié à la Rivière-Pilote.

Le Président : Que savez-vous des événements qui se sont accomplis le 23 septembre à la Rivière-Pilote? — R. Le 26, vers cinq heures et demie, j'étais dans ma case à bagasse à faire saler un bœuf qui avait eu la jambe cassée, j'avais envoyé Sully Thalès chez M. de Fougainville me chercher du sel, quand il revint vers six heures du soir, il me dit qu'il avait appris qu'on devait incendier la Josseau puis la Beauregard que je gère. Je lui répondis que ce n'était pas possible, qu'on ne pouvait avoir l'idée de me faire du mal puisque quand j'étais riche à St.-Pierre, c'étaient les nègres et les mulâtres qui avaient mangé mon argent. Misérables, ai-je ajouté, en m'adressant à Sully, si on vient mettre le feu ici, il n'y a que toi seul capable de le faire. J'ai été dîner avec ma femme, le feu a alors éclaté sur les habitations Fougainville, Désormeaux et Josseau. Il paraît me suis-je dit que ce que Sully venait de déclarer était exact, Sully se promenait devant ma porte; une bande considérable est arrivée sur l'habitation aux cris de*: Vivent les Prussiens!* J'ai vu Marcelin et Bois prendre un flambeau chacun et mettre le feu.

Le Président, à Marcelin Séram et Marcelin Elise : Levez-vous? (Ils se lèvent.)

Le Président, au témoin : Lequel de ces deux Marcelin.

Le témoin indique Marcelin Elise et continue : Je suis sorti de chez moi et j'ai vu Marcelin Bois et Sully Thalès mettre le feu, j'ai pris mon fusil pour tuer un de ces misérables; mais mon fils m'a supplié de ne pas tirer, j'ai eu malheureusement la faiblesse de l'écouter. Sully Thalès, avec une animation sans égale, disait à la foule : dépêchez-vous de brûler pour tuer les blancs après, car *il est temps d'en finir avec cette race maudite*, j'ai vu Maria Bouchon aux cris de : *Vivent les Prussiens!* mettre le feu à la gragerie. Je ne sais qui a mis le feu à la case à bagasse. J'ai vu aussi le feu à deux cases servant de logement aux immigrants et au parc. à mulets, j'ai appelé Sully Thalès et Edouard Néral, deux mauvais sujets, mon chef travailleur, frère d'Edouard Néral leur a dit : La maison est neuve, M. Cotebise n'est pas riche, toute sa fortune est dans son mobilier, tâchez de sauver tout ce que vous pourrez. Dix minutes après le feu éclatait à la maison principale. Je sais que ceux qui ont mis le feu sont : Félicien Mapouya, Joseph Bois, Sully Thalès et Maria Bouchon. Mon fils et moi, nous avons vu Sully Thalès mettre le feu à la maison. Personne n'osera déposer contre lui, on le craint, c'est un *quimboiseur* et un panseur de piqûres de serpent.

Je ne crois pas que Joseph Bois aurait mis le feu s'il n'avait pas été poussé. Je suis convaincu que l'on n'aurait rien fait chez moi si Sully avait été absent.

D. Connaissez-vous Maria Bouchon? — R. Oui, c'est une fameuse bougresse; elle a mis le feu à la gragerie, elle avait arboré un pavillon. Toutes ces gens qui ont incendié chez moi ont été instigués par Sully.

D. Connaissez vous St.-Paul Augustine et St.-Paul Ste.-Croix? — R. Oui.

D. Et Marcelin Elise? — R. Il était là, c'est lui qui a mis le feu à la case à bagasse. Un indien m'a déclaré que Maria Bouchon avait mis le feu à la maison principale; j'ai vu cette fille incendier la case à farine.

D. Qui conduisait la bande? — R. Je ne sais; mais c'est Sully qui a tout fait, et il a envoyé Marcelin à ma poursuite pour me tuer. Je regrette bien de ne lui avoir pas lâché mon coup de fusil.

Le Président, à Marcelin Elise et à Sully : Levez-vous.

Le Témoin : Ce sont eux.

Le Président, aux accusés : Vous avez entendu. — Ces deux accusés répètent littéralement leurs premières déclarations. Sully ajoute : c'est Félicien Mapouya qui a mis le feu à la case à bagasse, Germain Agathe dans la seconde case à bagasse et St-Paul Augustine dans un matelas dans la maison principale. C'est Germain Agathe qui a aussi mis le feu dans la deuxième chambre de la maison principale. Si M. Cotebise parle contre moi c'est par haine, par récrimination. Il a dit que j'étais un sorcier, un quimboiseur et que je faisais des *macaqueries*, cependant j'ai sauvé un de ses enfants le jour de l'incendie. Je suis père de six enfants, je n'ai mis le feu nulle part; je possède une case que je ne serais pas bien aise de voir incendier, par conséquent, je n'ai pas pû brûler la propriété des autres.

Le témoin Cotebise : L'accusé Sully Talès vient de vous dire qu'il a sauvé un de mes enfants ; c'est un atroce mensonge ; il s'est emparé de cet enfant pour le précipiter dans les flammes. Il a échappé de ses mains miraculeusement. Je l'ai saisi et j'ai voulu le tuer. Le lendemain il a envoyé quinze brigands pour m'assassiner et c'est grâce à Petit-Telgard, (le forgeron) si ma famille et moi nous n'avons pas été tués. Ces gueux-là ont voulu se faire suivre par mon fils aîné. J'ai eu le courage de prendre un fusil pour tuer mon enfant plutôt de le laisser dans les pattes de ces gredins je l'aurais fait, si Petit-Telgard n'était arrivé à mon secours.

M. de Pontcharra juge : Que signifiait le drapeau arboré par Maria Bouchon. — R. C'était un signe de brigandage, ces misérables gueux avaient dès le matin *assassiné* un bœuf que j'étais en train de saler quand ils sont venus mettre le feu sur l'habitation. Ils avaient broyé une des jambes de derrière de cet animal.

Me Husson : St.-Paul Augustine ne s'est-il pas présenté un mois après l'affaire pour prendre des arrangements avec vous ? — R. Oui, mais je l'ai envoyé au bourg au commandant de l'état de siége, parce que je savais qu'il devait être arrêté.

Eucher Louis, âgé de 20 ans, cultivateur, né et domicilié à la Rivière-Pilote.

Le Président : Que savez-vous de l'incendie de la Beauregard du 23 septembre ? — R. Je n'ai à vous parler que de l'incendie du moulin de M. Cotebise. J'étais chez ma mère, j'ai entendu crier au secours sur l'habitation la Josseau, j'y suis allé et j'ai aidé à sauver les effets de Mlle Zulina, une fille qui reste avec M. Morancy. On a brûlé toute l'habitation, mais je ne sais qui. Ensuite, on a dit : allons chez Cotebise ; on m'a contraint à suivre la bande. Aussitôt mon arrivée chez Cotebise, j'ai vu mettre le feu partout, je n'ai reconnu que St-Paul Augustine, qui a mis le feu au moulin.

Le Président : Je remarque plusieurs contradictions entre votre déposition écrite et celle que vous faites aujourd'hui à l'audience ; sur quelle habitation avez-vous vu brûler le moulin. — R. Sur l'habitation gérée par M. Cotebise.

D. Avez-vous vu positivement St-Paul Augustine mettre le feu à ce moulin ? — R. Oui ; je ne puis en dire autant des autres. St-Paul a pris un paquet de bagasse qu'il a placé sur la solive du moulin. Puis il a flambé des allumettes, et a communiqué le feu à la bagasse. Trouvant que le feu ne prenait pas assez vite, il a fendu une planche en petits morceaux avec son coutelas, et a jeté ces morceaux dans le feu.

Ici, le Président ordonne la lecture d'une lettre écrite par M. Cotebise à M. Mourat, commandant de l'état de siége, et d'une note émanant de celui-ci.

« Société 30 octobre 1870.

» Monsieur le commandant

» Samedi, on vient me dire que chez la dame Sully, j'avais des objets à l'habitation et volés par Sully. Hier matin, j'ai prié deux volontaires des hauteurs et mon fils, (bien que le droit ne m'appartienne pas), d'aller visiter un peu. Ils ont fouillé et ont trouvé, en effet, des objets volés que je vous envoie afin que vous les voyiez vous même. On m'a assuré que cette femme avait dans son armoire encore beaucoup de choses, armoire qui n'a pas encore été fouillée. Cette femme, Monsieur le commandant, est venue hier après-midi, devant ma porte, me dire mille sottises, en me disant que j'étais bien hardi d'envoyer chez elle faire des fouilles et que je lui paierais cela. Je n'ai pas besoin de vous dire, Monsieur le commandant, que je l'ai mal menée, mais, s'il y avait moyen de lui faire passer deux fois vingt-quatre heures au violon, cela ne lui ferait pas de mal.

» Je suis, etc.

signé M. COTEBISE

Au bas de la lettre, se trouve écrit ce qui suit :

« On a trouvé chez Mme. Sully, appartenant à l'habitant Cotebise, savoir : une tenaille, un vilebrequin, un dé de force et une chaîne à bœuf.

» Le capitaine, signé GARCIN. »

Note du commandant Mourat.

Thalès Sully, habitation Société, accuse Germain d'y avoir mis le feu au moulin. Avoue son crime. Bardieu Joseph, habitation les Palmistes, cabrouëtier, a vu Néral Edouard mettre le feu dans les fourneaux pour incendier le sucre. Le feu a été éteint. Néral Edouard a continué alors à porter la torche dans les cases à travailleurs. (Témoin St.-Just).

Le commandant de l'État de Siége,
Signé : J. MOURAT.

Le Président : Ainsi Germain Agathe a eu la sincérité alors d'avouer son crime.

Louis Cotebise, 21 ans, habitant, domicilié à la Rivière-Pilote.

Le Président : Dites-nous ce que vous savez des événements de septembre dernier ? — R. J'étais sur l'habitation avec mon père quand le feu a éclaté sur les habitations voisines. J'ai vu Marcelin Elise et Sully Thalès mettre le feu à la case à bagasse de la propriété gérée par mon père. Maria Bouchon a pris un tison enflammé à la case à bagasse et a été mettre le feu à la gragerie. J'ai conduit ma mère chez Thérésin. Je n'ai plus rien à dire.

D. Connaissez-vous Maria Bouchon, Sully Thalès et Marcelin Elise ? — R. Oui.

D. Avant la République, n'aviez-vous pas été prévenus qu'on devait mettre le feu chez vous ? — R. Non ; ce n'est que le 23 septembre, vers quatre heures de l'après-midi que Sully a prévenu mon père qu'on devait brûler son habitation le soir, ainsi que la caféyère Le Lorrain et l'habitation Josseau. Mon père lui a dit: Si on met le feu chez moi, c'est toi même qui le mettras. Et, en effet, il l'a positivement mis le soir.

Sinassami dit *Tafia*, 23 ans, né à Madras, cultivateur sur l'habitation Beauregard à la Rivière-Pilote.

Le Président: Qui a mis le feu sur l'habitation Beauregard le 23 septembre? — R. Edouard Néral a d'abord mis le feu à une case à bagasse, puis à une autre, puis au moulin, au parc à moutons et au magasin. Félicien Mapouya et Néral ont mis le feu à l'écurie. Alténor Néral, le commandeur de l'habitation, a lâché les chevaux qui s'y trouvaient pour les empêcher d'être rotis. Maria Bouchon et Sully ont aussi mis le feu.

D. Connaissez-vous Maria Bouchon, Edouard Néral, Sully Thalès, Félicien Mapouya, et Marcelin Elise? — R. Oui.

D. Cherchez-les sur ces bancs.

Le témoin, après avoir cherché, les désigne tous.

Charles François Marie Martin Desmartinière, 55 ans, propriétaire, domicilié à la Rivière-Pilote.

Le Président: Racontez-nous le pillage dont vous avez été victime? — J'ai déjà dit au juge d'instruction que je n'avais pas assisté à ce pillage. Le 23 septembre, au matin, je suis descendu au bourg avec mon fils, pour assister à la messe. En route, mon fils a aperçu une bande du côté de chez M. Téléphe et m'a alors conseillé de revenir à la maison. Mais je lui ai dit qu'il fallait continuer. Arrivé près de la bande Mondésir Désir s'est approché de mon cheval et m'a mis son fusil sur la poitrine en me disant: Qui êtes vous? Pied à terre! Je déclinai alors mon nom et il me répéta: Descendez, il y a de mauvais citoyens qui parcourent la campagne, je ne vous connais pas, je suis président............ (Rires).

Le Président: Oui, Soulouque! (Rires).

Le Témoin: Louis Michel a fait signe à mon fils de m'engager à descendre; nous avons, en effet, mis pied à terre: Un individu du nom de Charles St.-Aimé est intervenu en ma faveur....

Le Président: Quel St.-Aimé? Charles St.-Aimé, levez-vous! (Il se lève).

D. (Au témoin). Est-ce celui-ci? — R. Oui; il a engagé les autres à me laisser partir. Je voulus alors retourner sur ma propriété en prévision des désordres qui pouvaient s'y commettre. Mais Mondésir Désir me déclara qu'il fallait continuer pour le bourg et qu'il ne me laisserait pas remonter. Je fus dès lors contraint de prendre la route du bourg, et Mondésir Désir, me tint en joue pendant toute la route, jusqu'à l'habitation Codé. Je suis remonté chez moi vers les trois heures de l'après-midi, et c'est alors que ma femme me raconta qu'une bande était venue pendant mon absence et lui avait demandé des armes, qu'elle avait répondu qu'elle n'en avait pas puisque j'étais presqu'aveugle. On lui demanda alors le fusil du commandeur et on s'empara d'un ancien sabre de dragon, et d'une vieille épée à laquelle je tenais beaucoup comme ayant appartenu à mon père du temps qu'il était commissaire-commandant. On s'empara également d'un panama, qui était dans l'armoire de mon fils, d'une paire de ciseaux et d'une petite montre en or avec sa chaîne. La bande était composée de Bernard Solitude, qui a pris le panama, de Théodat Sévère Jean Louis, de Monflo, d'Augustin Lubin dit Diable, qui a défoncé un placard et y a pris le fusil du commandeur, de Roro et de Charlery.

D. Par qui la bande était-elle conduite? — R. Par Charlery, c'est le premier qui soit entré dans la maison et ait parlé à Mme. Desmartinière.

D. Quels sont les objets qu'on a volé chez vous — R. Une montre en or, un sabre, une épée, un panama, une paire de ciseaux et une dame-jeanne de vin qu'Alcide Gruaud dit Gueule-Puce a fait rapporter à la maison.

D. A-t-on brûlé chez vous? — R. Non, mais on a tenté de mettre le feu au moulin.

D. Votre femme a-t-elle été maltraitée? — R. Non, Gueule-Puce est intervenu quand on demandait à ma femme des armes et des munitions en disant: on ne demande pas semblable chose à une malheureuse femme qui est seule.

Le Défenseur Clarac: Le témoin ne sait-il pas que Gueule-Puce a éteint le feu qui avait été mis au moulin? — R. On m'a dit cela.

Le Défenseur Clarac: Qui vous l'a dit? — R. Edwige et Gabriel Léonis.

Gueule-Puce se lève pour poser une question:

Le Président: C'est inutile, vous n'avez rien à réclamer puisque le témoin a parlé en votre faveur; si vous vous étiez conduit partout comme chez M. Desmartinière, vous ne seriez pas ici sur le banc des accusés.

Défenseur Clarac: Le témoin n'a-t-il pas le 23 septembre, à cinq heures de l'après-midi, fait à Gueule-Puce des compliments sur sa conduite du matin. — R. Il est venu me dire que pendant mon absence il avait protégé ma femme: je l'en ai remercié.

La séance est levée et renvoyée au lendemain 30 mai à midi.

Séance du mardi 30 mai 1871.

La séance s'ouvre à midi.

Le Commissaire de la République: J'ai l'honneur d'informer le conseil, les défenseurs et les accusés que je fais citer à charge les témoins suivants: Ernest François, Tardif Pascal, Eustache Moreston, Henry Lambert, Raoul St.-Just Sioul, Louis Michel et Antoni.

Le Président : En vertu de nos pouvoirs discrétionnaires, ordonnons que ces témoins seront cités dans le plus bref délai.

L'audition des témoins continue.

Edwige Bernardine Marie Luce, 30 ans, sans profession, domiciliée à la Rivière-Pilote.

Le Président : Dites-nous ce que vous savez du pillage Desmartinière ? — R. J'étais sur l'habitation Desmartinière, j'ai vu une foule de personnes arriver, au nombre desquelles se trouvaient : Alténor Lisis, Charlery, Alcide Gruaud dit Gueule Puce, Diable Augustin, Monflo, Sidney Rosier, Balthazar, Algan Moïse, Théodat, Bernard Solitude.

D. Bernard a-t-il un frère ? — R. Je ne sais pas.

D. Ne s'appelle-t-il pas Toto ? — R. Je ne le sais.

D. Il n'y avait pas de Lacaille là-dedans ? — R. Un seul dont je ne connais pas le nom. Emile Lizette, Auguste Léandre et Roro, fils de Mme Ste.-Marie, étaient là.

D. Parcourez les bancs des accusés et indiquez-nous les individus que vous venez de nommer.

Le témoin, après avoir cherché, les indique. Puis elle continue ainsi : La bande est entrée dans la maison de M. Desmartinière et a pillé une montre en or, un panama, une épée, un sabre, une dame-jeanne de vin.

D. Mme Desmartinière a-t-elle été maltraitée ? — R. Non ; on lui a dit de donner des armes, elle a répondu que la seule arme qu'elle possédait c'était le Christ qui était appendu à son cou et qu'elle a montré à la foule. Charlery a demandé à cette dame des armes, de la poudre, des balles et des capsules ; Alcide Gruaud a repoussé Charlery en lui disant qu'Augustin Diable avait déjà pris le fusil et qu'on n'avait pas autre chose à donner. J'ai aperçu une épaisse fumée sortant du moulin, j'ai crié : le feu est au moulin ! Gueule Puce a été l'éteindre. Monflo a obligé Mme Desmartinières à crier : Vive la République.

Le Président : Il paraît que Monflo est un fameux républicain ! ! Qui a essayé de mettre le feu au moulin ? — R. Je ne sais qui, j'ai seulement vu Gueule-Puce aller l'éteindre.

Le Président : Eh bien ! Gueule-Puce, pourquoi ne vous êtes vous pas toujours conduit ainsi ? Vous ne seriez pas sur ces bancs aujourd'hui. Vous vouliez être nommé juge de paix, n'est-ce pas ? C'était la fonction que vous deviez occuper, dans la vaste administration qui devait être organisée à la Martinique si vous aviez réussi.

Accusé Gueule-Puce : J'ai partout bien agi, M. le Président ; je n'ai jamais voulu être juge de paix, puisque je n'ai pas fait mon droit.

Le Commissaire de la République, (à Gueule-Puce) : Qui a tenté de mettre le feu au moulin ? — R. Je ne sais pas ; je suis venu l'éteindre quand j'ai entendu crier au feu.

Gabriel Léonis, 13 ans, domestique chez Mme Desmartinière, domicilié à la Rivière-Pilote. Ce témoin ne prête pas serment en raison de son âge.

Le Président : Racontez-nous ce qui s'est passé sur l'habitation Desmartinière ? — R. J'ai vu la bande arriver sur l'habitation. Charlery a demandé des armes à Mme Desmartinière ; celle-ci, en lui montrant son scapulaire, lui a répondu : Voici la seule arme que je possède ; vous avez ici, riposta-t-il, le fusil de Jean Marie votre commandeur, et celui de votre mari. Nous voulons les avoir. Je n'ai pas de fusil, répondit Mme Desmartinière, J'ai vu Sidney, Lubin, Monflo, Augustin Diable, Gueule-Puce, Théodat, Jean Louis, un fils Lacaille, dont je ne connais pas le nom, et Balthazar. Celui-ci est entré dans la chambre et a pris un sabre.

D. Avez-vous vu mettre le feu au moulin ? — R. J'ai vu le feu au moulin, mais ne sais qui l'a mis ; c'est Gueule-Puce qui l'a éteint.

Le Président : Parcourez ces bancs et indiquez-nous les accusés que vous venez de nommer.

Il les indique ainsi que Sonson Lacaille dont il ne connaît pas le nom.

Le President : Gueule-Puce, vous n'avez pas à rougir de vous trouver dans cette affaire.

D. Qu'ont fait Bernard Solitude, le fils Lacaille, que vous venez de nous désigner, et Théodat ? — R. Je les ai vus là, mais ne sais ce qu'ils ont fait. Balthazar a dit que Bernard avait volé un panama, Mme Desmartinière a dit d'aller le chercher auprès de lui, mais on ne l'a pas trouvé, Bernard était arrêté. Diable Augustin a pris un fusil, Balthazar un sabre.

Le Président : (à Bernard). Quel jour avez-vous été arrêté, et qu'avez-vous fait du panama que vous avez volé ? — R. J'ai été arrêté le mercredi qui a suivi le jour de la proclamation de la République, ce n'est pas moi qui ai volé le panama, mais c'est Emile Suzette ; il est venu sur l'habitation Desmartinière avec un très vieux chapeau, et il s'en est retourné avec un panama neuf.

Accusé Monflo : C'est en effet Emile Suzette qui a pris le panama ; il a même avoué ce vol au capitaine Prémorant qui, malgré cette déclaration, l'a mis en liberté.

M. de Pontcharra, juge : Qui commandait la bande. — R. Charlery.

M. Malle, juge : La bande était-elle armée ? — R. Oui ; de fusils, de sabres, de piques en fer et en bois et de coutelas. Augustin Diable avait un fusil qu'il avait pris dans le placard, Gueule-Puce avait aussi un fusil, Théodat un coutelas ; Bernard n'était pas armé, Sonson Lacaille n'avait rien.

M. Malle, juge : M. le Président, faites lui voir Roro, et demandez lui s'il était armé aussi d'un fusil.

Le Président, (à l'accusé Roro) : Levez-vous — Au témoin : Connaissez-vous cet accusé, avait-il un fusil? — R. Je ne le connais pas et je ne me rappelle pas l'avoir vu là.

Défenseur Clarac : Gueule-Puce n'a-t-il pas engagé la bande à quitter la propriété Desmartinière? — R. Oui, il a fait quitter la propriété par la bande, c'est lui qui a éteint le feu qui avait pris au moulin ; et c'est encore lui qui a fait retourner chez M. Desmartinière une dame-jeanne de vin qu'on avait volée.

Le Président : MM. du Conseil, je vais vous donner connaissance d'une lettre qui a été adressée par Mme. Desmartinière à M. le Juge d'Instruction, greffier, lisez cette lettre.

« Monsieur le Juge,

» Lors des déplorables événements arrivés dans notre commune, j'ai eu l'honneur de vous adresser une petite note dans laquelle je vous disais qu'une troupe de ces brigands armés s'était présentée chez moi le vendredi 23 septembre, où je me trouvais seule et qu'on m'avait enlevé ce jour-là une montre en or suspendue à un poteau, un panama dans une armoire, un sabre et une épée suspendus dans les chambres.

» Parmi tout ce monde je vous citais divers individus, dont la plupart a été arrêtée, ayant mis le feu.

» Mais j'apprends maintenant qu'un petit bonhomme nommé Balthazar faisait partie de cette bande, et qu'il travaille à present tout près de l'habitation ; peut-être en le faisant arrêter et en l'interrogeant, vous parviendrez à découvrir ce qu'est devenue la petite montre en or (avec chaîne, à laquelle nous tenons beaucoup nous venant de notre mère comme un souvenir) et, par ce même canal, mon fils retrouverait peut-être aussi son panama qui était neuf.

» Quelques jours de prison, tout de même, ne feraient pas de mal à ce petit drôle, parce qu'on m'a assuré que c'est lui qui s'était introduit dans les chambres et qui avait enlevé épée et sabre ; et le chapeau aurait été enlevé, selon Balthazar, par Emile Suzette et Monfio qui m'avaient fait crier : Vive la République !

» On m'avait fait espérer que j'aurais retrouvé cette montre à la mairie de la Rivière-Salée ; j'ai écrit au maire qui m'a répondu avoir effectivement trouvé une montre (en argent) et des hardes chez Engène Lacaille, mais qu'ils appartenaient à M. Gustave Garnier.

» Si j'étais assez heureuse pour retrouver cette petite montre, je vous en serais très-reconnaissante.

» Je demeure bien parfaitement, Monsieur le Juge, votre très-humble servante,

» Dame Desmartinières. »

Le Président interrompt la lecture de cette lettre et s'écrie :

MM. du Conseil, vous remarquerez, dans ces tristes affaires, la longanimité de ces pauvres victimes ; ce sont celles-là que l'on appelle la race maudite et qui demandent toujours grâce pour leurs bourreaux. Les gens de ce pays-ci ont été trop bons, ils se sont laissés mettre le pied sur la gorge. Qu'ils se redressent ; qu'ils redeviennent vaillants comme leurs pères, qu'ils fussent voir ce qu'ils valent ! ! !

Accusé Eugène Lacaille : La montre trouvée chez moi m'appartient, elle est à doubles boîtiers.

Cyprien Ayette dit *Nérée*, 30 ans, commandeur de l'habitation Gustave Garnier, demeurant à la Rivière-Salée.

Le Président : Dites ce que vous savez quant à la bande qui a passé chez M. Gustave Garnier. — R. En sortant de chez M. Codé, le 22 septembre à dix heures du soir, la bande est arrivée chez M. Gustave Garnier ; elle s'est divisée, en deux troupes. L'une est arrivée du côté de la maison et l'autre du côté des bâtiments d'exploitation. L'on a mis le feu à la case à bagasse et à la case à barriques, j'ai appelé Adrien, Augustin et Emile Ayette ; je leur ai dit que le feu était à la case à barriques et de tâcher de sauver ce qu'ils pouvaient. La bande criait : *Vive la République ! Vivent les Prussiens !* J'ai entendu tirer un coup de fusil dans ce moment là ; je suis revenu à la maison principale, j'ai rencontré Mme. Gustave Garnier qui se sauvait avec ses enfants ; Mme. Garnier en portait un, M. Joseph Garnier un autre, j'ai pris le troisième. J'ai conduit Mme Garnier et ses enfants dans une pièce de cannes où ils ont passé la nuit. J'ai entendu un feu de peloton, Mme. Garnier m'a dit que son mari devait avoir été tué, d'aller voir et de m'assurer si c'était vrai ; je suis retourné vers la maison et me suis arrêté dans une pièce de terre labourée ; on venait de mettre le feu dans la rhumerie et au moulin. Bernard, Monfio et Gueule-Puce étaient là, ce dernier armé d'un fusil. Comme le feu ne prenait pas, Gueule-Puce s'est écrié : Prenez de la paille et faites allumer. Yronne Lacaille était avec lui ; Monfio et Roro ont mis le feu à la rhumerie. Une bande est ensuite montée à la maison principale rejoindre celle qui avait cerné la maison principale pour empêcher les propriétaires de s'enfuir, pendant que l'autre mettait le feu.

D. Alors, c'était complet, les dispositions étaient bien prises.

Le Témoin : Ils ont pénétré dans la maison où ils ont tout pillé et brisé. Ils s'en allaient quand Yronne leur a dit : nous avons commencé, il faut achever, il faut brûler la maison principale ; retournons bruler. Après avoir mis le feu à cette maison, la bande est partie pour chez Lacaille, Gueule-Puce a failli tuer mon frère ; il lui a tiré un coup de fusil à bout portant et l'a manqué.

Le Président : Qui commandait la bande? — R. Gueule-Puce.

D. Et Eugène Lacaille. — R. Je ne l'ai pas vu là.

D. Vous avez cependant dit dans l'instruction que c'était Lacaille qui commandait la bande, vous êtes-vous trompé? — R. Si j'ai dit cela, c'est que je m'étais trompé. J'ai vu encore Taly, Yronne, Sonson, Bernard, Gueule-Puce et Monfio.

D. Avez-vous vu particulièrement Taly Lacaille faire quelque chose? — R. Il a mis le feu à la case à bagasse.

D. Et Sonson Lacaille. — R. Je ne l'ai pas vu mettre le feu.

D. Où Bernard a-t-il incendié? — R. Au moulin.

D. Et Yronne. — R. A la case à barriques.

D. Et Gueule-Puce. — Au moulin.

D. Et Monfio. — R. Au moulin et à la rhumerie.

D. Qui a mis le feu à la maison principale? — R. Ils sont tous entrés dans la maison, ils ont volé une somme de 800 francs environ, l'argenterie, les bijoux des dames et des enfants. Ce sont les enfants Lacaille qui ont volé les bijoux puisqu'on les a retrouvés chez leur père; on a pillé des draps, chemises, tout le linge enfin. Mme. Garnier est sortie de chez elle, les pantoufles aux pieds avec son costume de nuit. M. Gustave Garnier est resté les deux bras ballants, c'est-à-dire sans rien. Yronne Lacaille a pris selle, bride etc. Un africain l'a rencontré et a voulu lui faire rendre la selle, il l'a menacé de son fusil; le 22 septembre toute l'habitation a été brûlée, sauf l'écurie.

D. Vous ne m'avez pas dit qui avait mis le feu à la maison principale? — R. Je ne sais qui, car le feu a été mis pendant que je sauvais Mme Garnier et ses enfants. Le lendemain la bande est revenue sur la propriété pour voler les bœufs.

D. N'a-t-on pas brûlé la cuisine ce jour-là? — R. Non, ce n'est point chez M. Gustave Garnier que l'on a incendié la cuisine le 24, mais chez M. Joseph Garnier.

D. Qui composait la bande qui a voulu voler les bœufs? — R. Surprise, Octave Céline, Emile Sydney, femme Cyrille, St.-Just dont le véritable nom est Victor Barasse et autres que je n'ai pas reconnus tant ils étaient nombreux.

D. Qu'ont fait la femme Cyrille, Emile Sydney et Surprise? — R. Ils ont débité un bœuf avec les autres.

D. Qu'ont fait St-Just Cité ou Victor Barrasse et Octave Céline? — R. Ils ont débité le bœuf avec les autres. St-Just a pris un cheval sur l'habitation est arrivé dessus ventre à terre chez moi je lui ai dit: que faites-vous de ce cheval, il m'a répondu: j'ai pris ce cheval, je le rendrai plus tard si on me le demande.

Le Président : C'est très-joli.

Le Témoin continue: St-Just Cité m'a dit que Surprise lui avait déclaré que si je ne marchais pas avec la bande, elle me tuerait. Jérémie Bruta m'a fait la même déclaration.

D. Alors Surprise vous a fait peur. Dans vos campagnes, ce sont donc les femmes qui font peur aux hommes. Pourquoi n'avez-vous pas fendu le crâne à Surprise? — R. J'ai suivi la bande, parce que Surprise est une mauvaise femme et qu'elle était capable de m'incendier.

D. Comment avez-vous sauvé Mme Garnier. — R. Je l'ai conduite ainsi que ses enfants dans une pièce de cannes où ils sont restés jusqu'à six heures du matin. A cette heure; j'ai été les chercher et je les ai amenés chez moi. Jérémie Bruta, que j'ai rencontré m'a dit que Dorval Syphon avait apporté à manger à MM. Garnier et St-Pée à la Rivière-Madame.

Le Président : Faites le tour de l'honorable société et indiquez-nous ceux que vous venez de nommer.

Le Témoin indique tous ceux par lui cités et désigne en outre l'accusé Meshuit.

Le Témoin : Je n'avais pas encore nommé Meshuit, mais je dois déclarer qu'il a volé un matelas et l'a plongé dans une ravine.

Le Président : Et la famille Boissonnet qu'a-t-elle fait? — R. Elle était-là mais je ne sais quelle part elle a prise dans l'incendie Gustave Garnier.

D. N'étiez-vous pas prévenu auparavant qu'on allait mettre le feu. — R. Non, au contraire. Le jour de la proclamation de la République. M. Gustave Garnier m'a demandé : Croyez-vous qu'on viendra faire quelque chose ici! Non, lui ai-je répondu: Vous êtes trop bon, trop honnête, l'on ne vous fera rien. Le soir Charles et Eustache armés de sabres, sont venus me dire que Lacaille m'avait envoyé chercher et que si je ne marchais pas je serais tué et incendié. J'ai été forcé d'aller chez Lacaille.

D. Le grand Seigneur féodal de la Régale; vous avez vu son chateau-fort, dites-nous ce qui s'y passait. — R. J'y suis allé le 24 à six heures du soir, j'y ai trouvé 80 personnes environ tant hommes que femmes. Les femmes avaient chacune une bouteille remplie d'eau pimentée. Celles qui avaient des robes avaient des roches dans leurs poches pour en frapper sans doute les soldats s'ils étaient venus. Les hommes étaient armés de piques et de coutelas.

D. Quel emploi ces femmes devaient-elles faire de cette eau pimentée. — R. La jeter aux yeux des soldats pour les aveugler.

Le Président : Ne savaient-elles donc pas que les chassepots portent à 1.200 mètres.

Le Témoin : Arrivé chez Lacaille on m'a fait prendre un bain composé d'un bouillon noir.

Le Président : Ce n'était pas pour vous blanchir? — R. Non, j'ai vu tout le monde se frotter de cette composition, j'en ai fait autant pour obéir à l'injonction que l'on m'avait faite. On se frottait tout le corps, mais quant à moi, je ne me suis frotté que les bras, qui m'ont démangé pendant quatre jours.

D. Comment avez-vous fait pour sortir de chez Lacaille? — R. J'ai profité de la nuit pour m'échapper de là.

D. Qui vous a donné le bain, Eugène Lacaille était-il là avec vous autres? — R. Tout le monde se frottait, je me suis frotté moi-même. Les deux fils Lacaille étaient là armés d'une grande gaulette; Eugène Lacaille était là aussi, mais plus malin que les autres, il ne disait rien. Cependant arrivé chez Mme. Athanase il a donné son fusil à Latouche et a pris son coutelas.

L'accusé Eugène Lacaille : Le témoin ment impunément; je n'avais pas de fusil, j'en avais un que j'avais vendu depuis trois ans.

Le Témoin. J'affirme que Lacaille a donné son fusil à Latouche et a pris le coutelas de celui-ci.

Le Président, à Lacaille: Que dites-vous du bain? — R. C'est un mensonge. Je n'ai donné de bain à personne. Ils l'ont porté eux-mêmes chez moi et l'on pris.

Défenseur Duquesnay: Le témoin a-t-il vu Althénor Grenat dans la bande le 22 septembre? — R. Non.

Défenseur Duquesnay: Le témoin dit avoir vu le feu de la case à bagasse et de la case à barriques, de la maison principale étant. Il a désigné ceux qui avaient mis le feu. Cette déclaration est-elle le résultat d'une conviction personnelle ou bien a-t-il entendu dire cela? — Ce que je viens de dire, je l'ai entendu de la bouche même des accusés qui, chez Lacaille, se dévoilaient dans leur ivresse.

Défenseur Duquesnay: Est-ce chez Lacaille père que l'on a trouvé les objets volés sur l'habitation Garnier; — R. M. Mars Lebreton, Maire de la Rivière-Salée, qui commandait une compagnie de volontaires, a trouvé tous les objets volés chez Eugène Lacaille et Yronne Lacaille.

L'accusé Eugène Lacaille: Je proteste.

L'accusé Yronne Lacaille: Demandez au témoin ce qu'il a trouvé chez moi puisque c'est lui et MM. Garnier qui ont brûlé ma case.

Le Président: Je ne poserai pas cette question. Si on a brûlé votre case, portez plainte au procureur de la République et il avisera.

Emile Ayette Némorin, agé de 25 ans, charpentier, né et domicilié à la Rivière-Pilote.

Le Président: Dites-nous ce que vous savez des événements qui se sont accomplis sur l'habitation Gustave Garnier les 22 et 23 septembre? — R. Gueule-Puce, Yronne Lacaille, Portaly Lacaille, Monfio, Bernard, Roro Ste.-Marie sont ceux que j'ai reconnus dans la bande qui a envahi l'habitation. Gueule-Puce, armé d'un fusil, était posté à la porte du cabinet de la maison principale. La case à bagasse, le moulin, la sucrerie et la case à barriques brûlaient quand je suis arrivé. Je ne sais par conséquent qui a mis le feu. Gueule-Puce était le chef de la bande et a commandé à Roro, à Monfio à Portaly Lacaille, et Bernard de mettre le feu à la maison principale. Yronne était présent. On a tout pillé. Bernard a pris dans le tiroir de l'armoire de Mme Garnier une cassette qui contenait de l'argent. Yronne Lacaille a enlevé la montre de M. Garnier. Je n'ai rien vu faire de particulier par Portaly Lacaille. Devant moi, le 24, Surprise a incendié la cuisine de M. Joseph Garnier, elle est revenue sur l'habitation Gustave Garnier, le lendemain de l'incendie pour voler les bœufs en compagnie de la femme Cyrille, de Jean Frère Ferdinand, de Régis et de beaucoup d'autres.

D. Roro faisait-il bien partie de la bande? — R. Oui, il était dans la maison principale et brisait tout.

D. Qu'avez-vous vu faire par Sonson Lacaille? — Il était là, mais je n'ai pas remarqué, s'il a fait quelque chose.

M. Malle, juge: Qui avez-vous vu mettre le feu à la maison principale. — R. Yronne, Bernard, Monfio, Roro; Portali Lacaille était dans la chambre, Gueule-Puce était en faction à la porte du cabinet, lui seul était armé d'un fusil.

D. Comment avez-vous mettre le feu à la maison principale. — R. Dans trois endroits. D'abord, dans la chambre de Mme. Garnier, puis dans deux autres chambres. Ce sont ceux que j'ai cités qui ont mis le feu.

D. A quelle heure Mme. Garnier est-elle partie de l'habitation avec ses enfants? — R. A onze heures du soir, M. Joseph Garnier et mon frère Cyprien Ayette les accompagnaient, quant à moi je suis resté avec M. Gustave Garnier.

Le Défenseur Guèze: Surprise a-t-elle pillé chez Gustave Garnier? — R. Je ne l'ai pas vue piller pendant la nuit de l'incendie, mais le lendemain elle est venue voler un bœuf conjointement avec la femmme Cyrille, Octave et Emile Célina.

L'accusé Octave Célina: Ce n'est pas vrai. — Le témoin (d'une façon énergique). Oui, je vous ai vu, Octave Célina ainsi que votre frère Emile. Le lendemain de l'incendie en passant dans la savane j'ai vu qu'on débitait un bœuf.

D. Avez-vous vu Octave Célina prendre un bœuf? — R. Oui, je l'affirme.

L'accusé Monfio: Le témoin ment sur moi quand il dit que j'ai mis le feu à la maison principale. Demandez lui en quel endroit de la maison j'ai mis le feu.

Le Témoin: Oui je vous ai vu, le feu a été mis par vous et les autres en trois endroits au vent de la maison. On m'a dit aussi que Monfio avait mis le feu au moulin.

L'accusé Gueule-Puce: M'avez-vous vu mettre

le feu à la maison principale?

Le Témoin: Je n'ai pas dit cela, mais j'ai déclaré que vous étiez de faction à la porte du cabinet armé d'un fusil.

L'accusé Gueule-Puce: C'est un mensonge je n'avais pas un fusil, mais un très petit bâton.

Le Témoin: Non, pas du tout, vous aviez un fusil, avec lequel vous avez monté la garde.

Me Larougery: Où le témoin a-t-il vu Bernard mettre le feu dans la maison principale? — R. Je ne l'ai pas vu mettre le feu, mais il était dans la maison au moment où l'incendie a éclaté, je sais aussi qu'il a mis le feu dans la case à barriques.

Chéry Syphon, 25 ans, cultivateur, domicilié à la Rivière-Salée, parent de Bernard Solitude.

Le Président: Dites nous ce qui s'est passé le 22 à l'incendie Gustave Garnier et ce qui s'est passé aussi le lendemain sur l'habitation de ce propriétaire. — R. J'étais sur l'habitation de M. Gustave Garnier le jeudi 22 avec M. Garnier quand à onze heures du soir, j'ai vu arriver une bande qui criait: *Vive la République! Vivent les Prussiens!* Où est Codé, où est Codé!... J'ai entendu un coup de fusil, l'on a mis le feu d'abord à la case à bagasses. Je ne puis vous dire quels sont ceux qui l'ont mis; puis on a brisé la porte de la vinaigrerie à coups de coutelas, Yronne le premier. On s'est mis à *piller* le rhum, un africain de l'habitation a voulu sauver un boucaut de rhum, Gueule-Puce lui a dit: Je m'en fiche, je ne suis pas venu ici pour sauver le rhum. Je ne veux pas que vous en sauviez pour que demain vous en donniez aux *béqués*, Yronne a allumé de la paille et a mis le feu dans le bâtiment. Monfio a défoncé une barrique de rhum dans laquelle il a mis le feu. Bernard a fendu des aissantes les a enflammés avec de la paille et a mis le feu au moulin à vapeur. Gueule-Puce commandait la bande le fusil à la main. On est venu à la maison principale, on a pillé tous les objets qui s'y trouvaient, après ce pillage, la bande se retirait, mais Yronne Lacaille s'est écrié: Retournons, allons mettre le feu à la maison principale, il ne faut pas la laisser debout, pour que Codé et les autres blancs puissent s'y refugier.

D. Qui a volé le lendemain et qu'a-t-on volé? — R. Le lendemain Surprise, qui était *la Reine de la Compagnie*, est arrivée avec Lazare, Astério, Boissonnet et Mme. Cyrille en disant: nous venons de tuer Codé, allons prendre les bœufs de Garnier. Ils se sont emparés d'un bœuf, Surprise me suivait en disant: je n'ai pas trouvé Gustave Garnier, mais si je trouve Néréo je lui couperai la tête, car il cache les *béqués*; c'est un f... flatteur. Ils sont tous descendus auprès de la rivière et ont assassiné un bœuf qu'ils ont débité, chacun a pris son morceau; ils ont amené avec eux deux bœufs vivants; Emile Célina assistait au débit du bœuf.

D. Qui avez-vous vu mettre le feu? — R. Bernard au moulin, Monfio l'a mis au moulin devant moi.

D. Qui encore a mis le feu? — R. Sonson Lacaille, Yronne Lacaille et les autres étaient-là, je les ai vus piller; charroyer de la paille et mettre le feu. Je n'ai pas vu Yronne Lacaille mettre le feu à la maison principale, mais c'est lui qui a ordonné de le mettre.

D. Qui a pris l'argent? — R. Bernard.

M. de Poutcharra, juge: Ne vous a-t-on pas obligé de marcher dans la bande? — R. Oui, et on m'a conduit chez Lacaille où j'ai trouvé un monde considérable armé de bouteilles de piments, de roches, de piques en fer et en bois, de fusils et de sabres. Eugène Lacaille a porté sa troupe sur différents points pour attendre les soldats qui, disait-on, devaient arriver là, quand je je suis arrivé chez Lacaille on m'a forcée de retirer ma camisole pour prendre un bain. Ce bain était composé de *cochonneries*, il puait! — On m'a frotté.

Le Président: Savez-vous pourquoi on vous faisait prendre ce bain? — R. Je ne sais, mais on m'a dit qu'il fallait le prendre pour marcher chez Gustave Garnier *écharper les béqués*.

M. Chapotot, juge: Qui vous a fait pénétrer dans une chambre chez Lacaille? — R. Eugène Lacaille lui-même.

L'accusé Eugène Lacaille: Il ment, il n'a jamais mis les pieds chez moi.

Le Témoin: Lacaille ne peut pas dire que je n'ai pas été chez lui, j'ai été élevé avec ses enfants; j'allais souvent chez lui et ce jour j'y ai été conduit par la bande.

Le Président: Quel est le plus méchant des enfants Lacaille. — R. Je ne puis vous répondre ne les ayant pas avant les événements *éprouvés*; ils se conduisaient bien.

D. Qui sont ceux qui sont venus vous chercher pour monter chez Lacaille? — R. Roro Ste Marie a rencontré Augustin et lui a dit qu'il fallait que tous les gens de Garnier marchassent.

D. Néréo et Augustin ont-ils été baignés? — R. Oui.

D. Combien y avait-il de baignoires? — R. Une grande bombe seulement qui contenait le liquide.

D. Tout le monde s'est baigné là dedans? — R. Oui.

D. Dans quelle intention se baignait-on? — R. Je ne sais, on nous a dit: Baignez-vous pour vous donner de la force pour aller à la rencontre des soldats. Eugène Lacaille seul peut dire dans quel but on nous baignait.

M. Malle, juge: Lacaille avait-il un fusil? — R. Oui. Il l'a remis à quelqu'un le soir en disant qu'il était fatigué et qu'il allait dormir. Portali, Sonson, Yronne et Duterville Lacaille étaient avec leur père.

Le Président: Avez-vous vu la femme Cyrille voler des bœufs? — R. Oui.

D. Indiquez parmi les accusés ceux que vous venez de nous nommer?

Le témoin les indique.

Sonson Lacaille: Il est impossible que le témoin ait pu me voir chez Gustave Garnier, car quand je suis arrivé il faisait noir. — R. Oui, je vous ai vu.

D. Avez-vous vu Sonson Lacaille dans la troupe de son père? — R. Oui et Yronne aussi.

Accusé Yronne: Non, je n'étais pas là, je ne suis pas sorti de chez moi, j'avais mal aux pieds

Le Témoin: J'ai vu aussi Roro qui était venu chercher Augustin.

Accusé Roro Ste-Marie: Ce n'est pas vrai, vous ne m'avez pas vu là, puisque je ne suis pas sorti de chez moi, déterminé que j'étais à fusiller celui qui aurait osé incedier ma case.

Le Témoin: Je n'ai vu là ni Octave ni Aristide Célina, Emile seul était-là.

Le Président à l'accusé Roro: Si vous vous avisez ici de faire des menaces à quelqu'un, je vous ferai empoigner et mettre quelque part.

(Roro se lève pour parler.)

Le Président: Taisez-vous, impudent coquin.

Augustin Catau, 37 ans, cultivateur, domicilé à la Rivière-Salée.

Le Président: Où étiez-vous le 22 septembre au soir, quand une bande est arrivée sur l'habitation Garnier pour incendier? — R. J'étais assis sur le trottoir de la maison principale quand j'ai vu le feu éclater à la case à bagasse. Adrien Zéphirin qui était avec moi s'est levé pour aller reconnaître les incendiaires. Je l'ai accompagné. On a tiré un coup de fusil sur nous.

Le Président au témoin: Emile Ayette déjà entendu: A-t-on tiré un coup de fusil sur vous chez M. Gustave Garnier. — R. Oui, la balle a sifflé à mes oreilles.

Le Témoin Catau continue: Après qu'on ait mis le feu à la case à bagasse, on l'a communiqué à la sucrerie et au moulin à vapeur où on a préalablement brisé les tuyaux du moteur. Le feu ne s'allumant pas rapidement au moulin, Gueule-Puce a dit: mettez de la paille, allumez et incendiez tout. Puis on s'est transporté à la maison pricipale où on a mis le feu. C'est Gueule-Puce qui a commandé de mettre le feu. Il était armé d'un fusil à deux coups. Avant d'incendier, on avait tout pillé. Roro avait brisé l'armoire de Mme Garnier à coups de coutelas. Yronne a pris 2 brides et une paire de sangles.

D. Yronne n'a-t-il pas volé aussi une montre? — R. Je n'en sais rien, je sais qu'on en a trouvé une chez Eugène Lacaille qui a été remise à M. Gustave Garnier. Quand j'ai vu tant de brigandages je suis parti, j'ai rencontré Emile Ayette avec un fusil qu'il m'a remis sur ma demande. J'ai vu quelqu'un qui portait un matelas, j'ai pensé que c'était une africaine de l'habitation qui le sauvait je l'ai interpellé. Il m'a répondu et à sa voix j'ai reconnu qu'il n'était pas africain, je lui ai alors lâché mon coup de fusil. Il s'est mis à courir en criant: A moi, à moi, on m'assassine; ce flatteur d'Augustin a tiré sur moi pour me tuer. La bande s'est mise à ma poursuite, et Yronne a dit: Où est-il ce scélérat d'Augustin, ce traître, il faut lui brûler la cervelle.

D. Qui portait le matelas? — R. Meshuit, quand j'ai vu que j'étais poursuivi, je suis revenu près de la maison, j'ai grimpé dans un tamarinier où j'ai vu tout ce qui s'est passé ensuite. J'ai vu piller et incendier la maison principale. Pendant que l'incendie consumait la maison, un *chien se trouvait dans un appartement qui criait plaintivement: Ces scélérats ont cru que c'était un enfant de M. Garnier qui se trouvait dans le feu, ils se sont écriés: Tant mieux, c'est toujours un de moins.* Le lendemain Roro, le fusil sur l'épaule, Charlery et un grand jeune homme noir sont venus sur l'habitation avec d'autres. Roro a dit aux gens de l'habitation: Il faut marcher avec nous. J'ai résisté. Il m'a dit: Rien ne me tient de vous foutre une balle dans la tête; en disant cela, il a armé les 2 coups de son fusil et m'a mis en joue. Mlle Parfaite est arrivée au même instant et m'a dit: il ne faut pas vous faire tuer, allez. Je n'ai pas voulu marcher. Sortez devant la boutique de Mlle Parfaite m'a dit Roro, venez dans le grand chemin et je vous brûle la cervelle.

D. Avez-vous été chez Lacaille? — R. Oui, avec les travailleurs de l'habitation La Terrier, appartenant à M. Gustave Garnier parce qu'on était venu me dire qu'il fallait aller là sous peine de mort. Arrivé chez Lacaille on m'a introduit dans une chambre où j'ai trouvé une bombe remplie de saloperies, dans laquelle beaucoup de personnes puisaient un liquide noirâtre avec lequel on se frictionnait; on m'a forcé à en faire autant. Louis Telgard est arrivé, a mis en ligne *ses soldats, les a comptés, les a placés sur une éminence et les a armés d'une bouteille d'eau pimentée pour jeter dans les yeux des soldats s'ils étaient venus.*

Le Président: Rappelez-vous Messieurs ce nouveau moyen inventé pour nous combattre.

Le témoin: Louis Telgard a disposé sa troupe sur différents points; Eugène Lacaille était là et avait un fusil. A sept heures du soir, il a déclaré qu'il était fatigué et qu'il allait se coucher. Lacaille ne commandait pas. C'est Telgard. Les quatre fils Lacaille étaient parmi la troupe.

D. Alors vous avez pris un bain? — R. Oui, on m'a forcé à le prendre. J'ai mis les bras dans la composition contenue dans la bombe, *ça puait impitoyablement*. L'odeur m'a étourdi. L'on m'a dit de prendre ce bain pour m'empêcher de dormir. A sept heures trois quarts du soir je suis parti; l'on m'avait engagé à revenir le lendemain, mais je ne suis pas revenu; les gens de la Terrier sont seuls partis, les autres sont restés pour attendre de pied ferme les soldats. Quand j'ai voulu partir, on a voulu me retenir. J'ai dit que j'avais faim et soif. Il n'y avait là aucune cantinière pour donner à boire et à manger et que c'était une précaution que le gouvernement prenait quand il mettait une armée en campagne.

D. Y avait-il là beaucoup de femmes? — R. J'ai reconnu Marie Louise, Mme Léonce, je n'ai pas reconnu les autres.

D. Avez-vous vu Lacaille donner son fusil à quelqu'un? — R. Oui à Latouche qui lui a donné je crois un bâton. Lacaille a été se coucher.

D. Tout ce que vous venez de nous dire se passait le 24? — R. Oui.

D. Connaissez-vous la mort de Codé? — R. Non.

D. Avez-vous entendu parler là de l'assassinat de M. Codé et d'autres choses? — R. Non. L'on parlait de beaucoup de choses mais je n'ai pas voulu me mêler de l'affaire de ces gens.

D. Parcourez les bancs et indiquez nous ceux que vous avez cités dans votre déposition. — (Le témoin les désigne).

D. Il y a eu un vol de bœuf chez Gustave Garnier le lendemain de son incendie? — R. Le 24 je débitais un cochon pour les coolis, quand Mme. Cyrille est venue me dire: Laissez le cochon et venez prendre des bœufs avec nous. Elle était accompagné de Surprise, de Lazaro et d'Astérie Boissonnet.

D. Qui a mis le feu à la maison principale de l'habitation Gustave Garnier? — R. Je ne puis dire qui, mais au moment où le feu éclatait se trouvaient dans la maison Sonson Lacaille, Portali Lacaille, Monfio, Bernard, Yronne Lacaille et Gueule-Puce; ce dernier armé d'un fusil. J'ai vu Bernard mettre le feu au moulin du côté d'un petit bac.

D. Connaissez-vous Bernard? — R. Oui depuis son enfance.

M. Pontcharra, juge: Vous avez vu Lacaille causer avec Telgard, qui des deux était le commandant supérieur des bandes? — R. C'était Telgard, c'est lui qui a commandé la troupe et l'a rangée en bataille.

Défenseur Clarac: Quand le témoin a tiré son coup de fusil, était-il près d'Emile Ayotte? ou bien devant ou derrière lui. — R. Il était derrière moi quand j'ai tiré.

L'accusé Meshuit: Augustin ne dit pas toute la vérité. Demandez lui si quand il a tiré le coup de fusil, je n'étais pas avec Thérézia Finoly à sauver les effets de M. Garnier. — R. Vous ne sauviez rien du tout, puisque le matelas que vous emportiez a été retrouvé huit jours après dans une pièce de roseaux, près de votre maison.

Le Commissaire du Gouvernement: A quelle heure a-t-on pillé sur la propriété le 24. — R. Entre neuf et dix heures du matin. Emile et Octave Célina, la femme Cyrille, Surprise, Lazaro Boissonnet et autres ont assassiné un bœuf et l'ont débité. Le petit frère de Lazaro avait pris une genisse mais je l'ai prise de ses mains car elle m'appartenait.

La séance est levée et renvoyée au lendemain 31 à midi.

Séance du 31 Mai.

La séance est ouverte à midi.

Le Président: Greffier, appelez le témoin Tannis Asporge, que j'ai aperçu tout à l'heure parmi les témoins.

Ce témoin est introduit dans la salle et déclare au Conseil former opposition au jugement prononcé contre lui le 29 courant, le condamnant à 100 francs d'amende pour n'avoir pas répondu à l'appel de son nom. Il prie le Conseil de vouloir bien le relever de cette amende, car il s'est trouvé présent à toutes les audiences depuis le commencement de l'affaire et que, malheureusement pour lui, il s'est pendant un moment absenté le jour où il a été appelé, pour aller chercher sa citation qu'il avait oubliée dans sa chambre, pensant qu'il était indispensable de produire cette pièce au Conseil.

Le Commissaire du Gouvernement: Attendu que ces excuses sont valables, et vu les dispositions de l'art. 133 du Code de justice militaire pour l'armée de mer, je conclus à ce qu'il plaise au Conseil décharger le témoin de l'amende prononcée contre lui.

Après délibération, le Conseil rend un jugement conforme aux conclusions du Commissaire du gouvernement.

Il est passé immédiatement à l'audition de ce témoin.

Tannis Asporge, ignorant son âge, 55 ans environ, cultivateur, demeurant à la Rivière-Pilote, habitation Fougainville.

Le Président: Vous trouviez-vous sur l'habitation Fougainville le 23 septembre, quand on y a mis le feu? — R. Quand on a mis le feu, je n'étais pas présent; j'avais été porter les clefs de la sucrerie à M. Michel. Un quart d'heure après mon départ, j'ai vu le feu sur l'habitation. Je ne suis pas retourné sur la propriété, m'étant tenu chez moi pour surveiller ma maison, car Alfred Bénédict m'avait *promis* de m'incendier. Je suis le chef Commandeur de la sucrerie, et si j'y avais vu mettre le feu, je l'aurais déclaré.

D. Qu'avez-vous vu, le 24? — R. Rien, seulement j'ai rencontré une grande population chez Vincent, dont la case est sur la route qui conduit au Morne-Vent.

D. Quel est l'événement qui attirait tout ce monde au Morne-Vent. — R. C'était le jour de la mort de M. Codé, on montait et on descendait. J'ai remarqué chez Vincent, Marcelin Elise, et Alfred Bénédict. Après avoir causé un instant avec Bénédict, Marcelin m'a appelé en particulier et m'a demandé s'il n'y avait pas moyen de prendre M. Cotbise. Pourquoi, lui ai-je demandé. C'est chez lui que vous restez, que vous buvez, que vous mangez, je vous conseille de le laisser tranquille. C'est que nous voudrions l'avoir ce soir, nous en avons besoin.

D. Qu'avez-vous compris à cette réponse. — R. Sachant que ces gens avaient déjà fait une victime de M. Codé, j'ai pensé qu'ils voulaient en faire une autre de Cotbise.

Le Président, à Marcelin Elise : Pourquoi demandiez-vous M. Cotbise. — R. Je n'ai pas demandé Cotbise du tout, j'ai rencontré Tannis Asperge armé d'un grand sabre et nous sommes montés ensemble chez Vincent. Il y avait là beaucoup de monde qui causaient ensemble. Vincent leur a dit : Quant à moi je ne veux me mêler d'aucune affaire. J'ai appelé Tannis en particulier, je lui ai dit que depuis la veille au soir Jean Lucien me poursuivait pour aller prendre Cotbise avec lui.

Le témoin Tannis : Il ne m'a jamais dit cela. Il ment.

L'accusé Marcelin Elise : Je lui ai si bien dit cela que je lui ai ajouté que cela n'était pas dans mes idées. Il m'a répondu : Faites vos affaires, elles ne me regardent pas.

Le Témoin : Quand Marcelin Elise m'a dit qu'il voulait aller prendre M. Cotbise, je lui ai demandé quelle nécessité il avait de s'emparer de cet homme chez lequel il logeait. Je lui ai donné le conseil de rester tranquille.

D. Le 24 septembre, n'avez-vous pas été chez Lacaille. — R. Non, je ne le connais pas.

D. Tout mauvais cas est reniable. Connaissez-vous Sully Thalès. — R. Oui, mais je ne sais pas ce qu'il a fait.

D. Vous avez peur de lui. — R. Non.

D. Lui devez vous quelques obligations, vous a-t-il soigné. — R. Il n'a jamais rien fait pour moi.

D. Qui a cassé la jambe du bœuf de Cotbise. — R. Je ne sais pas.

D. Que pensait M. Cotbise de Sully ? — R. Il pensait toujours que c'était un bon sujet.

D. Etiez-vous là le jour de l'incendie Cotbise ? — R. Non. Dimanche... (le témoin s'arrête.)

M. Chapotot, juge : Vous vouliez dire quelque chose qui s'est passé le dimanche, parlez. — R. Le dimanche 25, vers deux heures de l'après-midi, Marcelin Elise est venu à la Fougainville. Je lui ai dit : Je ne veux pas que vous veniez ici.

Le Président : Pourquoi ne vouliez-vous pas le recevoir sur l'habitation ? — R. En raison de ce qu'il m'avait dit la veille, je l'ai fait arrêter et conduire au bourg, parce qu'il avait défoncé la case de sa concubine qui réside à Fougainville.

Le Commissaire du Gouvernement : Marcelin Elise était-il armé quand il a demandé Cotbise ? — R. D'un morceau de fer pointu, non emmanché. Cet homme travaillait à Fougainville depuis quelques mois, il se conduisait bien et était exact au travail.

L'accusé Marcelin Elise : Quand j'ai fait rencontre avec le témoin ; j'avais un bout de coutelas, c'était Edouard Néral qui avait la pique en fer.

Le Témoin : J'ai rencontré Edouard Néral chez Mme. Maurice, il avait une grande broche qui était enduite de la graisse de M. Codé. C'est Néral lui-même qui m'a avoué cela.

Le Président : Je viens de recevoir de M. Gueze, défenseur de Joseph Bobore, un billet m'annonçant que cet accusé renonce à l'audition d'un témoin qu'il m'avait prié de faire citer à sa requête ce témoignage étant inutile ; je donne acte à M. Guèze de cette renonciation.

Louis Finoly, 50 ans, cultivateur, domicilié à la Rivière-Salée

Le Président : Que savez-vous de l'incendie de Gustave Garnier ? — R. Le 22, vers dix heures du soir, je revenais de chez M. St.-Pée où j'avais été grager du manioc, quand arrivé près de chez moi, j'ai vu le feu sur l'habitation de M. Gustave Garnier et j'ai reconnu que c'étaient la case à bagasse et la case à barriques qui brûlaient. J'ai couru sur l'habitation, j'ai appelé M. Gustave Garnier et M. Nérée. En passant devant le moulin, j'ai vu une grande troupe rassemblée. J'ai de nouveau appelé M Gustave Garnier en lui disant : On vous incendie, arrivez. Les personnes de la bande m'ont dit : Ah ! vous appelez M. Gustave, eh bien criez : *Vivent les Prussiens* et j'ai ensuite pris la fuite ; je me suis caché près d'une pièce de cannes. De là je me suis rendu à la maison principale chercher M. et Mme Gustave Garnier. Je ne les ai point trouvés.

D. Vous êtes un vieux malin ? — R. Comment.

D. Vous ne voulez pas vous compromettre, nous pensions que vous parleriez devant le Conseil, mais vous ne parlez pas plus que dans l'instruction ? — R. Non.

Thérésia Finoly.

Le Président : Ah ! voilà une brave fille qui est déjà venue ici dans la première série. Levez la main, mon enfant. Le témoin prête serment, déclare être âgée de 23 ans, être cultivatrice et domiciliée à la Rivière-Salée.

Le Président : Dites-nous ce que vous avez vu dans les événements des 22 et 23 septembre. — Le 22 vers onze heures du soir, j'ai vu la case à bagasse et la case à barriques de l'habitation Gustave Garnier en flammes. Je suis accourue pour porter du secours, en route j'ai été arrêtée par une grande foule dans laquelle j'ai reconnu Gueule-Puce, Bernard et Monflo qui m'ont fait crier : *Vivent les Prussiens*. J'ai reconnu aussi Sonson, Portaly et Yvonne Lacaille qui m'ont fait crier aussi.

Le Président : Savez-vous ce que c'est que les

Prussiens.

L'Interprête transmet ainsi la question. Connaissez-vous un Prussien. (Rires).

Le Président, à l'interprète : Je n'ai pas dit un Prussien. J'ai dit : Connaissez-vous les Prussiens ? — R. Non, j'ai crié parce que si je ne l'avais pas fait, ils auraient été capables de me tuer. Gueule-Puce a crié : Foutez le feu. On a pris de la paille et Bernard, Monflo, Portaly et Sonson Lacaille ont mis le feu au moulin. Yronne Lacaille et Gueule-Puce ont défoncé la porte de la vinaigrerie et y ont mis le feu. Je ne sais qui a brûlé la maison principale mais avant l'incendie tout le monde a volé dans la maison. Gueule-Puce était de faction à la porte du cabinet, son fusil à la main. Il m'a dit : Que venez-vous faire ici. Rien, lui ai-je répondu. J'ai eu peur, j'ai pris la course et ce n'est qu'après mon départ que l'on a mis le feu à la maison principale. Quand le feu a éclaté je suis revenu et j'ai sauvé deux matelas un pot à fleurs et une cassette.

D. Avez-vous rencontré Meshuit ? — R. Quand j'ai crié au secours Meshuit est arrivé. Le feu existait déjà. Je ne l'ai pas vu mettre.

D. Ne lui avez vous pas confié un des deux matelas que vous aviez sauvés ? — R. Non, puisque je les ai remis moi-même le lendemain à M. Gustave Garnier.

D. Eh bien ? Meshuit, que dites-vous ?

Accusé Meshuit : Mlle. Thérézia ne se rappelle pas exactement ce qui s'est passé. J'ai entendu crier au secours, je suis accouru de suite. J'ai vu dans une pièce de cannes une personne chargée de deux matelas qui n'avait plus la force de marcher. Je me suis approché et j'ai reconnu que c'était Mlle. Thérézia qui portait ces deux matelas. Je lui ai offert mon aide pour les porter ; elle m'en a remis un. Au moment où je le chargeais sur ma tête, j'ai entendu tout près de moi partir un coup de fusil. Ce n'était pas un coup de fusil mais plutôt un coup de canon tant ça a fait du bruit. J'ai entendu une balle siffler à mes oreilles, je me suis mis alors à courir avec le matelas, pour me mettre en sûreté. J'ai déposé le matelas tout près de chez moi. Le lundi j'allais le porter à Néréo en lui disant que je l'avais sauvé, quand les volontaires et les soldats sont arrivés. Vous concevez M. le Président que ce n'était pas le moment d'aller porter un matelas.

Le Président : Oui, oui, je le conçois, le moment en effet n'était pas favorable.

Accusé Meshuit : Je suis alors parti pour Ducos voir ma mère. Sachant qu'on me cherchait pour m'arrêter, j'ai pris les devants, je me suis transporté à Fort-de-France, près de M. le Procureur de la République à l'effet de me justifier. Il m'a dit que cette affaire ne le regardait pas, m'a fait arrêter et conduire au fort.

Le Témoin Thérézia Finoly : Ce serait un mensonge de ma part si je disais que Meshuit a mis le feu, ou a pris gros comme la tête d'une épingle sur l'habitation. Je ne l'ai pas rencontré dans la maison, je ne lui ai remis aucun matelas. Les deux que j'ai sauvés, je les ai remis à M. Gustave Garnier le lendemain. Je n'ai pas entendu tirer de coup de fusil, c'est Augustin Catan qui m'a dit avoir tiré sur Meshuit qui volait un matelas : Il n'est pas possible que je lui aie donné un matelas. Je l'ai vu près du moulin au moment où le feu éclatait, il a eu peur, a pris la fuite en criant : A moi à moi.

Accusé Meshuit : Si j'avais été sur l'habitation pour voler, je n'aurai pas choisi un vieux matelas, mais un neuf.

Le Président : Vous n'aviez peut-être pas le temps de choisir. (Au témoin). Avez-vous vu Meshuit à la sucrerie ? — R. Oui, mais le feu avait déjà pris. Meshuit demeure près de chez moi et n'est venu sur l'habitation Garnier que quand il a entendu crier au secours.

Le Président : Faites un petit tour dans la salle et indiquez-nous dans l'honorable société ceux que vous nous avez nommés.

Le témoin indique. Gueule-Puce, Monflo, Portaly Lacaille, Sonson Lacaille, Yronne Lacaille et Bernard Solitude.

Le Président : Bernard est un petit jeune homme bien élevé.

M. de Pontcharra, juge : Sonson et Portaly Lacaille étaient-ils armés ? — R. Portaly avait une pique, Sonson un coutelas. Mais Gueule-Puce avait un fusil.

L'accusé Gueule-Puce : Cette fille vous dit...

Le Président : Ce n'est pas cette fille, qu'il faut dire mais Mlle. Thérézia Finoly.

Gueule-Puce : La demoiselle Thérézia Finoly déclare m'avoir vu à la sucrerie et à la porte du cabinet de la maison principale. Ce n'est pas vrai.

Le Témoin : Oui, je vous ai vu dans ces deux endroits ; j'ai même eu peur de vous, quand armé de votre fusil, vous m'avez dit à la porte du cabinet ; que venez-vous faire ici. Je me suis mise à courir, je me suis cachée dans les halliers au risque d'être piquée par les serpents. Ma jupe a été déchirée et quand je suis revenue à la maison, alors que le feu avait été mis, je vous ai encore retrouvé à la porte du même cabinet avec votre fusil.

L'accusé Sonson Lacaille : Cette fille vous a dit....

Le Président : Thérézia Finoly n'est pas une fille. C'est une demoiselle.

L'accusé Sonson : Mlle. Thérézia a dit que j'avais un coutelas à la main, tandis que c'était une petite lianne.

Joseph Garnier Laroche, 52 ans, habitant propriétaire, né et domicilié à la Rivière-Pilote.

D. Dites nous ce que vous savez des évènements qui se sont accomplis les 22 et 23 septembre à la Rivière-Pilote et dont vous avez été victime. — R. Le 22 dans la nuit j'ai été porter secours à mon frère Gustave. Je suis resté avec lui, je n'étais pas chez moi quand on m'a incendié, je ne puis donc vous raconter ce qui s'est passé sur ma propriété que d'après les renseignements que j'ai recueillis. On m'a désigné Joseph Borris comme un des principaux incendiaires, c'est lui qui a mis le feu avec Althénor Claveau, Lazare Boissonnet et le capitaine Gersan, ce dernier était ainsi nommé par ses soldats; Chérubin, sa femme, ses deux filles et beaucoup d'autres ont aussi incendié chez moi.

D. Renseignez-nous sur Astérie Boissonnet. — R. On m'a dit que le lendemain de l'incendie elle était venue sur l'habitation et qu'avec Surprise elle avait brulé la cuisine qui la veille avait été épargnée. Ce jour-là elle a encore brisé les meubles de ma femme qui se trouvaient dehors.

D. Savez-vous si, avant les événements, Surprise avait été poursuivi pour incendie de case habitée. — R. Oui, mais elle était en fuite et n'a été arrêtée que depuis les événements. C'est une mauvaise femme, elle est très méchante. Tout son voisinage s'en plaignait.

D. Et Décius Sydney qu'a t-il fait? — R. Je ne l'ai vu rien faire. C'est son frère Emile qui a agi.

D. Savez-vous où travaille Emile Sidney. — R. Chez son père.

Le Président à Maître Sidney : N'avez-vous pas des nouvelles de votre frère? — R. Non.

Le Président au témoin : Qu'a t'on brulé chez votre frère Symphorien? — La maison de maître, la case à travailleurs, la sucrerie, la gragerie, l'écurie, enfin on a tout rasé. Cependant on n'a pas mis le feu à la Rhumerie, parce que les pièces à grappes étant chargées, Gersan a dit, qu'il fallait fabriquer le rhum pour le boire avant de bruler la rhumerie.

D. Cela se conçoit, une si bonne marchandise, et chez St.-Pée qu'a t-on brulé? — R. On a tout rasé comme chez moi.

M. de Pontcharra, juge: Avant les événements étiez vous prévenu qu'on devait incendier. — R. Oui, nous pressentions cela, car dix ou quinze jours avant les incendies différents propos circulaient à cet égard. Sabina, Adolphe et Madeleine m'avaient prévenu.

D. Pourquoi n'étiez-vous pas chez vous le jour qu'on vous a incendié. — R. On avait mis le feu chez mon frère Gustave dans la nuit du 22, j'étais accouru à son secours et j'étais encore auprès de lui quand on a brulé ma propriété.

Défenseur Clarac: A quelle heure a-t-on mis le feu sur l'habitation Joseph Garnier?

Le Président: Cela n'a pas d'importance, cette question est tout à fait inutile. Cependant pour satisfaire M. le Défenseur, je vais poser la question. — *Au témoin* : Répondez à la question du Défenseur. — R. Le 23 on a mis le feu sur diverses habitations, à différentes heures.

L'accusé Althénor Claveau Jean : M. Garnier dit que j'ai mis le feu chez lui, ce n'est pas possible, je faisais des herbes chez moi à cette heure-là.

Le Témoin : On m'a dit qu'il était venu chez moi et qu'il avait dit en arrivant : Où donc est ce *vieux cochon* de Joseph? c'est lui qui est la cause de ma ruine, ceux qui sont à ses côtés et lui sont mes bourreaux et ceux de ma famille.

Le Défenseur Blondel : Tout ce que vient de vous dire le témoin est il le résultat d'une conviction personnelle ou bien n'est-ce pas celui obtenu au moyen de renseignements.

Le Président : Voilà encore une question tout à fait oiseuse, puisque le témoin en commençant sa déposition a eu le soin de déclarer qu'il n'avait pas assisté aux faits accomplis sur sa propriété et qu'il n'allait les raconter que sur la foi des renseignements qu'il avait recueillis.

Le Défenseur Duquesnay : M. Joseph Garnier a-t-il une grande confiance en ceux qui lui ont donné ces renseignements. — R. Oui, une très grande.

Le Défenseur Duquesnay : Quand vous les a t'on donnés. — R. Le lendemain de mon incendie, ce sont les gens de mon habitation qui m'ont tout raconté.

Le Défenseur Duquesnay: Etiez-vous chez Gustave votre frère le lendemain quand la Gendarmerie est arrivée demander des renseignements? — R. Oui.

Le Défenseur Duquesnay: Pourquoi alors n'avez-vous pas raconté aux gendarmes ce que vous saviez relativement à votre incendie. — R. Parce que les gendarmes ne m'ont nullement questionné et n'ont fait que constater les édifices qui avaient été brulés.

Le Défenseur Duquesnay : Entreprend ici la discussion de la déposition du témoin.

Le Président : C'est de la plaidoirie ceci, quand vous en serez là vous discuterez. Il est donc inutile de discuter, dès à présent, ce témoignage honorable. Il n'est pas d'ailleurs habile de votre part de nous faire connaître déjà vos moyens, pour nous préparer à vous répondre. L'incident est clos.

M. Duquesnay: Pas pour la défense.

M. Chapotot, juge: Défenseur vous êtes en présence d'une déposition et d'un procès-verbal, vous les contesterez si vous jugez convenable quand vous plaiderez, mais on ne peut vous permettre maintenant de les discuter. L'incident est donc clos pour le Conseil.

Le Défenseur Duquesnay : Au nom de la défense je proteste contre cette clôture, car elle a le droit de discuter les témoignages.

Le Président : Evidemment la défense a ce droit, mais seulement dans les plaidoiries et non pas pendant l'audition des témoins. Je vous le répète Défenseur, l'incident est clos, n'en parlons plus.

L'audience est suspendue à deux heures et reprise un quart d'heure après.

A son ouverture l'accusé Sonson Lacaille se lève et s'exprime ainsi :

« Si jusqu'à présent je n'ai pas tout dit au Conseil, c'est que je ne voulais trahir personne, mais aujourd'hui je vais dire la vérité pleine et entière. Je suis déjà condamné à la déportation, je n'ai donc aucun espoir d'échapper à ma peine. Je partirai d'ici sans embrasser ma famille une dernière fois et peut-être ne la reverrai-je jamais.

» Ceux qui sont condamnés à vie, ont organisé à la prison un complot pour faire péser sur nous qui portons le nom de Lacaille toute la responsabilité de ces affaires.

» M. Gustave Garnier Laroche est un honnête homme charitable, faisant le bien indistinctement à tout le monde, aimant ma famille et moi. On dit que j'ai mis le feu chez ce brave homme, ce n'est pas vrai, on est venu chez moi à une heure indue et on m'a dit de venir chez lui chercher M. Codé, j'ai répondu que M. Codé ne pouvait pas s'être réfugié sur cette propriété, car, pour s'y rendre, il faut absolument passer chez moi, et s'il s'y était rendu, je l'aurais vu. On m'a dit si vous parlez ainsi c'est que vous avez peur. Je suis alors parti avec la bande, mais si j'avais su que c'était pour aller incendier la propriété de ce brave homme, je ne me serais jamais laissé entraîner. Arrivé chez M. Gustave Garnier, on a mis le feu partout, j'ai pleuré dans mon cœur.

(L'accusé s'adressant à ses complices).

» Mais vous tous qui nous accusez, ayez donc un peu de cœur, levez-vous et dites au Conseil ce qui s'est passé ; n'accablez pas des innocents que vous voulez faire périr avec vous. Depuis huit mois je souffre, mais je souffre avec force et courage. Si vous m'aviez dit que c'était pour incendier M. Gustave Garnier, que vous m'entraîniez dans votre bande, je ne vous aurais pas suivi.

(L'accusé au Conseil).

» J'ai à vous parler maintenant Messieurs de l'histoire des créoles de ce pays. Ils disent tous que les blancs sont méchants ; qu'ils ont mauvais cœur. La preuve la plus évidente que les blancs ne sont pas ce que l'on dit, c'est que je connais des nègres et des mulâtres qui ont été sur leurs propriétés, les ont livrées au pillage et à l'incendie et lorsque ces incendiaires sont revenus chez ces hommes qu'ils avaient ruinés, ils ont reçu leur pardon. Voilà ces blancs que l'on accuse d'être inhumains et peu charitables.

» Tout le monde sait, et vous aussi, Messieurs, vous savez que l'on a demandé la tête des blancs. Et pourtant presque tous nos défenseurs sont des blancs, quant au mien, il a plaidé ma cause avec force et énergie. Lorsqu'il vient me visiter à la prison, il me parle comme un père parlerait à son fils. Il me dit que je n'aurais pas dû être sur ces bancs, il plaint mon sort, il me console. Pourquoi le fait-il ? Parce qu'il a un cœur bon et généreux.

» Si M. Gustave Garnier connaissait mes sentiments et ceux de mes frères pour lui, il serait venu vous dire : Pitié pour ces malheureux jeunes gens, grâce pour eux, messieurs.

» Je le dis avec force, ici je suis innocent. Ma conscience ne me reproche qu'une chose c'est d'avoir suivi la bande des incendiaires chez M. Gustave Garnier. Cette faute que j'ai commise m'a laissé un regret qui me ronge et me rongera jusqu'à la mort. »

Le Président : Votre protestation est excellente, Sonson Lacaille, mais complétez là, en nous dénonçant ceux qui vous ont entraîné. Depuis le commencement de ces débats, nous marchons de dénégations en dénégations et malgré les preuves les plus éclatantes dans toutes les bouches, nous ne trouvons que les mensonges les plus effrontés. Qui vous a entraîné, dites le, la justice vous tiendra compte de vos aveux, c'est par la franchise et la vérité que l'on obtient l'indulgence.

Accusé Sonson Lacaille : Les vrais coupables sont : Althénor Lisis, Alcide Gruaud dit Gueule-Puce, Privat Alexandre et son frère et trois autres qui ne sont pas arrêtés et qui sont encore dehors.

Le Président : Quels sont les trois qui n'ont pas été arrêtés ? — R. Eustache un témoin qui est ici et qui est de la Régale. Emile le frère d'Alexandre Privat dit Roro qui est en ce moment détenu au fort Desaix et Toto demeurant chez Alfred Hortense qui avait été arrêté et qui a été relaché.

Me Clarac : M. le Président je vous prie de faire venir Sonson Lacaille à la barre dans l'intérêt de la vérité, car ses voisins se récrient contre ses déclarations.

D. Sonson Lacaille, êtes-vous influencé par ces clameurs ? — R. Non.

Le Président : Gendarmes, faites attention et s'il se produit parmi les accusés quelques manifestations, prévenez-moi de suite en m'indiquant les auteurs.

Sonson Lacaille : Vous avez déjà constaté M. le Président leur complot dans la prison pour nous accabler ici.

D. Privat Alexandre a-t-il plusieurs noms. S'appelle-t-il Privat Alexandre surnommé Roro ? — R. Oui.

D. Est-il le fils de Mme veuve Ste.-Marie Maison ? — R. Oui.

D. A-t-il un frère ? — R. Oui, il s'appelle Soso.

Le Président : Aussi vous avez été prévenu que dans la prison une certaine pression a été exercée sur certains individus. Nous le savions déjà. Une première fois, un accusé était entré dans la voie des aveux, mais le lendemain il n'a pas continué, il a changé du tout au tout. Gersan, il est encore temps de compléter vos déclarations, faites comme Sonson Lacaille, afin d'éclairer le Conseil, parlez, nous ne sommes pas ci pour vous condamner quand même, nous sommes justes. Nous vous tiendrons compte de vos aveux. Aidez la justice. Dépouillez-vous de cet esprit de mensonge. Il n'y a que la vérité qui triomphe.

L'accusé Roro : Sonson vous a dit que j'étais chez M. Gustave Garnier et que j'y avais mis le feu. Ce n'est pas vrai ; si cette habitation a été brulée, c'est bien Sonson Lacaille qui en a été la cause. Je le dis avec pleine connaissance.

Sonson Lacaille : Comme je l'ai déjà dit. Ce sont ces gens. (Ici l'accusé désigne ceux qui sont à côté de lui), qui ont passé chez moi et m'ont amené avec eux chez Gustave Garnier.

Roro : Ce n'est pas vrai. C'est Sonson Lacaille qui était à la tête de la bande, c'est lui qui nous a amené sur l'habitation Gustave Garnier et c'est encore lui qui a mis et fait mettre le feu.

Le Président : En vertu de nos pouvoirs discrétionnaires. M. Gustave Garnier Laroche sera cité et entendu à l'audience d'aujourd'hui.

Défenseur Blondet : Je prie M. le Président de faire revenir à la barre M. Joseph Garnier, car j'ai quelques questions à lui poser.

M. Garnier revient à la barre.

M. Blondet : M. Joseph Garnier n'a-t-il pas rencontré Mme Sylvain et ses deux filles le jour de leur arrestation et ne leur a-t-il pas dit : Comment vous avez été arrêtées? Mais cependant vous n'avez rien fait? — R. Je les ai rencontrées en effet et je leur ai dit cela. Je ne savais pas en ce moment qu'elles avaient fait partie des bandes.

D. A-t-on trouvé chez elles des objets qui vous avaient été volés? — R. Non, on a trouvé seulement chez elles de la viande salée provenant de bœufs volés et des brides volées chez mes frères.

D. Leur arrestation vous a étonné ? — R. Oui, je les connaissais. C'étaient de braves gens ; j'ai vu que la mère était moins coupable que ses filles.

Me Désabaye : Puisque Sonson Lacaille est entré loyalement dans la voie des aveux, qu'il nous dise franchement la part prise par Privat Alexandre dit Roro à l'incendie de Gustave Garnier? — R. Il était là, mais je ne l'ai pas vu brûler.

Me Désabaye : Cependant Sonson Lacaille ne l'a pas nommé comme ayant fait partie des bandes.

Plusieurs membres du Conseil : Oui, il l'a nommé sous plusieurs noms. Il a tant de noms!

Roro : Les volontaires et les soldats sont montés chez moi avec les gens de l'habitation Gustave Garnier ; ils ont pillé ma maison et celle de ma mère. Demandez-leur s'ils ont trouvé dans ma case des objets volés chez M. Gustave Garnier.

Gustave Garnier Laroche, 44 ans, habitant propriétaire, domicilié à la Rivière-Salée,

Le Président : En vertu de mes pouvoirs discrétionnaires, j'ai ordonné que vous seriez entendu. Veuillez dire au Conseil ce que vous savez des événements qui se sont passés les 22 et 23 septembre et dont vous avez été victime? — R. Le 22, étant chez moi j'ai vu le feu sur l'habitation Codé. Le même jour à dix heures du soir la bande qui avait incendié mon beau-frère Codé, s'est transportée chez moi et a mis le feu aux bâtiments d'exploitation. Mon frère Joseph et Nérée étaient avec moi, ce sont eux qui ont sauvé ma famille. Moi j'ai pris mon fusil qui était chargé avec du plomb et je me suis mis derrière un arbre tout près de la maison. Pendant l'incendie des bâtiments, Emile Ayette est venu me dire qu'on allait brûler la maison principale. J'ai vu Gueule-Puce armé d'un fusil commander de mettre le feu dans cette maison. Monfio, Taly Lacaille, Sonson Lacaille, Bernard, Roro se trouvaient dans l'intérieur de la maison et le feu a éclaté. Quand toute mon habitation fût incendiée, Gueule-Puce est venu briser une case que j'avais fait bâtir au bas d'un morne et qui devait servir de refuge à ma famille en cas de coup de vent ou d'incendie. Tandis qu'il brisait la porte de cette case il adressait à ma famille des injures que je ne répéterai pas ici. Si ce n'avait été ma femme et mes enfants, je ne serais pas parti et j'aurais défendu ma propriété au péril de ma vie.

D. Où s'est réfugiée votre famille pendant la nuit, l'a-t-on poursuivie? — R. Ma femme et mes enfants ont passé la nuit dans une pièce de cannes, mais n'ont pas été poursuivis. La bande a pillé linge, argent et meubles trouvés dans la maison, sans Yronne Lacaille ma maison n'aurait pas été brûlée, c'est lui qui après le pillage, alors que tout le monde s'en allait, a rappelé la foule et a déclaré qu'il ne fallait pas partir sans brûler la maison. Gueule-Puce, Roro, les Lacaille et autres ont tout pillé et mis le feu.

D. N'étiez-vous pas prévenu auparavant qu'on devait vous incendier? — R. Oui. J'avais entendu certains propos relatifs à cela, j'avais conseillé à ma femme de se rendre à Saint-Pierre ; elle n'a pas voulu partir en me disant : ce sont de faux bruits. On ne nous fera pas de mal, nous sommes si bons, nous faisons du bien à tout le monde, restons sur l'habitation.

D. Sonson Lacaille vient de protester de son innocence, il dit avoir pour vous une grande considération, il a ajouté que s'il a été sur votre propriété, c'est qu'il a été entraîné, mais que s'il avait su que c'était pour brûler il n'y aurait pas mis les pieds. Dites-nous quelle part qu'il a prise dans les événements qui se sont accomplis chez nous. — R. Il a raison de dire qu'il me considérait car j'ai fait du bien à lui et à sa famille, mais malheureusement il a oublié mes bienfaits et m'a pillé et brûlé. Voici ma montre d'argent trouvée chez Lacaille et que M. Mourat m'a remise.

D. Chez qui a-t-elle été trouvée? — R. Chez Lacaille père.

Eugène Lacaille: On a pu trouver cette montre dans la chambre d'un de mes enfants, car chacun a sa chambre chez moi, mais on ne peut pas dire que ce soit en mienne propre.

Le Président: N'a-t-on pas trouvé autre chose chez Lacaille? — R. Oui, des brides, selles, tapis volés chez mon frère Joseph.

D. Et la boîte prise par Bernard? — R. C'était une cassette en courbaril contenant les économies de ma femme: environ 900 francs.

Le Président, à l'accusé Bernard: Qu'avez-vous fait de cette boîte? — R. Comme je vous l'ai dit je l'avais déposée sous un tamarinier en face de la maison, quand je suis venu pour la reprendre, je ne l'ai point trouvée; je ne sais ce qu'elle contenait.

Le Témoin: Bernard savait que cette cassette contenait de l'argent, Roro et lui ont défoncé l'armoire sachant qu'il y avait de l'argent. Bernard le savait pertinemment puisqu'il me voyait souvent ouvrir cette armoire pour prendre des espèces pour payer mon salaire.

Le Président: Alors, il n'est pas douteux que Bernard savait que cette cassette contenait de l'argent et il est impossible d'admettre qu'il l'ait abandonnée au tamarinier à la Grâce de Dieu. Ce n'est pas possible.

L'accusé Bernard: Je ne savais pas ce qu'il y avait dans cette cassette.

Le Témoin: La cassette n'avait pas de couverture. Bernard a dû donc voir ce qu'elle contenait, 15 jours avant les événements les gens de la Rivière-Salée refusaient tous le travail, on a trouvé sur tous ceux qui ont été arrêtés 50, 60, 80, 90 francs environ.

Le Président: L'oisiveté de ces gens ne vous a-t-elle pas donné l'éveil? — R. Non.

D. Quels renseignements pouvez-vous nous donner sur la famille Lacaille? — R. Je connaissais les Lacaille, les enfants étaient respectueux envers moi, mais ils ont été bien coupables lors de mon incendie et m'ont fait beaucoup de mal. Mme. Lacaille était une bonne femme, je la faisais travailler; j'avais de l'éloignement pour Eugène Lacaille que j'ai toujours redouté car étant tout jeune j'ai entendu dire que c'était un révolutionnaire. Je me défiais de lui, car ma famille m'avait dit qu'en 1848, il avait voulu faire beaucoup de mal.

L'accusé Lacaille: M. Gustave Gornier me traite de révolutionnaire, cependant je n'ai jamais fait de révolution. Pendant vingt ans j'ai travaillé dans l'intérêt du Gouvernement, j'étais entrepreneur.

Le Président: Oui, vous avez travaillé dans votre intérêt.

Le Commissaire du Gouvernement, au témoin: A t'on fait un feu de peloton sur votre maison. — R. Oui, la bande est arrivée et ceux qui étaient armés de fusil ont tiré dans l'intérieur de la maison en introduisant le canon de leurs armes par les persiennes. Ceux qui avaient des coutelas et des piques ont cerné la maison, Gueule-Puce le fusil au bras a commandé de mettre le feu, c'était un des chefs. On a parlé d'Althénor Lisis mais il n'y était pas, Lacaille n'est pas venu chez moi.

Schmit Duvély, 25 ans, habitant propriétaire, demeurant à la Rivière-Pilote.

Le Président: C'est vous qui tenez ce *fameux* cabaret près de chez Lacaille. — R. Oui.

D. Vous avez été déjà interrogé par M. le Juge d'Instruction. — R. Oui.

D. La déposition que vous lui avez faite ne signifie rien, mais si vous prenez au sérieux le serment que vous nous prêtez, vous pouvez nous dire beaucoup de choses car vous savez beaucoup. Dans l'intérêt de la société, je vous invite à parler. — R. Je sais beaucoup de choses en effet.

D. Quelqu'un a dit que ce n'est pas chez Lacaille que se réunissaient les bandes, que Lacaille était faussement accusé. Il a dit que c'était chez vous qu'était le quartier général. — R. Le 22 septembre à deux heures de l'après-midi, Portali Lacaille est venu me chercher pour aller à la Rivière-Pilote, d'ordre de son père, où celui-ci devait aller poser des lois. Je n'ai pas déféré à cette invitation, à dix heures du soir Portali Lacaille est revenu chez moi et m'a dit: Vous aviez promis de venir au bourg et vous n'êtes pas venu. Prenez garde à notre vengeance, mon père m'a envoyé chercher cinq litres de rhum et deux bouteilles de vermouth et m'a chargé de vous déclarer que si vous ne vouliez pas les donner, on les prendrait de force. Marcelin Séram était malade chez moi et me disait: Rien ne vous arrivera, ne craignez rien, pendant cinq jours et cinq nuits j'ai été obligé d'approvisionner les bandes de rhum, de vermouth, etc. L'on prenait ces liquides sans payer, au nom de la République. Pour ne pas être complètement dévalisé, j'ai été obligé de cacher une partie de mes marchandises dans les halliers. Ma maison est plus rapprochée du grand'chemin que celle de Lacaille qui se trouve sur une éminence; en général les forts se construisent sur les ponts les plus élevés; le camp n'était donc pas chez moi mais bien chez Lacaille, en raison de la position. Une autre partie du camp se trouvait sur le grand chemin, ainsi les bandes se réunissaient tant chez Lacaille que près de chez moi. Pour les réunir, Portali Lacaille *cornait*. Les soldats et les volontaires sont arrivés chez moi le 20 ayant à leur tête le colonel, M. Arnauld, capitaine de gendarmerie, le Procureur de la République, le Juge d'Instruction et plusieurs des habitants incendiés. Ils ont vu les traces du camp formé par Lacaille.

L'accusé Eugène Lacaille: Le témoin a dit que

j'ai envoyé chercher chez lui cinq litres de rhum et deux bouteilles de vermouth pour donner à boire à la bande. Je n'ai envoyé chercher que deux litres de rhum et un litre de vermouth à valoir sur mes loyers, il dit que je suis près du grand chemin, mais lui aussi, c'est par là que passent tous ceux qui arrivent de toutes les directions. C'est par là que Telgard avait placé son camp.

Le Président: Oui, c'était une bonne position militaire.

Eugène Lacaille: Le témoin a de la haine contre moi, il m'a fait un procès, il a prétendu que le terrain sur lequel était situé sa case lui appartenait, mais j'ai gagné mon procès. Quand les volontaires et les soldats sont montés chez lui, MM. Garnier ont pris chez moi une table de famille qu'ils ont placée devant la boutique de Duvély afin de donner à manger aux soldats. C'était une table qui ne s'ouvrait que le jour de l'an pour recevoir mes enfants et les autres membres de ma famille: Duvély m'a volé cette table.

Le témoin Duvély: Lacaille a une très mauvaise réputation; il est capable de tout, même d'*engloutir* sa famille et de faire tomber la tête de ses enfants, jugez de ce qu'il peut faire des étrangers. Il m'accuse de lui avoir volé sa table de famille, je vais vous expliquer l'histoire de cette table. Les volontaires, les soldats et les marins, au nombre à peu près de 300 sont venus chez moi et on établi leur poste dans ma maison, ils ont été chez Lacaille où ils ont pris une vieille table qu'ils ont placée devant chez moi près du grand chemin; après avoir dîné, ils ont brisé la table et les débris existent encore chez moi. Marcelin Séram était malade d'un mal de pied, il est resté pendant tous les événements devant ma boutique, il est arrivé chez moi le 22.

Le Président: Marcelin Séram n'a-t-il pas fait partie de ceux qui ont arrêté la poste? — R. J'étais chez ma mère qui demeure près de chez moi quand on m'a dit que la poste venait d'être arrêtée par Lacaille; ses filles et Marcelin Séram n'étaient pas là, mais une de ses fille était présente. Lacaille a fait porter la boîte de la poste chez moi par vengeance, parce que je n'ai pas voulu entrer dans la bande.

D. Etes-vous sûr que Lacaille avait une bande? — R. Oui.

D. En êtes-vous bien sûr? — R. J'en suis très sûr puisqu'il était à la tête le 22 et le 23 septembre, je l'ai même vu descendre avec au bourg de la Rivière-Pilote en disant qu'il allait *poser des lois*.

D. Avez-vous vu Louis Telgard? — Non, mais il m'a fait demander mon fusil par Philippe Fabre, j'ai refusé de le lui remettre. J'ai déclaré à Fabre que je le gardais pour défendre ma propriété et moi-même si j'étais attaqué, je lui ai ajouté: je préférerais être fusillé plutôt que de donner mon arme.

D. Avez-vous vu Lacaille le 22 à la tête d'une bande se rendant à la Rivière-Pilote? — R. Je l'ai vu descendre avec 5 ou 6 personnes, il s'arrêtait à chaque porte ~~et criait~~: Descendons, je vais à la Rivière-Pilote *poser des lois*; je n'ai pas vu ses fils, je n'ai pas reconnu les 5 ou 6 individus qui l'accompagnaient. En passant devant chez moi, il m'a appelé et m'a intimé l'ordre de marcher; j'ai refusé. Il est revenu du bourg vers 10 heures du soir et il a repassé devant ma porte avec une quinzaine de personnes. Ces personnes se sont alors dirigées sur l'habitation Gustave Garnier. Eugène Lacaille n'était pas à leur tête, je l'affirme, car l'incendie éclairait et je ne l'ai pas vu j'ai reconnu sa voix; il disait: Le feu est chez Codé et chez Gustave Garnier, que font donc ces gens là pour commettre une chose arbitraire. Si j'avais de la haine contre lui, je ne ferais pas une déclaration semblable.

D. Quel était à peu près le nombre des individus réunis chez Lacaille et à quelle heure se réunissait-on? — R. Les 22, 23 et 24, les bandes ont été chez lui. Ce dernier jour la bande était plus nombreuse, on a formé 3 camps et là on a veillé jusqu'à cinq heures du matin.

L'accusé Eugène Lacaille: Le témoin dit que le 24, je suis resté chez moi, voyez comme il ne sait ce qu'il dit. Ayant vu le feu partout, je suis monté à cheval et je me suis rendu chez M. de Venancourt, afin d'avoir main-forte pour arrêter les individus qui se permettaient d'empêcher la circulation de la route aux passants. J'ai rencontré un gendarme qui était envoyé de Fort-de-France par M. le Gouverneur à M. de Venancourt, après l'avoir quitté, plusieurs individus m'ont menacé de leur coutelas; j'ai aussi rencontré sur la route près de la maison d'Etienne les soldats avec un capitaine et le colonel, à qui j'ai fait part de mes inquiétudes. Le colonel m'a dit de réunir des hommes de bonne volonté pour arrêter les brigands, arrivé chez M. de Venancourt, j'ai eu un entretien avec lui, il m'a autorisé de lever une troupe pour maintenir l'ordre.

Le Président: Qu'avez-vous fait ensuite? — R. Je suis revenu chez moi, je me suis arrêté chez Léo Aubain où j'ai pris un punch. Là j'ai vu le feu dans la direction de l'habitation Desmartinières. La fumée sortait du jardin des nègres, j'ai reconnu que c'était des halliers qu'on brûlait et j'ai déclaré que ce n'était pas dans un moment semblable que l'on devait brûler les halliers.

Le Président, à Lacaille: Vous n'avez commandé aucune bande? — R. Non.

D. Cependant la bande était établie chez vous où elle avait pris ses dispositions militaires; elle était armée de fusils, de coutelas, de piques, de roches, de bouteilles contenant de l'eau pimentée? — R. Je n'avais pas de bande c'était celle de Telgard.

D. Telgard était votre ami? — R. Non, puisque je n'ai jamais pris un punch avec lui.

D. Pourquoi son camp était-il établi chez vous? — R. Il a amené son monde chez moi et a formé son camp; il m'a dit: Si Codé et quelques autres blancs passent par ici vous les arrêterez.

Le Témoin: J'ai encore deux mots à vous dire des forfaits de M. Lacaille père. Le 23 il est venu chez moi et m'a dit: J'ai commencé une chose, il faut que je l'achève; il faut qu'absolument vous veniez avec nous à la Rivière-Pilote, où j'ai déjà envoyé tout mon monde. Pas possible lui ai-je répondu. Je suis seul, ma marchande est malade je ne puis abandonner la boutique. Il m'a ordonné de fermer ma boutique ou sinon, il la laisserait à la garde d'une veuve Paul qui serait chargée de débiter mes marchandises. Je n'ai pas déféré à cet ordre. Lacaille est parti et le lendemain 24 il est revenu chez moi. Vous ne voulez donc pas sortir de chez vous pour venir avec nous me dit-il? Vous verrez ce qui vous arrivera. Il a arrêté le postillon de la Rivière-Pilote et a apporté la boîte chez moi où il l'a défoncée au moyen d'un coutelas. Il a fait lire une lettre et m'a dit: J'ai fait déposer la boîte de la poste chez vous où on l'a défoncée dans le but de vous compromettre n'ayant pas voulu marcher avec nous.

Eugène Lacaille: Le témoin ment. La poste n'a pas été arrêtée près de chez lui, mais près de chez sa mère.

Le Président, à Lacaille: Qui a arrêté la poste? — R. Monfio, Léandre et autres.

L'accusé Monfio: (Energiquement). C'est vous-même qui l'avez arrêtée. Ah ça, ne mentez pas sur moi, hein!....

Le Témoin: Lacaille est capable de tout, il a eu la scélératesse de pousser sa fille à décacheter et à lire une lettre.

D. Avez-vous vu Yronne Lacaille? — R. Oui, il a passé chez moi dans la nuit du 23. Il s'est vanté d'avoir brulé et volé chez Gustave Garnier, il m'a montré des brides, des sangles, une selle, un tapis et une corbeille qu'il avait volés. Il a fait cet aveu en présence de ma mère.

Accusé Yronne Lacaille: Duvély vous êtes un menteur.

Le Président, à Yronne Lacaille: Si vous vous avisez à l'avenir d'insulter les témoins, je saurai prendre à votre égard des mesures qui vous en feront passer l'envie.

Portaly Lacaille: Le témoin a dit m'avoir vu à sept heures du soir le 23. Ce n'est pas vrai.

Le Témoin: C'est si vrai qu'en présence de MM. Mérulus, braves gens qui sont ici, Portaly m'a dit: Je viens de la Rivière-Pilote tout est *en culbute*.

Défenseur Blondet: Le témoin déclare qu'Yronne Lacaille s'est vanté d'avoir mis le feu chez Gustave Garnier; quel jour lui a-t-il dit cela? R. Dans la nuit du 22 au 23 quand il a passé chez moi.

D. Avez-vous entendu parler des bains que l'on prenait chez Lacaille. — R. Oui, le rhum que l'on *prenait* chez moi entrait même dans leur composition.

D. Ne savez-vous pas de quoi étaient composés ces bains? — R. Non, seulement ceux qui ont été frottés m'ont dit que cela puait énormément.

D. Ne vous a-t-on pas dit quelle était l'efficacité de ces bains. — R. Non.

M. Rouquette, juge: Les bandes reconnaissaient-elles Lacaille pour chef. — R. Oui, puisque tout le monde le disait.

D. Cependant on déclare que Telgard était plus redoutable que lui, avait-il organisé des bandes chez Lacaille?

Le Témoin: C'est le 24 que Telgard est venu chez Lacaille avec Fabre et un autre.

D. Mais le 22 et le 23 n'avez-vous pas vu Telgard chez Lacaille. — R. Non, Telgard était au bourg le 22 et n'est venu chez Lacaille que le 24.

Alcide Gruaud dit *Gueule-Puce*: Demandez, M. le Président au témoin Duvély, si le 22 septembre à dix heures du soir, étant couché sur un banc dans la salle, quelqu'un ne m'a pas dit de venir prendre le commandement d'une bande et si je n'ai pas refusé. — R. Je ne me rappelle pas cela.

La séance est levée et renvoyée au lendemain à midi.

Séance du 1er Juin.

La séance est ouverte à midi:

Tardif Pascal, 28 ans, cultivateur, domicilié à la Rivière-Pilote,

Le Président: N'êtes-vous pas aussi agent de la poste? — R. Oui.

D. Il fallait le dire. Dans quelles circonstances et par qui avez-vous été arrêté le 23 et le 24 septembre. — R. Le 23, je suis parti du Petit-Bourg pour me rendre à la Rivière-Pilote, je portais la poste. Arrivé devant la case de Mme Gariton, j'ai rencontré une grande quantité de personnes sur le grand chemin. Eugène Lacaille était à leur tête. Aujourd'hui, me dit-il, il faut que je prenne la poste sur votre tête, nous avons besoin de savoir ce qui se passe en ville et ce que le Gouverneur écrit au maire de la Rivière-Pilote. J'ai refusé de lui remettre la poste en lui disant que j'étais chargé de la poste et qu'il m'était défendu de la remettre à une personne autre que le préposé de la Rivière-Pilote. Lacaille m'a dit alors: Ah! vous ne voulez pas nous donner la boîte, eh bien je vais la prendre de force. En effet, il s'en est emparé. Il a réclamé la clef de la boîte, j'ai répondu qu'on ne donnait point de clef au postillon qu'il y en avait une qui restait au Petit-Bourg, et l'autre à la Rivière-Pilote. Lacaille m'a fouillé pour prendre la clef mais, n'a rien trouvé sur moi. Il m'a donné la boîte en m'intimant l'ordre de le suivre chez lui. Arrivé devant la maison Duvély il m'a dit : Arrêtons-nous-ici. Il a envoyé sa fille Morigène chercher des clefs auprès de la fille qui vit avec Duvély afin d'ouvrir la boîte. Elle est revenue avec une clef qui n'a pu ouvrir la serrure. Lacaille alors a pris un coutelas et a défoncé la boîte. Il en a retiré 4 sacs, l'un pour Ste-Anne, un autre pour le Marin, le troisième pour Sainte-Luce et le dernier pour la Rivière-Pilote. Le sac du Marin seul était marqué. Lacaille était embarrassé de savoir quel était celui de la Rivière-Pilote. Je le lui ai indiqué. Il a ouvert le sac et en a retiré les lettres.

D. Avez-vous vu Lacaille forcer sa fille Morigène à ouvrir les lettres. — R. Oui, il l'a forcée à le faire, car elle ne voulait pas les ouvrir. En ce moment Duvély était absent et n'est venu qu'après. Lacaille a dit à Morigène de chercher la lettre du gouverneur au maire de la Rivière-Pilote. Cette lettre a été lue en présence de 15 à 17 personnes.

D. Qui était avec Lacaille. — R. Ses garçons grands et petits, je ne connais pas leurs noms et sa fille Morigène. Je n'ai pas reconnu les autres individus présents.

Le Président, au témoin en lui désignant Eugène Lacaille : Voilà Lacaille, est-ce bien lui? — R. Oui.

D. Il dit que c'est Monflo qui vous a arrêté. — R. Je ne connais pas Monflo, c'est bien Lacaille qui m'a arrêté.

Le Président : Voyez si parmi les accusés vous n'en reconnaîtrez pas d'autres qui étaient présents lors de votre arrestation. — (Le témoin indique Sonson et Portali Lacaille et déclare ne pas en connaître d'autres).

D. Connaissez-vous Yronne Lacaille? — R. Non.

D. Le lendemain n'avez-vous pas encore été arrêté. — R. Oui, le maire de la Rivière-Pilote ayant connu mon arrestation de la veille n'a pas voulu me donner la poste dans la boîte, mais me l'a remise dans un petit paquet que j'ai mis dans ma poche. Je suis parti pour le Petit-Bourg, près de la case de la demoiselle Cariton j'ai été abordé par un jeune homme qui avait la tête nue et une grande pipe à la bouche. Il m'a dit : C'est vous qui êtes le monsieur de la Poste. Je lui ai répondu : je l'étais hier, mais aujourd'hui je ne le suis plus, car la boîte ayant été prise hier par Lacaille, le maire ne m'a pas remis la poste aujourd'hui de crainte que je ne fusse arrêté de nouveau. J'ai même ajouté que j'allais faire une commission au Petit-Bourg, je me suis remis en route et devant la case de Mlle. Parfaite, j'ai vu une grande foule rassemblée conduite par Emile Auguste. Les personnes qui composaient cet attroupement m'ont demandé la poste, j'ai répondu que je ne l'avais pas, Emile Auguste m'a fouillé et a pris le paquet de ma poche et l'a décacheté. Vivi St.-Cyr était avec Emile Auguste.

Le Président à Monflo : Levez-vous (il se lève).

Le Président au témoin, en lui montrant Monflo : Est-ce celui-ci qui vous a arrêté. — R. Non c'est Eugène Lacaille.

Le Président à Lacaille : Pourquoi avez-vous dit que c'était Monflo qui avait arrêté le postillon ?

L'accusé Lacaille : C'est la vérité.

M. Malle, juge : Connaissez-vous Yronne. — R. Non.

M. Pontcharra, juge : Lacaille et les autres étaient-ils armés. — R. Lacaille avait le coutelas avec lequel il a défoncé la boîte. Les deux fils avaient des fusils.

Eugène Lacaille : Mes fils n'étaient pas là par conséquent le témoin n'a pas pu voir des fusils entre leurs mains. Depuis longtemps je me suis défait de celui que j'avais.

Le Président : Et le fusil que vous aviez le 24 septembre pendant que vous faisiez prendre des bains. — R. Jamais pendant les événements je n'ai touché à un fusil, je ne sais pas d'ailleurs m'en servir.

D. Cependant on vous a vu le 24 vous promenant avec un fusil, vous l'avez donné à Latouche. Il ne faut pas dire que vous ne savez pas le maniement des armes, puisque vous avez été condamné à trois mois de prison comme complice dans un assassinat. — R. J'ai été condamné à trois mois de prison c'est vrai. J'ai même subi cette peine, cette condamnation est une erreur judiciaire, j'ai été condamné comme témoin d'un duel qu'avait M. Laprade. Je n'étais point témoin dans ce duel, voici ceux qui l'étaient : (il cite quatre noms). Après avoir subi ma peine, je me suis retiré chez moi, je ne me suis mêlé à aucune affaire et *je me suis approché des sacrements*.

D. J'ai peu de confiance dans l'absolution quand elle est donnée à des individus de votre espèce. (S'adressant à Portali Lacaille). Vous étiez là.

Portali : Non c'était un de mes frères.

Le Président, à Sonson Lacaille : Quant à vous, vous ne pouvez pas dire que vous n'y étiez pas puisque le témoin vous a reconnu.

Sonson Lacaille : Je n'étais pas là puisque j'étais à la Régale.

Marie Louise, 18 ans, cultivatrice, domiciliée à la Rivière-Pilote.

Le Président : N'avez-vous pas été au service de Lacaille? — R. J'ai résidé pendant deux ans sur son habitation mais je n'ai jamais été à son service. Au moment des événements je restais encore sur l'habitation, mais je travaillais chez M. Dufau.

D. Eh bien dites-nous ce qui s'est passé chez Lacaille pendant ces jours néfastes? — R. Le 22 à six heures du soir. Je suis descendu de l'habitation Dufau, j'ai été chez M. Eugène Lacaille. Ne l'ayant pas trouvé, j'ai demandé où il était ; on m'a répondu à la Rivière-Pilote. A cette heure Louis Telgard a passé chez Lacaille et a dit à tous ceux qui s'y trouvaient : Si Codé passe par ici, *barrez-le*, car nous sommes en République. Je me suis rendue chez ma mère. Une fille bâtarde de Lacaille qui reste avec elle *lui* a dit : Mme Jean Paul, le feu est à la Rivière-Pilote. La guerre est déclarée. J'ai été chercher ma sœur qui était chez Lacaille. Quand elle a vu le feu elle s'est évanouie. Je lui ai jeté de l'eau à la figure pour la rappeler à la vie. J'ai entendu la voix de Portaly qui arrivait de la Rivière-Pilote. Je lui ai demandé s'il était vrai que le feu était au bourg et que la guerre était déclarée là. Il m'a dit que le feu avait été mis chez Codé. Je suis revenue chez moi et j'ai vu Lacaille père arriver seul vers onze heures du soir. Une troupe est arrivée une heure après lui. Je n'ai pas reconnu ceux qui la composaient. Les uns disaient : Codé doit être chez Gustave Garnier. Les autres prétendaient qu'il était descendu à Fort-de-France avec sa femme. On s'est décidé à aller le chercher chez Gustave Garnier. On s'est transporté chez celui-ci. Sonson et Portaly était du nombre. Je n'ai pas suivi la bande et quand elle est partie, j'ai fait à haute voix cette réflexion : Mme Gustave sera bien surprise d'un pareil accident.

Le Président : Pauvre fille, vous appelez cela un accident. Continuez.

Le Témoin : Lacaille qui m'avait entendu faire cette réflexion s'est écrié : *Sacrée scélérate au lieu d'être portée pour votre classe, vous êtes pour les blancs que nous allons combattre !...*

D. Connaissez-vous très bien Lacaille ? — R. Oui.

L'accusé Eugène Lacaille : Elle doit très bien me connaître puisque c'est ma belle-sœur.

Le Témoin, à Lacaille : Je ne suis point votre belle-sœur puisque vous n'avez pas épousé ma sœur.

Eugène Lacaille : Je me suis marié avec elle devant les hommes et non devant Dieu. Je l'ai épousée civilement et pas encore canoniquement, il n'y a plus qu'à faire publier les bancs et aller à l'Eglise pour faire bénir le mariage.

Le Témoin : Ce n'est pas vrai M. le Président il ne s'est point marié à la Mairie avec ma sœur.

Le Président, à Lacaille : Quel intérêt a-t-elle à dire que vous n'êtes pas marié.

Eugène Lacaille : (Embarrassé). J'ai reconnu à la Mairie les enfants que j'ai eus avec sa sœur.

Le Président : On peut reconnaître des enfants naturels sans pour cela qu'on soit marié. Tous les jours, cela se fait et par de très honnêtes gens.

Eugène Lacaille : Je vous le dis, M. le Président. Ce témoin est ma parente.

Le Président : Mais non, vous voyez bien qu'elle repousse cette parenté qui n'existe pas puisque vous n'êtes pas marié avec sa sœur. (Au témoin : continuez).

Le Témoin : Après que Lacaille m'eût dit que j'étais portée pour les blancs...

Le Président : Mais cependant Lacaille est un blanc, puisqu'il l'a déclaré.

Eugène Lacaille : Je suis plus près des *béqués* que des mulâtres. Je suis très bien porté pour les *béqués*.

Le Témoin : Un moment après avoir quitté Lacaille, j'ai vu toute l'habitation de M. Gustave Garnier en feu. Vers minuit la bande Lacaille est arrivée chez lui. C'est à qui disait qu'il avait mis le feu.

D. Où étiez-vous en ce moment pour avoir entendu cela ? — R. Chez Lacaille où j'étais couchée avec une de ses filles.

D. Dans votre pensée Lacaille commandait-il une bande ? — R. Oui, puisque c'est lui qui faisait venir du monde dans la maison. Je ne sais quel moyen il employait pour se faire obéir.

D. Savez-vous si un complot avait été formé par Lacaille ? — R. Non.

D. Qui avez-vous remarqué dans la bande ? — R. Sonson, Tali, Duterville, Yronne, Emile Auguste, Auguste Jérémie et Gueule-Puce. Depuis le 22, ce dernier était dans la bande, il était armé d'un fusil *tout court*. Je n'ai vu rien faire par Emile Auguste ; Auguste Jérémie était armé d'un grand sabre.

D. Les individus que vous venez de citer commandaient-ils des fractions de la bande ? — R. Tous commandaient, je ne sais qui était le chef.

D. Le plus chef n'était-il pas Lacaille ? — R. Oui, c'était le général.

D. Qui vous fait supposer que c'était le général ? — R. Parce que le camp était chez *lui*.

D. La bande ne se réunissait-elle pas aussi chez Duvély. — R. Pas chez lui, mais devant son cabaret, sur la grand'route.

Le Président, à Sonson Lacaille : L'autre jour, dans un beau mouvement, vous avez dit que le camp n'était pas chez votre père, mais chez Duvély, votre déclaration n'est pas d'accord avec celle du témoin.

Sonson Lacaille : Mais Duvély a dit lui-même qu'on venait chez lui.

Le Président : Duvély me fait l'effet d'un très honnête garçon ; il n'a pas déclaré cela, il a dit que la bande venait chez lui pour boire. Ce n'est pas étonnant, car tous ceux qui composaient la bande avaient soif, puisqu'on a bu tout le rhum, le vermouth et autres liquides de Duvély sans le payer. Il a même été obligé pour ne pas tout perdre, de cacher une partie de ses marchandises dans les halliers.

Eugène Lacaille : Duvély dit que je n'ai pas payé le rhum que j'ai pris chez lui, c'est mon fermier, il a du déduire ce que je lui dois du montant de ses loyers.

Le Président, au témoin : Parlez-nous de la journée du 24. Avez-vous entendu dire que Codé eut été tué? Qu'a-t-on fait ce soir-là chez Lacaille? — R. Le 24 au soir, j'ai vu une grande troupe rassemblée chez Lacaille disposée à combattre les soldats s'ils étaient venus. Je n'ai reconnu personne, il faisait très-noir. Lacaille a été se coucher et a dormi toute la nuit; Telgard était là, je l'ai vu.

D. Quelles étaient les armes de la troupe à Lacaille? — R. Pas beaucoup de fusils, mais beaucoup de sabres, de coutelas et de piques.

D. Y avait-il là beaucoup de femmes? — R. Quelques-unes; moi-même, puisque l'on m'a contrainte à faire de l'eau de piment.

D. Qui vous a forcée à faire cette eau de piment? — R. Des gens qui étaient venus de la Grand'Rivière.

D. De quoi était composée cette eau? — R. C'était du piment pillé infusé dans de l'eau.

D. Pouvez-vous nous indiquer de quelle façon l'on se sert de ce nouveau projectile? devait-on lancer le liquide dans les yeux de soldats ou leur briser la bouteille sur la tête? — R. On devait lancer le liquide aux yeux des soldats; tous ceux qui n'avaient pas d'armes étaient munis de ce *bagage*.

D. Le 23 septembre Lacaille était-il chez lui? — R. Oui, il avait une fluxion de poitrine.

D. Et le 24 n'a-t-il pas été à la Rivière-Pilote? — R. Je ne sais pas. Ce jour-là j'ai été travailler sur l'habitation Duffau; quand je suis revenue entre trois et quatre heures, je l'ai retrouvé chez lui.

D. Ne savez-vous pas autre chose? — R. Le 23, j'ai été travailler à l'habitation Duffau comme je viens de vous le dire, Yronne Lacaille a été chez ma mère me chercher. Celle-ci lui a répondu que j'étais au travail, il a dit à ma mère; Marie Louise mérite *d'être sabrée*, nous sommes en République, au lieu de rester avec nous elle va travailler pour les béqués et obligea ma mère à venir me chercher.

D. Mais en république on travaille comme sous tous les autres gouvernements.

Le Témoin : Yronne est retourné chez son père; ce dernier est venu aussi dire à ma mère qu'il fallait absolument m'envoyer chercher; qu'il ne concevait pas que j'eusse été travailler pour M. Dufau, ma mère lui a déclaré qu'elle ne connaissait pas la demeure de ce propriétaire. Lacaille lui a donné un guide, elle est arrivée près de moi en pleurant et m'a dit : ma fille, Yronne est venu me dire qu'on était en république, qu'il ne fallait pas travailler pour les blancs ou autrement on serait tué, elle m'a conseillé de me rendre chez Lacaille car si je ne marchais pas on me tuerait. J'ai été obligée d'aller chez Lacaille; la bande venait de partir pour la Rivière-Pilote, quant à moi je suis restée chez ma mère.

D. Deviez-vous vous marier avec Yronne? — R. Non.

D. N'avez-vous pas eu des relations avec lui? — R. Non.

Eugène Lacaille : Elle restait avec Yronne.

Le Président : En supposant que ces relations eussent existé, tout mauvais cas est niable et elle fait bien de nier qu'elle a été en contact avec un homme tel qu'Yronne.

Défenseur Blondel : Qui a fait des menaces au témoin et à sa mère? — R. Ma mère m'a dit qu'Yronne lui avait déclaré que je méritais d'être sabrée parce que j'avais été travailler pour un blanc.

Le Président : Yronne vous a-t-il menacée lui-même? — R. Non.

D. Yronne était-il jaloux de vous et avait-il le droit de l'être? — R. Je ne sais s'il était jaloux, mais il m'aimait.

D. Et vous, l'aimiez-vous.

Le Témoin, (d'une voix timide :) Oui.

Le Président : Ce sont des questions indiscrètes que je vous pose, mais dans l'intérêt de la justice je suis obligé de vous les poser.

Léonce Valoise, 28 ans, cultivateur, domicilié à la Rivière-Pilote.

Le Président : Vous avez été arrêté comme ayant pris part aux événements de septembre? — R. La troupe est venue chez moi pour la conduire chez Souane. Pendant mon absence, ma femme a été arrêtée et conduite au Saint-Esprit, je suis parti pour la chercher et l'on m'a arrêté.

D. Où étiez-vous le 22? — R. A Fort-de-France où je suis resté jusqu'à cinq heures du soir. Le 23, je suis monté chez moi à la Régale où je suis arrivé à huit heures du matin.

D. Qu'avez-vous vu là ce jour? — R. Lacaille est venu chez moi à la tête d'une bande et m'a fait crier : *Vive la République! Vivent les Prussiens!*

D. Ne vous a-t-il pas parlé du partage des terres? — R. Non.

D. Que vous a-t-il dit ensuite? — R. Il m'a dit qu'il était venu me chercher pour aller à la Rivière-Pilote faire la guerre, j'ai refusé de marcher. Lacaille m'a dit alors : Ah! vous n'êtes pas de notre côté, vous refusez de marcher avec nous, vous êtes alors du côté des blancs.

D. Que signifie ce mot côté? — R. Ce mot signifie parti. Lacaille m'a forcé à marcher, m'a amené chez lui, m'a fait entrer dans une chambre m'a retiré ma chemise et m'a donné lui-même un bain qui sentait mauvais, l'odeur du rhum dominait.

D. Pourquoi vous frottait-il? — R. Il m'a dit que c'était pour me rendre invulnérable et empêcher les balles de pénétrer dans mes chairs.

M. Malle, juge : Eugène Lacaille vous a dit

cela. — R. Oui.

M. Malle, juge : Ah ! ah !

Le Témoin continue : Lacaille nous a dit : Il est temps d'en finir avec les blancs, il est temps qu'ils laissent la Martinique aux gens de couleur. Nous sommes partis pour le bourg, arrivés sur la propriété de M. de Venancourt la bande voulait y pénétrer pour demander des armes je m'y suis opposé; alors Althénor Livis *le grand chef* a dit : continuons pour le bourg. Nous sommes arrivés, le Maire a fait faire la paix Althénor Livis et un autre dont je ne me rappelle pas le nom l'avaient mis en joue.

Le Président : Avec qui Lacaille est-il venu chez vous? — R. Avec beaucoup de monde, Sonson, Taly et Yronne étaient là avec lui armés. C'est le 23, à huit heures du matin que Lacaille est venu chez moi, il avait un fusil, Sonson, un sabre, Portali, une canne à épée, Yronne, un fleuret.

D. Connaissez vous d'autres individus qui ont été frottés par Lacaille? — Une grande quantité, une masse de monde.

D. Le 23 a-t-il frictionné beaucoup de personnes? — R. Oui, pendant presque toute la journée, il n'a eu que cette occupation.

D. Telgard venait-il souvent chez Lacaille. — R. Oui, puisque la maison de Lacaille était son dépôt.

D. Oui, son quartier-général. Qui des deux commandait? — R. Telgard marchait, parcourait la campagne, réunissait le monde et Lacaille commandait.

M. Malle, juge : Qui vous a fait croire cela? — R. Parce que c'était chez lui que tout se faisait et qu'était formé le camp.

Le Président : Etait-ce l'idée de beaucoup de monde dans votre commune et dans ses environs que Lacaille était chef et Telgard son lieutenant? — R. Oui, tout le monde le disait.

D. Avez-vous remarqué Surprise dans la bande? — R. Oui, je n'ai pas vu moi même ce qu'elle a fait, mais étant chez Lacaille je lui ai entendu dire : J'ai brûlé les habitations de Gustave et de Joseph Garnier Laroche. Chez Joseph il reste une petite cuisine; quand il entrera dedans, j'y mettrai le feu et je le brulerai.

D. Quel jour a-t-elle dit cela? — R. La veille du jour où elle a brûlé cette même cuisine.

D. Fort heureusement que M. Joseph Garnier n'était pas entré, Surprise l'aurait certainement rôti. Montrez-nous Eugène Lacaille et les autres que vous connaissez.

Le témoin après avoir parcouru les bancs indique Portali, Sonson, Yronne et Eugène Lacaille et ajoute : celui-ci était armé d'un fusil.

Le Président, au témoin : Comment, il m'a dit qu'il n'avait jamais touché un fusil de sa vie.

Le Témoin (avec ironie) : Ah !... voilà une bêtise.

M. Malle, juge : Avant le 22 avez-vous remarqué un mouvement chez Lacaille? Avez-vous entendu dire que l'on préparait quelque chose? — R. Non avant le 22, il n'y avait aucune *prédication*. Ce n'est que ce jour là au soir que j'ai vu tout en feu. Telgard venait souvent sur la route.

Le Commissaire du Gouvernement : Avez-vous vu Telgard aller chez quelqu'un dans la journée du 22? — R. Non, puisque j'étais ce jour là à Fort-de-France.

M. Chapotot, juge : L'avez-vous vu monter le 23 au matin chez Lacaille? — R. On m'a dit qu'il était monté, mais je ne l'ai pas vu. Seulement je l'ai vu ce jour là au bourg à la tête d'une bande.

Ernest François, 28 ans, cultivateur domicilié à la Rivière-Pilote.

Le Président : Que savez-vous des événements accomplis les 22, 23 et 24 septembre. Dites-nous tout ce que vous avez vu et entendu? — R. Le 23 je descendais au bourg de la Rivière-Pilote, j'ai rencontré Charlery et Sidney Lubin, disant : Allons chez Desmartinières notre ami prendre le fusil de Jean-Marie. Ils sont partis, puis revenus, Jean Marie les a rencontrés et a pris son fusil entre les mains de Charlery.

D. Puisque vous avez été à la Rivière-Pilote, dites-nous ce qu'on y a fait? — R. Quand ces *messieurs* sont arrivés ils ont pénétré dans la boutique de Mme. Perrier et ont pillé toutes les marchandises, les soldats venaient de débarquer venant de Fort-de-France. Ces *messieurs* à leur vue ont pris la fuite. Les soldats ont arrêté ceux qui emportaient les objets volés et les ont remis à Mme. Perrier.

D. Pourquoi avez-vous été arrêté? — R. Ma femme venait d'accoucher au Diamant, je me rendais auprès d'elle, quand les volontaires du Diamant m'ont rencontré et m'ont demandé où j'allais. J'ai répondu que j'allais au Diamant voir ma femme. Les volontaires m'ont répondu que ce n'était pas vrai, que je n'allais au Diamant que pour préparer des canots à l'effet d'amener les révoltés à Sainte-Lucie. Quelques jours après un garde de police est venu chez moi m'arrêter et m'a conduit à la Rivière-Salée où j'ai été relaché sur les renseignements fournis sur moi par M. Joseph Garnier.

D. Qui vous a dit d'aller à la Rivière-Pilote le 23? — R. Tout le monde disait qu'il fallait y aller, j'y ai été comme les autres.

D. Mais quelqu'un n'est-il pas venu vous chercher chez vous? — R. J'étais chez mon père, j'ai entendu crier, marchez, marchez, j'ai demandé à ma femme ce que cela voulait dire, elle m'a répondu que c'étaient ces messieurs Lacaille qui m'appelaient.

D. Quels Lacaille. — R. C'est Portali Lacaille qui m'a dit qu'il fallait descendre au bourg (on obtient avec peine cette réponse du témoin.)

D. Etes-vous bien sûr que ce soit Portali. Ne serait-ce pas plutôt Eugène Lacaille? — R. Non, j'ai passé chez lui, mais il ne m'a rien dit. J'ai été sur l'habitation Desmartinières.

D. Quels sont ceux que vous avez remarqués dans la bande qui est allée chez Desmartinières pour chercher des armes. — R. Charlery et Sydney Lubin.

D. Vous n'en avez pas reconnu d'autres, voulez-vous vous faire encore arrêter? — R. Je suis à votre disposition.

D. Vous avez été relaxé parce que vous avez fait des déclarations que vous ne répétez pas aujourd'hui, dites ce que vous avez déclaré dans l'instruction. — R. J'ai vu Gueule-Puce.

D. Et Duterville Lacaille. — R. Il était dans le chemin.

D. Il n'a pas été sur l'habitation Desmartinières? — R. Non.

D. Pourquoi avez-vous été arrêté, enfin? — R. Le brigadier de la Rivière-Pilote a dit que c'était moi qui avais volé la montre de Mme Desmartinières et il m'a arrêté.

D. Et le 24, qu'avez-vous fait? — R. J'ai été ce jour là chez Lacaille, je l'ai rencontré, il était à cheval et m'a dit: Je vais à la Rivière-Pilote demander au Maire la permission de réunir des volontaires pour veiller ma propriété, le feu étant mis partout.

D. Désignez nous ceux que vous avez vus chez Lacaille. — R. J'ai été chez Lacaille le 24, à sept heures du soir, j'ai reconnu Sonson, Portali et Duterville.

D. Eugène Lacaille était-il là. — R. Oui.

D. N'avez-vous pas été frotté? — R. Oui, mais la veille.

D. Qui vous a fait cette opération. — R. Eugène Lacaille lui même, il m'a frotté la tête, les épaules et la poitrine.

D. Pourquoi faisait-il cette friction? — R. Il m'a dit que c'était une précaution à prendre, car devant descendre au bourg de la Rivière-Pilote les soldats pouvaient tirer sur moi et que c'était pour me garantir des balles.

D. Pourquoi vous êtes vous laissé frotter. — R. Mais dans ce moment là, M. le Président, vous même auriez été obligé de prendre le bain.

D. Moi, oh! non, par exemple. Je n'aurais jamais consenti à me laisser frotter.

Le Témoin: Oh oui, M. le Président. Croyez-vous, par exemple, que si vous et les autres juges me commandaient à présent de me mettre à genoux à vos pieds que je ne serais pas obligé de le faire? Eh bien! c'était la même chose chez Lacaille.

D. Vous croyiez donc que ce bain vous aurait garanti contre les balles et le sabre. — R. Non.

D. Alors pourquoi vous êtes vous laissé frotter si vous croyiez que cela ne devait pas vous rendre invulnérable. — R. J'ai été contraint de me laisser faire, l'on m'intimidait et j'avais peur.

Portali Lacaille: Le témoin ne raconte pas exactement ce qui s'est passé, il ment sur moi.

Le Témoin s'adressant vivement à Portali: Je mens sur vous, Portali, ce que je dis est vrai. Vous m'avez appelé, je l'ai déclaré, je n'ai pas dit que vous aviez volé, ni tué, car je ne vous ai pas vu faire cela.

Eugène Lacaille: Le 22 septembre je suis descendu au bourg pour aller voir le Maire. En route j'ai rencontré le témoin, je lui ai demandé s'il allait au bourg et ce qu'il allait y faire. Il m'a répondu qu'il allait chercher des remèdes pour son père qui était malade. Nous sommes entrés à la Rivière-Pilote ensemble. Je déclare qu'il n'est pas venu chez moi lors de son retour.

Le Témoin: Ce n'est pas vrai, M. Lacaille, Comment pouvez-vous dire que j'allais chercher des remèdes pour mon père, quand vous savez que depuis deux ans *il a des vents* et qu'il n'y a pas de guérison pour cette maladie. Les médecins ne peuvent le guérir. Pensez vous que même M. le Curé en confessant mon père aurait pu le délivrer de ses vents?

Le Président, au témoin: Avez-vous reçu ordre de vous rendre chez Lacaille le 24? — R. Oui, Lacaille m'a dit que M. de Venancourt l'avait autorisé à lever des jeunes gens pour veiller sur sa propriété. Il m'a dit de venir avec lui pour veiller aussi. J'y suis allé, et en passant chez Duvély, j'ai pris un punch. Pendant la nuit j'ai quitté la maison de Lacaille et je suis rentré chez moi.

M. Pontcharra juge: Si on n'était pas venu vous chercher seriez-vous descendu au bourg de la Rivière-Pilote. — R. Non.

Le Commissaire du Gouvernement: Eugène Lacaille ne vous a-t-il pas donné une arme? — R. Non.

Eustache Morélon, 28 ans, cultivateur, domicilié à Rivière-Pilote,

Le Président: Pourquoi vous avait on arrêté. — R. Lacaille est venu sur l'habitation de M. Josseau me chercher chez ma concubine, ne m'ayant pas trouvé, il a dit à celle-ci: J'ordonne à Eustache de venir me joindre à la Rivière-Pilote.

D. C'est pour cela que vous avez été arrêté? — R. Oui.

D. Comment a-t-on pu savoir que Lacaille était venu vous chercher? — R. Je ne sais; j'ignore si on savait qu'il était venu me quérir, mais la gendarmerie m'a arrêté.

D. Etiez-vous dans la bande Desmartinières? — Non, je ne faisais pas partie de cette bande.

D. Qu'avez-vous fait, le 23 septembre? — R. Rien; seulement Lacaille m'a forcé à descendre au bourg de la Rivière-Pilote.

D. Comment vous a-t-il obligé à marcher? — R. Il a été chez tous *les jeunes gens*, leur a dit de venir faire la guerre au bourg.

D. N'avez-vous pas été chez Lacaille avant de descendre au bourg. — R. Oui.

— D. Etiez-vous armé? — R. Oui, Lacaille m'a donné un sabre.

D. Ne vous a-t-il pas donné aussi un bain? — R. Oui, il m'a dit que c'était pour me garantir des balles. J'ai été au bourg et à mon retour j'ai été chez Lacaille; celui-ci a dit à sa troupe: Il faut que tout le monde reste avec moi pour veiller l'arrivée des soldats, et ceux qui ne voudront pas rester le paieront cher. J'ai dit que je ne pouvais obéir à un ordre semblable, ayant d'abord à surveiller ma femme enceinte. On s'est révolté contre Lacaille, on lui a demandé à boire et à manger, car, disait-on, on était exposé à la rosée du soir. Lacaille m'a nommé *cuisinier en chef* et m'a ordonné de donner à manger à sa troupe. Je lui ai demandé où était les provisions à cuire. Il m'a répondu: Allez cueillir des fruits-à-pain et prenez partout ce qu'il faut pour nourrir ma garde. Je l'ai interrogé, je lui ai demandé où était la cuisine. Il m'a répondu: Vous pouvez disposer de la maison d'Alfred Hortense pour cela.

D. Qu'avez-vous fait le 24? — R. La *tambouille* comme la veille.

D. Et le 25? — R. Je suis retourné chez moi, car tout était *nul*.

Eugène Lacaille: Le témoin a déclaré que je lui ai fait faire la cuisine et que je l'ai envoyé, lui étranger à ma propriété, cueillir des fruits à pain, alors que mes enfants et mes africains étaient près de moi. Je ne connais pas cet homme; tout ce qu'il vient de dire est faux.

Le Témoin, en riant: Comment, M. Lacaille, vous ne me connaissez pas; j'ai été élevé avec vos enfants.

Le Président à Eugène Lacaille: Vous devriez être fatigué de nier ainsi les faits qui sont franchement accusés; nous sommes fixés sur votre compte; nous savons que c'est vous qui avez tout fait, et si nous sommes si minutieux dans notre interrogatoire, c'est afin de mieux asseoir votre culpabilité.

Le Commissaire du Gouvernement: Qui était à la tête de la bande qui est descendue le 23 à la Rivrère-Pilote? — R. Gueule-Puce en était le chef; les enfants Lacaille s'y trouvaient.

Dame Léonce Valoise, couturière, 27 ans, domiciliée à la Rivière-Pilote, actuellement à Fort-de-France.

Le Président: N'avez-vous pas été arrêté? — R. Oui.

D. Pourquoi? — R. Pour l'affaire de M. Lacaille.

D. Est-ce qu'on ne vous avait pas accusé d'avoir pillé et incendié? — R. Oui, telle a été l'accusation portée contre moi, mais je n'avais rien fait et j'ai été mise en liberté.

D. Connaissez-vous Lacaille et ses fils? — R. Très-bien.

D. Qu'ont-ils fait? — R. Lacaille est venu à huit heures du matin ordonner à mon mari d'avoir à se rendre chez lui pour aller à la Rivière-Pilote, et moi, il m'a obligée à venir ramasser des roches et des bouteilles pour la troupe. Il m'a forcée de crier: *Vive la République! Vivent les Prussiens!* Il disait à tout le monde qu'il fallait raser tous les blancs, afin de laisser le pays aux nègres et aux mulâtres.

Le Président: Je ne conseille pas à MM. les blancs de se servir de pareils barbiers.

Le Témoin: Lacaille disait: Il faut qu'un nègre soit Juge d'instruction, qu'un mulâtre soit Président du tribunal; Lubin va être nommé Gouverneur. Lacaille était chef de bande, il défendait sous peine de mort de dire du bien des blancs, mais il permettait qu'on en dise du mal.

D. Qui était sous ses ordres? — R. Telgard, Yronne et autres.

D. Qui commandait, Telgard ou Lacaille? — R. Lacaille, tout le monde lui obéissait.

D. Et Gueule-Puce, commandait-il aussi? — — R. Oui.

D. Etiez-vous là quand on préparait l'eau pimentée et y avait-il beaucoup de monde à ce travail? — R. Oui, j'étais là, toutes les femmes étaient employées à cette opération et on en a fait une grande quantité. Mes yeux me brulaient beaucoup. J'ai demandé la permission de me retirer, on me la refusa.

D. A quelle heure Lacaille a-t-il été se coucher? — R. A une heure assez avancée, il a laissé le commandement à Louis Telgard.

D. Avez-vous entendu parler du grade que devait avoir Gueule-Puce dans la nouvelle organisation? Ne devait-il pas être Juge de Paix? — R. Je ne sais pas.

D. Et Lacaille quelles fonctions lui réservait-on? — P. Procureur Général-Impérial, je crois.

D. C'est une position très courue. Votre mari était-il armé quand il est descendu au bourg. — R. Ne voulant pas y descendre il a déclaré à Lacaille qu'il n'avait pas de fusil. Celui-ci lui a dit: Prenez votre coutelas et descendez.

Sabine Alfred, 44 ans, né au Marin, maître-maçon, domicilié à la Rivière-Pilote.

Le Président: On a pris envers vous une mesure de rigueur. Pourquoi vous avait-on arrêté? R. Parce qu'on avait débité un bœuf chez moi.

D. Où avait-on pris ce bœuf. — R. Chez M. Symphorien Garnier.

D. Dites ce que vous savez. — R. Le 22 septembre Telgard est venu chez moi et m'a dit: La République est proclamée; Je le sais, lui ai-je répondu. Il faut descendre avec moi à la Rivière-Pilote m'a t-il ajouté, il nous faut absolument Codé. Je lui ai dit que M. Codé ne m'ayant rien fait, je n'avais pas à m'emparer de lui et qu'au surplus je ne pouvais descendre car j'avais à veiller sur ma femme et mes quatre enfants. Il faut descendre, j'ai une bande formée, il faut que vous en soyez. Il m'a demandé si j'avais des balles et de la poudre. Sur ma réponse négative il m'a donné de la poudre et quatre balles. Je lui ai promis de descendre au bourg mais je ne l'ai pas fait. Le soir, vers sept heures, j'ai entendu dire que l'habitation Codé était en feu. Je me suis rendu sur les terres de Mlle. Caritan pour m'en assurer et là, en effet, j'ai vu le feu. En revenant chez moi, j'ai été rencontré par une bande qui criait : Nous avons brulé Codé, il faut aller maintenant incendier Gustave Garnier. On m'a arrêté et on m'a dit qu'il fallait marcher avec la bande. J'ai reconnu la voix de Portali Lacaille. On m'a demandé des armes, j'ai dit que je n'en avais pas puis la bande est partie et peu après j'ai vu le feu sur l'habitation Gustave Garnier. Lorsque la bande a repassé près de chez moi, j'ai entendu dire que c'était Bernard qui avait pris la boîte d'argenterie. Le lendemain matin 23, Portali est venu me dire que son père m'ordonnait de descendre au bourg de la Rivière-Pilote. Je lui ai dit que depuis hier il me persécutait et de me laisser tranquille. Il m'a demandé mon fusil, j'ai refusé de le lui remettre. L'abbé Basiègo, curé du Marin, chevauchait pour se rendre à son poste, je lui ai donné le conseil de retourner car la route n'était pas sûre. Après le départ de Portali, Eugène Lacaille s'est rendu chez moi : Mon compère, m'a-t-il dit, il faut marcher avec nous. Non ai-je répondu, alors m'a-t-il répliqué, donnez moi votre fusil pour aller combattre pour vous et pour moi. Je lui ai déclaré que je gardais mon fusil pour surveiller ma famille pendant les événements. Marcelin est venu me dire que la bande allait bruler ma maison parce que j'avais refusé mon fusil et que je ne voulais pas marcher avec elle. Une seconde troupe a passé chez moi et l'on m'a dit : Vous ne voulez pas marcher avec moi, vous verrez ce qui vous arrivera. A quatre heures, une troisième bande, commandée par Auguste Sévérine a pénétré sur ma propriété. Je me suis alors caché derrière les arbres situés près de ma case. On a demandé à ma femme si je n'étais pas là. Non, a-t-elle répondu. On l'a obligée à crier : *Vivent les Prussiens*. Je suis sorti de ma cachette et m'adressant à Auguste Sévérine, je lui ai dit : Vous êtes un insolent d'être venu jusque chez moi faire crier : *Vivent les Prussiens* à ma femme ; il m'a couché en joue.

D. A quelle heure Lacaille est-il venu chez vous le 23. — R. A une heure de l'après-midi.

D. Il paraît que Lacaille n'était pas bien malade ce soir-là pour se promener ainsi. A une heure il était chez l'un, à une autre chez l'autre, tout cela prouve que sa maladie n'était pas très-sérieuse. (Au témoin : Continuez.)

Le Témoin : Le lendemain samedi, une nouvelle troupe est venue m'intimer l'ordre de marcher avec elle sous peine d'être incendié. J'ai eu peur de l'audace des hommes qui la composaient. J'ai retiré de ma case mes effets que j'ai cachés dans les halliers; la peur que j'éprouvais a déterminé dans mon organisation un bouleversement général, la peur m'a subitement saisi. Dans l'intention de calmer ces forcenés, je leur ai offert du rhum qu'ils ont accepté ; j'ai prié Eustache de se rendre avec moi chez M. Symphorien Garnier pour en acheter; quand je suis arrivé sur l'habitation de M. Symphorien la maison était au pillage. La ménagère de M. Garnier m'a donné du rhum, ne voulant pas m'en vendre. Je me suis rendu chez moi avec Eustache et j'ai rafraîchi la bande qui est alors partie. Une autre troupe conduite par Portali Lacaille est encore arrivée chez moi la nuit, ce dernier m'a dit que Telgard et son père avaient envoyé la bande pour prendre position chez moi et d'avoir à les nourrir. J'ai dit que c'était au chef à pourvoir à la subsistance de son armée ; à cette réponse l'on a voulu tout démantibuler chez moi-même dans la maison. J'ai dit alors : Prenez la maison, elle est à vous ainsi que l'habitation; cueillez les fruits à pain, fouillez les vivres, prenez tout, tout est à vous. Les gens de la bande ont agi en maîtres sur ma propriété et ont même tué un de mes bœufs, et ils ont fait la cambuse.

D. Quels sont les chefs que vous avez reconnus dans la bande? — R. Père Lacaille, Telgard, Portali et Sonson Lacaille.

D. Avez-vous vu positivement Lacaille à la tête d'une bande? — R. Oui, puisque c'est lui qui en a conduit une à la Rivière-Pilote.

D. Qui commandait en chef Telgard ou Lacaille? — R. Je suis convaincu que c'était Lacaille, puisque Telgard allait chez lui.

D. Telgard allait-il souvent chez Lacaille? — R. Je ne puis vous le dire.

D. Vous avez parlé de Marcelin, cherchez-le et montrez-le nous.

(Le témoin indique Marcelin Séram.)

Le Président : Connaissez-vous Marcelin Ellise? — R. Non.

D. Et Yronne, Sonson Lacaille et Gueule-Puce? — R. Oui, ils étaient dans la bande.

Rémus Rivolo, 22 ans, cultivateur, né et domicilié au Saint-Esprit.

Le Président : Pourquoi avez-vous été arrêté? — R. Le 23 septembre, quand tout ce monde-là faisait *leur République*, je suis sorti de chez M. Suffrin.

D. Je ne vous demande pas ce que vous avez vu, mais le motif de votre arrestation? — R. Des volontaires m'ont arrêté le mercredi soir, 28 septembre, parce qu'ils m'ont trouvé avec une calebasse que j'avais prise le samedi précédent chez M. Nau.

D. Comment savait-on que le samedi vous aviez pris une calebasse?

(Le témoin ne répond pas directement à la question.)

Le Président : Mais pourquoi vous a-t-on arrêté? — R. Parce que l'on arrêtait tout le monde.

D. Qu'avez-vous fait le 23? — R. Rien du tout. Je travaillais chez M. Suffrin quand j'ai vu le feu de tous côtés.

D. Quand vous êtes parti de chez M. Suffrin, qu'avez-vous rencontré en route? — R. Yronne Lacaille qui, parce que je ne voulais pas marcher avec lui, m'a donné une poussée et m'a renversé dans le fossé.

D. Yronne vous a-t-il fait crier : *Vivent les Prussiens?* — R, Non, c'est lui-même qui poussait ce cri.

D. Alors vous avez été arrêté parce que vous aviez pris une calebasse chez M. Nau. — R. Oui, c'est parce que c'était une calebasse de rhum. On a voulu me la faire rapporter, mais je l'ai brisée.

D. Pourquoi avez-vous pris du rhum chez M. Nau? — R. Tout le monde en prenait, j'ai fait comme les autres, je ne connaissais pas la conséquence de cet acte.

M. Blondel, défenseur : Yronne était-il seul quand il vous a bousculé? — R. Oui.

D. Était-il armé? — R. J'ai vu quelque chose entre ses mains, mais je ne puis vous dire ce que c'était, car il faisait noir.

L'accusé Yronne Lacaille : C'est un menteur, je ne le connais pas.

Le Témoin : Si vous ne me connaissez pas, moi je vous connais.

Le Président à Yronne Lacaille : A deux reprises différentes vous vous êtes permis d'insulter les témoins. Je vous préviens que si vous vous avisez de recommencer, je saurai vous mettre à la raison.

La séance est levée et renvoyée au lendemain, à midi.

Séance du 2 Juin.

La séance s'ouvre à midi.

Henri Dubocage, 40 ans, habitant-propriétaire, domicilié à la Rivière-Pilote.

Le Président : Dites-nous ce que vous savez relativement à l'incendie de M. Joseph Garnier. — R. Le 23 septembre vers trois heures de l'après midi, j'étais chez moi quand Joseph Borris est arrivé, a pénétré dans ma maison, s'est emparé d'un tison de feu. Qu'allez-vous faire de ce tison, lui ai-je dit? Je vais mettre le feu chez Joseph Garnier m'a-t-il répondu. Je lui ai dit : ne faites pas cela, vous êtes donc fou. Il m'a obligé de marcher avec la bande qui se transportait sur l'habitation de Joseph Garnier. En arrivant Gersan a brisé la porte de la maison de maître à coups de coutelas. Tout le monde est entré dans l'intérieur où l'on a tout pillé, puis Gersan a mis le feu. Il m'a forcé de jeter une table dans le feu ainsi que des lames de jalousies brisées. Pendant l'incendie, j'ai tenté de m'en aller mais Gersan m'a arrêté et m'a dit : Allons maintenant mettre le feu chez St-Péo. Je lui ai dit que je ne pouvais pas aller-là, car j'étais obligé d'être auprès de ma femme malade. Il m'a forcé à *l'embrasser* et m'a laché; la famille Chérubin était à l'incendie. Le lendemain Surprise est venue briser les meubles de M. Joseph Garnier qui se trouvaient dehors. Astérie Boissonnet était avec elle. Surprise a mis ensuite le feu à une cuisine, je lui ai reproché ce qu'elle venait de faire, elle m'a répondu qu'elle brulait cette cuisine pour que cette *salope* de Mme Joseph Garnier en revenant sur son habitation ne trouvât pas de quoi se loger. Sinville cueillait des cocos pour Surprise.

D. Connaissez-vous Joseph Borris. — R. Oui, le voilà.

D. Où a-t-il mis le feu. — R. Joseph Borris a pris du feu chez moi pour bruler et l'a remis à Gersan qui a mis le feu à la maison principale.

D. Que faisaient les filles et la femme Chérubin. — R. Elles étaient à l'incendie à piller.

D. Le père Chérubin était-il là. — R. Non.

D. Veuillez indiquer ceux que vous venez de nommer.

(Le Témoin les désigne.)

D. Êtes-vous sûr que Mme Chérubin était là. — R. Oui, puisque je l'ai rencontrée sur la route roulant une jarre qu'elle avait volée.

D. Et Surprise la connaissez-vous. — R. Oui la voilà.

D. Connaissez-vous Lazarre Boissonnet? — R. Oui, mais je ne sais ce qu'il a fait.

D. Et sa sœur Astérie.

Le temoin après avoir indiqué Astérie. Oui, elle était avec Surprise, mais elle ne m'a rien dit c'est Surprise qui m'a avoué qu'elle même avait mis le feu à la petite cuisine.

M. de Pontcharra juge. Avez-vous été à la Régale et quel jour. — R. Oui, je crois que c'est le 24. Le jour où cette bande de bandits m'a conduit là de force.

D. Quel jour a eu lieu l'incendie de la cuisine de M. Joseph Garnier. — R. Le dimanche, 25 je crois.

D. Qu'avez-vous vu et qu'avez-vous fait chez Lacaille à la Régale. — R. J'ai vu là beaucoup de monde, on avait formé un camp. On disait qu'on attendait les soldats pour livrer bataille. Je n'ai pas vu Eugène Lacaille, mais ses fils devaient se trouver là.

D. Avez-vous été à la Régale de bonne volonté. — R. Non, on m'y a conduit de force. Vous pensez, M. le Président, que si je n'avais pas été contraint, je ne me serais jamais mêlé à tous ces scélérats.

D. Qui avez-vous vu chez Lacaille. — R. Surprise, Nérée, Emile Ayette et d'autres.

D. N'avez-vous pas vu Ste-Croix et Roro. — R. Je ne me rappelle pas les avoir vus. J'avais tellement peur que je n'osais les regarder.

Défenseur Clarac, substituant Me Béker: Ne sont-ce pas les frères Célina qui ont empêché de mettre le feu chez vous? — R. Je les connais, mais je ne les ai pas vu faire cela.

Le Président, aux fils Célina: Expliquez-vous.

Les fils Célina répondent ensemble que ce n'est pas chez le témoin qu'ils ont empêché de mettre le feu, mais chez son père qui pourrait attester ce fait.

Défenseur Blondel: Où d'abord le témoin a-t-il rencontré les filles Chérubin? — R. Je ne les ai rencontrées qu'une fois, c'est à la croisée Médéric, près de Joseph Garnier, elles ont été à l'incendie et ont pillé.

Défenseur Blondel: Puisque le témoin a été aussi sur l habitation, il peut nous dire quels sont les objets que les filles Chérubin ont volés? — R. Je ne sais ce qu'elles ont pris.

Le Commissaire du Gouvernement: Etaient-elles là au moment du pillage? — R. Oui.

Défenseur Blondel: Je tiendrai cependant à ce que le témoin put me dire quels objets ont été pris par les filles Chérubin.

Le Président: Mais bon Dieu, le témoin ne peut pas vous le dire, il n'a pas vu ces jeunes filles prendre plutôt une chose qu'une autre; il était très effrayé, il a constaté leur présence dans la maison au milieu des pillards. Ce sont des questions qu'il faut éviter de poser surtout à un témoin aussi peu intelligent que celui-ci; ces questions au lieu d'éclairer les débats ne font que les obscurcir. Il ne faut pas faire *suer* ainsi la langue française.

Victorin Lucia, 30 ans, cultivateur, domicilié à la Rivière-Pilote.

Le Président: Connaissez-vous quelque chose de l'incendie de Gustave Garnier? — R. Non.

D. Connaissez-vous celui de Joseph Garnier? — R. Oui. J'ai vu une troupe de 150 personnes arriver sur l'habitation Joseph Garnier; j'ai remarqué parmi ces personnes: Lucien Coyol; Jean Mélanie, Charlery et Charlery de la Régale.

D. Où avez-vous vu mettre le feu? — Je n'ai pas vu mettre le feu, j'ai vu la troupe arriver seulement.

Dame Ayette. Madeleine Sabine, 50 ans, cultivatrice, domiciliée à la Rivière-Pilote.

Le Président: Savez-vous quelque chose des incendies de Gustave et de Joseph Garnier? — R. Je ne sais rien sur celui de M. Gustave Garnier, mais je sais quelque chose sur celui de M. Joseph; le feu flambait quand je suis arrivé.

D. Quels sont les bâtiments qui brûlaient en ce moment? — R. La maison principale.

D. Et là case à bagasse, — R. Non, il n'y en avait pas sur l'habitation, la cuisine n'a pas été brûlée. Pendant l'incendie, un monsieur s'est présenté à moi et m'a demandé où était M. Garnier, je lui ai répondu que je n'en savais rien.

D. Quel était ce monsieur? — R. Althénor Claveau (elle l'indique.)

D. Que vous a-t-il dit? — R. Il m'a dit: vous ne savez pas où est M. Joseph Garnier, eh bien! je le sais. Il est chez St.-Péo, je vais le trouver là demain matin, à la Rivière Madame.

D. Pourquoi cherchait-on M. Garnier? — R. Je ne sais, Althénor Claveau seul peut vous le dire.

D. Un autre individu n'est-il pas intervenu pendant cette conversation? — R. Oui. Adolphe Jean Joseph, armé d'un pistolet, il m'a demandé aussi où était M. Joseph Garnier. Après l'incendie le monde est parti.

D. Avez-vous vu des femmes emporter des objets volés? — R. Je n'ai vu emporter, car on avait pillé avant mon arrivée, on avait tout emporté.

D. Comment savez-vous qu'on avait pillé? — R. Parce que j'ai trouvé le lit de Mme. Garnier dans les cacaos.

L'accusé Althénor Claveau: Mademoiselle ne dit pas la vérité?

D. Il ne vous appartient pas dans votre position, de dire à un témoin honorable qui a prêté serment qu'il ne dit pas la vérité. Je suis fatigué de ce refrain, et vous engage à ne pas le recommencer.

Le Commissaire du Gouvernement: Althénor Claveau était-il armé quand il vous a demandé où était M. Joseph Garnier. — R. Oui, d'un coutelas et Adolppe Jean Joseph d'un pistolet.

Suzanne, cultivatrice, 40 ans, domiciliée à la Rivière-Pilote

Le Président: Que savez-vous de l'incendie Joseph Garnier? — R. Je revenais de la Rivière-Salée, quand j'ai rencontré une bande qui m'a dit qu'elle allait mettre le feu sur les habitations de MM. Joseph et Symphorien Garnier. J'ai précipité mes pas pour aller prévenir ces messieurs Garnier, qui ont toujours été très bons pour moi. Je n'ai pas trouvé M. Joseph. Je me suis alors transporté chez M. Symphorien où je pensais trouver Mme Joseph afin de lui dire de se cacher. Je n'ai trouvé personne autre que les travailleurs de la propriété qui étaient occupés à sauver les effets du propriétaire.

D. Qui a mis le feu chez Joseph Garnier. — R. Je ne puis vous dire qui. J'étais chez moi; quand j'ai entendu un coup de corne. Je me suis rendu chez M. Joseph Garnier où j'ai trouvé l'incendie allumé. J'ai reconnu Gersan et Althénor Claveau, mais je ne sais si ce sont eux qui ont mis le feu.

D. C'est une corne que vous nous donnez? — R. J'ai vu aussi Joseph Borris.

D. Vous n'avez pas vu Lazare? — R. Non.

Le Président : Vous maintenez que vous n'avez pas vu mettre le feu ? — R. Non, puisqu'à mon arrivée il existait déjà.

Défenseur Blondel : Ne sont-ce pas les demoiselles Chérubin qui vous ont aidé à sauver le lit de Mme Garnier ? — R. Oui, ce sont-elles et la demoiselle Sylvain qui m'ont aidé à retirer ce lit des mains de Gersan qui l'emportait.

Dame Décius Sidney, 25 ans, couturière, domiciliée à la Rivière-Pilote.

Le Président, au Commissaire du Gouvernement : N'est-ce pas contre le mari de cette dame qu'un mandat d'amener a été décerné.

Le Commissaire du Gouvernement : Oui, on n'a pu le trouver jusqu'à présent.

D. Où est votre mari ? — R. Je ne sais pas, on a voulu l'arrêter, et il s'est sauvé depuis cinq ou six mois.

D. Dites-nous ce que vous savez de l'incendie de Joseph Garnier ? — R. Le 23 septembre au matin, j'étais chez moi. J'ai vu passer une foule armée qui a pénétré sur la propriété de M. Joseph Garnier. Ceux qui avaient des fusils ont fait une décharge sur la maison principale, mais le lendemain j'ai vu mettre le feu à la cuisine.

D. Qui avez-vous vu dans la bande, armés de fusils ? — R. Gersan seul, je n'ai pas distingué les autres.

D. Vous avez cependant parlé avec d'autres ? — R. Oui, après l'incendie ils ont passé chez moi, j'ai encore reconnu Althénor Claveau. Gersan a ordonné à mon mari de le suivre pour aller mettre le feu chez Symphorien Garnier et que s'il refusait de marcher, il mettrait le feu à sa case et le tuerait par dessus le marché. Mon mari lui a répondu qu'il valait mieux demander du rhum aux *béqués* plutôt que les incendier. Gersan l'a menacé et lui a ordonné de le suivre, ce qu'il a été forcé de faire.

Le Président, à Gersan : Avez-vous des frères et des sœurs ? — R. J'ai un frère et deux sœurs qui habitent la Rivière-Salée.

Le témoin continue : Gersan a encore dit : qu'il fallait brûler les *béqués*, même les enfants et la *génération blanche à venir*.

D. Avez-vous vu Lazare Boissonnet et Joseph Borris ? — R. Oui, ils étaient debout sur le chemin.

D. Qui a mis le feu à la cuisine ? — R. Le lendemain de l'incendie de l'habitation. J'ai vu Surprise incendier la cuisine, c'était le seul bâtiment qui avait été épargné la veille. Astérie Boissonnet était debout près de cette cuisine. Sinville cueillait des cocos.

D. Pour rafraîchir Surprise, sans doute ? — R. Probablement.

D. A quelle heure votre mari est-il parti avec la bande ? — R. A quatre heures de l'après-midi.

D. C'est donc vous qui avez conseillé à votre mari de partir ? — R. Oui, il le fallait.

Julie, femme *Edérie*, 50 ans, cultivatrice, domiciliée à la Rivière-Pilote. Déclare être petite parente des accusés Sylvanie et Malvina Sylvain.

Le Président : Que savez-vous de l'incendie de Joseph Garnier ? — R. Le jour de l'incendie de la cuisine, j'étais assise à ma porte, Surprise est entrée chez moi comme elle serait entrée chez elle, a pris un tison enflammé, lui ayant demandé ce qu'elle allait faire de ce feu, elle m'a répondu : Je vais brûler la cuisine de Joseph Garnier.

D. Quel jour a-t-elle brulé cette cuisine. — R. Le dimanche 25, j'ai dit à Surprise : Comment ! on a déjà brûlé l'habitation et vous voulez mettre le feu à la cuisine. Elle m'a répondu : Cela ne vous regarde pas.

D. Surprise était elle seule. — R., Oui, elle est partie avec le tison, je l'ai vue entrer dans la cuisine et peu après le feu s'est déclaré. Je n'ai pas remarqué qu'Astérie fut présente à cet incendie.

Arthur Delor, 21 ans, propriétaire, domicilié à Ste-Luce.

Le Président : Que savez-vous de l'incendie Joseph Garnier. — R. Le 24 ou le 25, j'ai vu Surprise mettre le feu à la cuisine de M. Joseph Garnier. Un instant avant elle avait invité Sinville à venir mettre le feu avec elle, celui-ci a refusé en disant que M. Garnier ne lui avait rien fait, alors elle l'a obligé à lui cueillir des cocos.

Le Président à Sinville : Vous avez dit que Surprise avait mis le feu. — R. Oui.

Le Président au témoin : Qu'a fait Astérie Boissonnet. — R. Elle était là, mais je ne l'ai vue rien faire.

M. Clarac, substituant son collègue Me Béker : N'est-ce pas Sinville et son frère qui vous ont sauvés vous et votre famille dans les bois de Ste.-Luce. — R. Oui.

Le Président: Vous aviez donc été menacé. — R. Oui, plusieurs fois, notamment par Sully, Joseph Alexandre, Rodrique Anatole et Althénor Claveau.

D. Que vous ont fait Sully et les autres ? — R. Ils ont tiré la nuit, deux coups de fusil dans l'intérieur de ma maison. Joseph Alexandre qui avait un coutelas a dit : Si on ne nous donne pas du rhum, brisons tout et foutons le feu.

D. Joseph Alexandre n'a t-il pas d'autre nom. — R. Je ne sais.

D. Connaissez-vous Sully ? — R. Oui.

Le Président à Sully Thalès : Accusé, levez-vous ? — (au témoin) Est-ce bien ce Sully ? — R. Non, ce n'est pas celui-là, le Sully dont je parle est de Ste.-Luce.

D. Connaissez-vous Althénor Claveau. — R. Oui. — Le témoin le désigne et continue : il est venu chez moi la nuit.

Le Président à l'accusé Althénor Claveau : Quel est ce Sully qui était avec vous chez le témoin ?

— (L'accusé Claveau raconte une histoire incompréhensible et ne répond nullement à la question).

Le Président au Greffier : Donnez lecture du procès-verbal dressé le 4 novembre 1870, par M. le Juge d'Instruction énumérant les bâtiments, ustensiles, meubles brulés sur la propriété La Terrier, appartenant à M. Gustave Garnier et constatant leur valeur.

Cette lecture est donnée et il en résulte que le chiffre de tout ce qui a été brulé et pillé s'élève à une somme de 55,380 francs.

Le Président : Ce procès-verbal donne une idée des désastres subis par cette malheureuse famille Garnier Laroche ; il ne constate qu'une faible partie des pertes éprouvées par les victimes de septembre 1870.

Le Président à Lacaille : Vous avez un gendre qui s'appelle Jérémie Germain. — R. Non, Jérémie Julien.

D. Vous lui avez fait donation de tous vos biens ? — R. Oui, mais je m'en suis réservé l'usufruit.

D. Alors si un créancier se présentait chez vous pour saisir quelque chose, votre gendre dirait que tout lui appartient et que vous n'avez plus rien. C'est très commode.

Exalda Moret 15 ans, cultivateur, domicilié à la Rivière-Pilote.

Le Président : Que savez-vous de l'incendie Symphorien Garnier. — R. J'ai vu Gersan, Joseph Borris et Althénor mettre le feu.

D. Dites nous ce qu'ils ont fait ? — R. J'ai vu Gersan mettre le feu à la maison principale.

D. Et après la maison qu'a-t-on brulé. — R. La case à bagasse, le moulin, la sucrerie, la case à cabrouets, enfin tout.

D. Comment se fait-il que vous étiez à l'incendie. — R. Je demeure sur l'habitation.

D. Comment a-t-on fait pour mettre le feu. — R. Lazare, Althénor Claveau, Gersan, Cassius et Althéus sont entrés dans la maison, ont brisé des lames de jalousies et ont allumé l'incendie.

D. Qui a mis le feu le premier. — R. Ils l'ont mis tous en même temps.

D. Qu'ont fait Surprise et Astério Boissonnet. — R. Je ne les ai pas vues, je ne sais si elles étaient là.

D. Et la famille Chérubin. — R. Les deux filles étaient là, mais je n'ai pas vu la mère.

D. Et les fils Célina. — R. Je ne les ai pas vus non plus.

D. Comment a-t-on mis le feu à la Rhumerie et à la case à bagasse ? — R. Ils n'ont pas brulé la Rhumerie.

D. Qui a mis le feu à la case à cabrouet et au moulin. — R. Lazarre Boissonnet.

D. Désignez-nous parmi les accusés tous ceux que vous venez de nous nommer.

Le Témoin les indique ainsi que Malvina et Sylvanie Sylvain.

D. Qu'ont fait les demoiselles Sylvain ? — R. Elles étaient là mais je ne sais ce qu'elles ont fait.

D. Le père Sylvain était-il là. — R. Non.

D. Meshuit et Roro y étaient-ils ? — R. Non, je ne les ai pas vus.

M. de Boncharna juge : Qu'ont fait les demoiselles Sylvain et les demoiselles Chérubin. — R. Elles étaient dans l'intérieur de la maison quand on a mis le feu, et elles ont assisté au pillage.

M. Gabonne juge : Qu'a fait Joseph Borris. — R. Je l'ai vu mettre le feu à la sucrerie et à la maison principale.

Emile Ayelle, 23 ans, charpentier domicilié à la Rivière-Pilote.

Le Président : Dites ce que vous savez de l'incendie Symphorien Garnier Laroche ? — R. Je n'ai absolument rien vu, car j'étais parti quand le feu a été mis.

Cyprien Ayelle, (déjà entendu.

Le Président : Pouvez-vous nous donner quelques renseignements sur l'incendie de l'habitation Symphorien Garnier Laroche. — R. Je ne sais absolument rien. Seulement j'ai entendu dire que la bande qui avait mis le feu sur cette propriété était la même qui avait mis le feu sur l'habitation Gustave.

Chéry Briel, 20 ans, cultivateur, domicilié à la Rivière-Pilote.

Le Président : Parlez-nous de l'incendie Symphorien Garnier Laroche. — R. Ce sont Lazarre Boissonnet, Gersan, Althénor Claveau Jean, et Joseph Borris qui ont mis le feu sur l'habitation.

D. Les avez-vous vus. — R. Oui.

D. Qui avez-vous vus encore dans la bande. — R. Les filles Chérubin et les filles de Sylvain.

D. Vous n'avez pas vu d'autres femmes. — R. Non.

D. Connaissez-vous Astério Boissonnet. — R. Non.

D. Comment s'y est-on pris pour mettre le feu. — R. Lazare Boissonnet, Gersan et Althénor Claveau Jean ont brisé les jalousies de la maison principale et ont mis le feu. De là ils ont été à la sucrerie où Gersan a mis le feu à l'aide de paille qui leur a servi à faire un foyer.

D. N'ont-ils pas pillé la maison prinsipale avant d'y mettre le feu ? — R. Les femmes pillaient.

D. Quelles femmes ? — R. Les filles Chérubin et les filles Sylvain.

D. Avez-vous vu les frères Célina et Astério Boissonnet. — R. Non.

D. Et Surprise ? — R. Non, elle n'est venue que le lendemain.

D. Avez-vous vu Alcide Gruaud ? — R. Non.

D. Qui a mis le feu à la case à bagasse. — R. Lazare, Gersan, les mêmes.

D. Le 24 au soir, avez-vous été chez Lacaille. — R. Non.

D. Désignez-nous ceux que vous venez de nous nommer et qui ont pris part à l'incendie et au pillage.

(Le témoin désigne les individus qu'il a nommés).

Défenseur Blondet: Au risque de vous importuner M. le Président, et même de vous déplaire, je vous prierai de demander au témoin quels sont les objets qui ont été pris par les filles Chérubin ?

Le Temoin: Elles ont pillé avec les autres, mais je ne puis dire ce qu'elles ont pris.

Arthur Althénos, 30 ans, cultivateur, domicilié à la Rivière-Pilote.

Le Président: Etiez-vous sur l'habitation Symphorien Garnier Laroche le jour de l'incendie. — R. Oui.

D. Avez-vous vu mettre le feu ? — R. Oui.

D. Qui a mis le feu ? — R. Gorsan, Lazare Boissonnet, Althénor Claveau Jean, Althéus et Cassius. Je n'ai pas reconnu les autres.

D. Qu'elles étaient les femmes qui étaient là ? — R. Je ne les ai pas reconnues. Ce sont les *messieurs* qui les poussaient.

D. Avant le feu n'a-t-on pas pillé ? — R. Oui.

D. Avez-vous remarqué que les femmes pillaient ? — R. Il y avait un tel tumulte que je n'ai pas distingué les femmes qui participaient au pillage ni ce qu'elles emportaient. Pendant un moment. J'ai eu peur, j'ai pris la fuite, mais cependant surmontant mon émotion, je suis revenu et j'ai engagé la foule à ne pas brûler le moulin. Joseph m'a saisi au collet. Quand il m'eût relâché, j'ai été éteindre le feu qu'on avait mis dans la petite cuisine.

D. Comment a-t-on mis le feu à la maison ? — R. On a brisé les jalousies, on les a entassées avec de la paille et on a enflammé le tout.

D. Quels sont ceux qui ont mis le feu à la maison principale ? — R. Ce sont les mêmes que ceux qui ont incendié la sucrerie et le moulin.

Le Président: Greffier donnez lecture de la déposition de Lisette Monique Agasseau.

Interrogatoire de Lisette Monique Agasseau, âgée de 25 ans, domestique chez M. Symphorien Garnier Laroche, demeurant à la Rivière-Pilote et domiciliée au Morin, non parente ni alliée ni au service des inculpés.

« Dépose.

» Le vendredi 23 septembre j'étais à l'habitation Symphorien Garnier Laroche, quand une bande d'individus qui venait d'incendier l'habitation Joseph est arrivée sur l'habitation de M. Symphorien. J'ai remarqué Lazare, Cassius, son frère, Althéus, Althénor Grenat, Chérubin et ses deux filles, deux filles de Mme Sylvain, Joseph Borris, Gorsan qui se précipitèrent à la maison principale où ils mirent le feu. Ils avaient préalablement haché les jalousies, porté de la bagasse et de la paille à laquelle ils mirent le feu avec des allumettes. Au nombre des incendiaires étaient encore Surprise et Astérie Boissonnet. Le lendemain, ils revinrent pour piller et enlever des bœufs, qui furent pris par Compère, Cyrille, les deux fils de Mme Amédée, Coco et Assé; Emile Sydney et d'autres que je ne connais pas ont pris aussi des barils de rhum et enfin tout ce qu'ils ont trouvé. Je ne puis vous dire qui a mis le feu sur l'habitation Joseph, car je n'y étais pas. Cependant ce doivent être les mêmes individus, puisqu'ils descendaient de cette habitation quand ils sont revenus près de M. Symphorien Garnier. »

La séance est levée et renvoyée au lendemain 3 juin à midi.

Séance du 3 Juin.

La séance est ouverte à midi.

Joseph Garnier Laroche, témoin (déjà entendu.)

Le Président: Que savez-vous de l'incendie de votre frère Symphorien ? — R. Ce sont les mêmes qui ont incendié ma propriété qui ont incendié celle de mon frère.

D. Qui a volé chez vous. — R. La famille Chérubin entre autres chez qui on a trouvé mes matelas, mon linge, mes rasoirs, les bijoux de ma femme, mes papiers de famille, objets qui m'ont été rapportés plus tard par Suzanne et sa fille.

D. Quand vous avez rencontré les demoiselles et la femme Chérubin lors de leur arrestation et que vous leur avez manifesté votre étonnement au sujet de cette arrestation, vous ne saviez pas alors qu'elles avaient déjà volé chez vous ? — R. Non, ce n'est que plus tard que je l'ai su.

M. de Pontcharra, juge : Chérubin père faisait-il partie des incendiaires et des pillards. — R. Oui, il était chez moi avec sa femme et ses filles.

Suzanne, (déjà entendue.)

Le Président: N'avez-vous pas dit hier que les filles Chérubin n'avaient rien volé chez Joseph Garnier ? — R. Oui, car ce sont elles qui m'ont aidé à sauver le lit de Mme Garnier.

Le Témoin Joseph Garnier s'adressant à Suzanne : Comment, vous ne savez pas que les filles Chérubin ont volé chez moi. N'a-t-on pas trouvé chez elles des objets qui m'appartenaient

Suzanne : Je ne sais si elles ont volé chez vous.

Joseph Garnier : J'ai des témoins qui prouveront cela.

Le Président: Inutile d'insister M. Garnier, depuis hier le Conseil est fixé sur la valeur de la déposition de ce témoin.

M. Chapolot, juge à Suzanne: Si vous n'avez pas vu les filles Chérubin voler, ne savez-vous pas qu'elles ont rapporté à M. Garnier des objets volés chez lui.

Suzanne: Mme Honoré qui demeure près de la famille Chérubin a trouvé dans les manioes une boite qui contenait des papiers et qu'on a su appartenir à M. Joseph Garnier. Cette femme l'a remise à ma fille Alexandrine qui l'a rapporté à M. Joseph Garnier.

Joseph Garnier: Une jarre de Provence volée chez moi existe encore chez Mme Chérubin, veuillez demander au témoin si elle a connaissance de cela.

Suzanne: Je n'ai pas vu Mme Chérubin voler de jarre, mais j'ai entendu dire qu'elle avait sauvé une jarre pour M. Garnier et j'ai vu en effet cette jarre chez elle.

Le Président: Mais comment savez-vous que cette jarre avait été sauvée pour M. Garnier. — R. C'est Mme Chérubin elle-même qui me l'a dit.

D. Pourquoi depuis si longtemps, Mme Chérubin n'a-t-elle pas rendu cette jarre. — R. Parce qu'elle a é-é arrêtée.

D. Mais elle a été mise en liberté depuis longtemps et elle avait eu le temps de restituer cette jarre. (Au Commissaire du Gouvernement: Vous assignerez pour lundi Alexandrine Suzanne et Honoré Palantua.

Le Président au témoin Garnier: Tous les individus que vous avez signalés n'ont pas été vus par vous mais c'est bien par oui-dire que vous les avez signalés. — R. Oui, mais j'ai vu ma jarre chez Mme Chérubin et elle y est encore; j'y ai de plus trouvé un journal de l'habitation Bonquet que j'ai renvoyé au propriétaire.

Le Président à Suzanne: Comment se fait-il que Mme. Chérubin depuis sa mise en liberté n'ait pas rendu la jarre? — R. Je ne sais pourquoi.

M. Rouquette, juge: Compère et compagnon.

Jean David St.-Pée, 64 ans, propriétaire, domicilié à la Rivière-Salée.

Le Président: Dites nous ce qui s'est passé chez vous le 23 septembre. — R. Ce jour, mes travailleurs sont venus me prévenir que le feu était partout et m'ont engagé à me retirer de l'habitation parce que l'on devait y mettre le feu. Je leur ai dit: Voilà comment on comprend mal la République. Jérémie Bruta m'a dit: Vous ne serez pas brulé, on ne vous fera rien, j'en réponds. Vous êtes certain de cela, lui ai-je dit: Oui, m'a t-il répliqué. Dorval Syphon s'est adressé à lui et l'a prié de venir veiller la propriété avec lui; il a répondu qu'il ne le pouvait pas car il avait à veiller lui-même sur sa famille et que du reste il serait trop compromis s'il restait sur l'habitation. Je suis parti et le lendemain à mon retour j'ai trouvé tout brûlé, j'ai su que Jérémie Bruta, armé d'une épée, était venu chez moi avec la bande qui m'a incendié et qu'il avait pénétré dans la chambre de ma belle-mère, Mme. veuve Lilette, vieillard de 72 ans, et lui secouant brutalement les bras l'avait forcée à crier: *Vive la République! Vivent les Prussiens!* Les témoins vous diront ce qui s'est passé chez moi pendant la nuit de l'incendie.

D. Quels sont les principaux auteurs de l'incendie qui vous ont été désignés. — R. Lazare, Gersan, Moshult, Surprise, femme Cyrille et une autre jeune fille dont je ne connais pas le nom.

D. Quelle perte avez-vous éprouvée? — R. J'ai tout perdu, Mme. Cyrille a dit: Qu'elle avait regretté de ne m'avoir pas trouvé, car elle aurait coupé un morceau de ma gueule pour le rotir et le manger.

D. Quelle a été la conduite de Mme. Cyrille depuis l'époque de sa mise en liberté jusqu'au moment de sa nouvelle arrestation? — R. Elle a dit au St.-Esprit *qu'on n'avait pas fini avec les blancs, que les prisonniers allaient être mis en liberté, que tout allait recommencer, que cette fois-ci on allait tout raser.*

D. Toujours l'espoir de l'impunité; on s'attendait donc à la mise en liberté de tous ces prisonniers. — R. Comment donc, M. le Président, *on leur avait même préparé une fête pour le premier de l'an.*

Le Président à la femme Cyrille: Qui vous faisait donc penser qu'on allait mettre les prisonniers en liberté? — R. Je n'ai jamais dit pareille chose, c'est par une grande *vindication* que M. St.-Pée dit cela.

D. Taisez-vous, quelle *vindication* St.-Pée peut-il avoir contre une créature de votre espèce. — R. Parce qu'il a cru que je l'avais dénoncé comme faisant la fraude sur le tafia. A cette occasion il m'avait même interdit sa propriété. C'est moi qui trois fois ai éteint le feu qu'on avait allumé dans ses cannes.

Le Témoin St.-Pée: Si vous avez éteint ce feu c'est que ces cannes appartenaient à des *cultivateurs, colons partiaires* de l'habitation.

M. de Pontcharra, juge au témoin: Qui vous a dit que Jérémie Bruta faisait partie de la bande des incendiaires? — R. Tous mes cultivateurs, ils sont témoins ici et vous le répéteront.

Dorval Syphon, 27 ans, propriétaire à la Rivière-Salée.

Le Président: Dites ce que vous savez de l'incendie de l'habitation St.-Pée? — R. Le 23 septembre vers trois heures de l'après-midi Jérémie Bruta est arrivé sur l'habitation St.-Pée, j'ai vu alors le feu sur les habitations Garnier, je lui ai dit de rester avec moi pour veiller ma propriété, puisqu'en sa qualité de colon partiaire, il y avait des intérêts; il m'a répondu qu'il ne voulait pas se compromettre en restant sur l'habitation. Le premier, arrivé, le soir, était Jérémie Bruta armé d'une épée. Surprise et dame Cyrille sont entrées dans la maison; Surprise a pénétré dans une chambre, a pris une paillasse l'a arrosée de kérosine, a mis du bois dessus et y a mis le feu. Dame Cyrille est entrée dans la chambre de Mme. Lilette et a mis le feu à un matelas et à un canapé, quand Surprise mettait le feu; elle a dit à Astérie: allez mettre le feu à la case à farine, celle-ci a pris un tison dans la maison principale et a été mettre le feu à la case à farine, ainsi que Surprise le lui avait ordonné. Meshuit a mis le feu à l'écurie contiguë, à la maison principale au moyen d'un bouchon de paille qu'il a allumé avec des allumettes et qu'il a promené tout autour de la toiture. Gerson, la bougie à la main et le fusil chargé défendait à qui que ce soit d'approcher pour éteindre le feu. Lazare et Surprise ont alimenté le feu avec des morceaux de bois. Ferdinand Tafi dit Frère Ferdinand avait un fusil ainsi que Meshuit.

D. Ferdinand Frère a-t-il mis le feu? — R. Il n'a pas mis le feu, mais il défendait de s'en approcher pour l'éteindre.

D. Et Décius Sidney? — R. Il a mis le feu dans la chambre des enfants de M. St.-Pée à une mauresque, une natte et un matelas. Comme Surprise trouvait que le feu ne prenait pas assez vite, elle a imbibé ces objets de kérosine et le feu a éclaté avec intensité.

D. Décius Sidney et Jérémie Bruta étaient-ils armés? — R. Oui. Le premier d'un sabre, le second d'une épée.

D. Qui a mis le feu à la case à bagasse? — R. Je ne sais.

D. Les fils de Célina étaient-ils là? — R. Oui, ainsi que les frères Sidney.

Le Président, aux frères Célina: Levez-vous, vous nous avez dit n'avoir rien fait et cependant on vous trouve partout dans tous les incendies, vous éprouviez donc un bien grand plaisir à assister à la ruine de vos concitoyens.

Les frères Célina répondent qu'ils ont été, il est vrai, sur l'habitation St.-Pée, mais qu'il n'y ont rien fait; qu'ils ont été forcés d'y aller par Gerson et qu'ils ont aidé à sauver des objets.

Le Témoin: Je ne les ai pas vus mettre le feu, mais ils n'ont rien sauvé; ils étaient là debout regardant sans rien dire. Des frères Sidney, je n'ai vu que Décius mettre le feu à la chambre des enfants. Le 24, le lendemain de l'incendie, j'ai amené Mme. veuve Lilette chez moi. Jérémie Bruta est venu chez moi et ayant trouvé là Mme. veuve Lilette, il l'a forcée à crier: *Vive la République! Vivent les Prussiens!*

M. Malle, juge: Avez-vous vu Jérémie Bruta mettre le feu? — R. Non, mais il était à la porte de la maison, une épée à la main.

Le Président: Avez-vous vu la femme Cyrille éteindre le feu allumé aux cannes par Surprise? — R. Non, au contraire, et si elle avait pu elle aurait fait bien plus encore, en voyant l'incendie, elle s'est écrié: quel beau feu? où est donc St.-Pée que je lui coupe un morceau de la gueule pour le griller et le manger. Lorsque Surprise est arrivée sur l'habitation, je lui ai conseillé de ne pas brûler les bâtiments parce que j'avais des cannes à faire, elle m'a répondu: je brûlerai tout, *si le bon Dieu avait une habitation je la brûlerais aussi, car ça doit être un vieux béqué!*

Le Président, à Surprise: Il paraît que vous êtes plus savante que les autres. Comment savez-vous que le *Bon Dieu est un béqué.* Vous l'avez donc déjà vu. Le bon Dieu entendez-vous est notre maître à tous blancs ou noirs.

Surprise: Je n'ai jamais dit cela. C'est la première fois que j'entends me reprocher cela.

Le témoin continue: Surprise est venue chez moi a dit des injures contre ma femme parce qu'elle a prétendu qu'elle avait été se cacher, avec Mme Garnier et Mme Lilette; elle a ajouté: Elle se croit donc une blanche pour aller se cacher, mais puisque vous prenez le parti des blancs vous auriez dû aller vous cacher vous-même.

Le Président: Parcourez le banc des accusés et montrez-nous ceux qui ont pris part aux événements que vous venez de raconter.

Le témoin parcourant les bancs: Voilà Gerson ce fameux brigand. Voici Mme Cyrille sa figure vous dit ce qu'elle est, voilà Meshuit qui avait un fusil à un coup. Voilà Ferdinand Frère. (Le témoin s'adressant à tous les accusés s'écrie: *Allons, allons vous autres, levez donc la tête, que je vous reconnaisse, vous ne la baissiez pas comme ça à la Rivière-Pilote. Tas de bandits, scélérats*), puis il continue à indiquer les accusés cités plus haut.

L'accusé Meshuit: Quoique le témoin soit fâché avec moi, demandez-lui M. le Président, si je ne suis pas venu le prévenir que Surprise allait venir mettre le feu chez lui.

Le Témoin: Oui il est venu me dire cela, mais en même temps, il m'a dit: Tachez de rester chez vous afin de nous livrer le plus beau bœuf. La bande composée de 80 personnes environ est venue en effet chez moi et s'est emparée de trois bœufs.

Défenseur Marchand: Quel jour et à quelle heure Meshuit vous a-t-il fait cette déclaration? — R. Après l'incendie St.-Pée.

L'accusé Jérémie Bruta: Quand le témoin m'a dit de rester pour veiller l'habitation St.-Pée avec lui, ne lui ai-je pas dit que j'avais femme et enfants à surveiller d'abord.

Le Témoin: Jérémie, si vous aviez femme et enfants à surveiller, pourquoi êtes-vous venu, à la tête de la bande, sur l'habitation armé d'une épée.

L'accusé Jérémie Bruta: J'ai été forcé par la bande de marcher.

Le Témoin: Ce n'est pas vrai, puisque vous commandiez la bande. De plus le lendemain vous êtes venu chez moi m'ordonner de vous livrer du rhum et du vin prétendant que j'avais caché ces liqueurs pour M. St.-Pée.

Accusé Jérémie Bruta : J'ai demandé du rhum au témoin parce qu'il m'en avait promis la veille? — R. Je ne vous avais rien promis, d'ailleurs je ne pouvais vous promettre des choses ne m'appartenant pas.

Louis Fatal Emmanuel, 32 ans, propriétaire, domicilié à la Rivière-Pilote.

Le Président : Que savez-vous de l'incendie St-Pée? — R. Le 23 à la limite de l'habitation St-Pée, j'ai rencontré une bande qui criait : *Vivent les Prussiens*, nous allons brûler St-Pée et Dorval, j'ai évité la bande en me jetant dans une pièce de cannes et j'ai été prévenir Dorval de ce que j'avais entendu, puis tous deux, nous nous sommes transportés chez St.-Pée pour le prévenir aussi. A notre arrivée la bande était maîtresse de la propriété, elle avait déjà envahi la maison principale. La femme Cyrille charroyait du bois pour alimenter le feu, les cannes déjà mûres que l'on avait brisées, servaient aussi de combustibles. Meshuit a mis le feu en trois endroits différents dans l'écurie ; Astérie a mis le feu à l'écurie; Surprise, avec une bouteille de kérosine à la main, a mis le feu à la maison ; Décius Sidney ne faisait rien, mais était debout dans la galerie avec un sabre à la main ; Jérémie Bruta était à ses côtés avec une épée à la main.

D. Avant l'incendie, n'aviez-vous pas rencontré Bruta? — R. Oui, je l'ai rencontré avant l'arrivée de la bande sur l'habitation, Gerson et Lazare voulaient m'obliger de marcher avec eux, je ne voulais pas, alors Jérémie leur a dit, en me menaçant de son épée : C'est un ennemi, il faut l'obliger à marcher.

D. Qui a mis le feu à la maison principale? — R. Dame Cyrille, Surprise, Gerson, dans la maison principale; Meshuit à l'écurie, et Astérie à la case à farine. Les frères Célina étaient là, mais je ne les ai pas vu mettre le feu.

(Ici le témoin désigne les accusés qu'il vient de citer.

Le Président : Avez-vous vu dame Cyrille éteindre le feu mis aux cannes par Surprise? — R. Non, je ne l'ai pas vue faire cela; elle est incapable d'une telle action. Elle était plus enragée qu'une vipère, c'était une furie, elle était courbée en deux sous le faix des fatras qu'elle portait pour alimenter le feu.

D. Elle travaillait ce jour-là pour détruire, comme elle n'a jamais fait pour produire. Qui commandait la bande? — R. Jérémie Bruta ; il avait une épée, c'était le général ; Décius Sidney avait un grand sabre et Gerson un fusil à 2 coups, avec lequel il a couché Dorval en joue, lorsque celui-ci a voulu sauver les planches.

D. N'ont-ils pas volé des bœufs? — R. Oui.

Cécilia Joachim, 40 ans, cultivateur, domicilié à la Rivière-Salée.

Le Président : Que savez-vous de l'incendie St.-Pée? — R. Surprise est arrivée sur l'habitation le 23, vers neuf heures du soir, avec une bande de 60 à 80 personnes, grandes et petites. Prévoyant les projets de Surprise qui est une mauvaise femme, je lui ai conseillé de ne pas mettre le feu sur l'habitation St.-Pée. Loin d'obéir à mes conseils, elle m'a déclaré que c'était son intention ; elle m'a poussé et je suis tombé sur une vieille maçonnerie. Toute la bande est entrée dans la maison principale, Surprise a pénétré dans une chambre, a pris des papiers qui s'y trouvaient, les a fait flamber et a mis le feu à un matelas. Mme. Cyrille a pénétré dans une autre chambre et a mis aussi le feu au moyen de papiers ; Décius Sidney a brisé les jalousies de la chambre des enfants et je ne sais s'il y a mis le feu. J'ai vu maître Sidney, je ne sais s'il y a mis le feu, mais aussitôt l'incendie allumé, je l'ai surpris emportant deux livres que je lui ai retirés des mains. Mme. Cyrille et Surprise ont voulu ensuite mettre le feu à la case aux travailleurs, mais ceux-ci se sont opposés à leur dessein. Meshuit et dame Cyrille ont mis le feu à l'écurie en deux endroits ; Astérie Boissonnet a incendié la case à farine à l'aide d'une tête de paille enflammée. On a défoncé la porte de la sucrerie, il y avait là deux boucauts de sucre sur limande, j'ai voulu les sauver, mais Gerson s'y est opposé en me couchant en joue avec son fusil. Pour conserver ma vie j'ai été obligé de lui demander pardon. Lazare a mis le feu aux quatre coins de la sucrerie et a emporté une chaîne.

D. Quels sont ceux que vous avez particulièrement vus mettre le feu à la maison principale. — R. J'ai vu de mes yeux Surprise et dame Cyrille mettre le feu à la maison. Meshuit et femme Cyrille mettre le feu à l'écurie. Astérie à la case à farine et Lazare à la sucrerie.

D. N'avez-vous pas vu Althénor Claveau. — R. Non, je ne puis le dire, je ne le connais pas.

D. Et Chérubin. — R. Je ne l'ai pas vu là.

D. Et Joseph Boris. — R. Je ne le connais pas.

D. Et les trois frères Célina. — R. J'en ai vu deux, je ne sais ce qu'ils ont fait.

D. Et Maria Bouchon. — R. Je ne la connais pas.

D. Et les demoiselles Sylvain et Chérubin. — R. Je ne les ai pas vues là.

D. Quelle conduite avait Chérubin avant les événements. — R. Il se conduisait bien avant les événements, j'ai entendu dire que depuis il avait commis des forfaits.

D. Connaissez-vous Chéry Emmanuel. R. Oui, loin de mettre le feu, il m'a aidé à sauver les effets de l'habitation.

D. N'avez-vous pas entendu dire que Mme. Cyrille avait éteint le feu que Surprise avait allumé dans les cannes. — R. Je ne sais pas cela,

J'avais oublié de vous dire que la femme Cyrille avait proféré pendant l'incendie les paroles suivantes: Je regrette n'avoir pas trouvé ce vieux cochon de St.-Pée, j'aurais coupé un morceau de sa gueule pour le rotir et le manger.

D. C'est vous que Gersan a couché en joue. — R. Oui.

D. Lequel des deux frères Célina avez-vous vu. — R. Emile et Octave.

M. Rouquette juge: Quel rôle Décius Sidney a-t-il joué depuis que vous lui aviez retiré les deux livres des mains. — R. Je ne puis dire ce qu'il a fait depuis.

Reine Fouchon, 22 ans, blanchisseuse, domiciliée à la Rivière-Salée.

Le Président: Que savez-vous de l'incendie St.-Pée. — R. Le 23 septembre au soir, j'ai vu Surprise dans la chambre de M. St.-Pée arroser un matelas de kérosine et y mettre le feu au moyen de papiers enflammés par des allumettes. Elle a pénétré ensuite avec Mme Cyrille dans la chambre de Mme veuve Lilette, belle-mère de M. St.-Pée. La femme Cyrille a mis le feu dans un matelas. Décius Sidney a pénétré dans la chambre des enfants, a mis le feu dans une mauresque; il l'a éteint avec les pieds quand il a vu arriver du monde; Astérie a mis le feu à la case à farine. Je ne sais qui a brûlé l'écurie.

D. Quels sont ceux qui étaient armés dans la bande. — R. Meshuit, frère Ferdinand et Gersan avaient chacun un fusil. Décius Sidney un grand sabre.

D. Qu'a fait Gersan. — R. Je l'ai vu dans la sucrerie, ayant à la main un paquet de paille et une bougie.

D. Qu'ont fait les frères Célina. — R. Je les ai vus, mais je ne sais ce qu'ils ont fait.

D. La femme Cyrille n'a-t-elle pas éteint le feu allumé aux cannes par Surprise? — R. Elle était tout près des cannes à regarder et quand elle nous a vus, elle a dit qu'elle allait éteindre le feu.

D. Drôle d'idée d'éteindre le feu mis aux cannes par Surprise, quand elle venait elle-même d'incendier la maison principale. — R. Elle n'a dit qu'elle allait éteindre le feu que lorsqu'elle a vu arriver les gens de l'habitation.

D. La femme Cyrille n'a-t-elle pas fait des menaces à St.-Pée. — R. Oui, elle a dit que si elle l'avait attrapé elle lui aurait coupé un morceau de la gueule pour le faire rôtir et le manger.

M. Rouquette, juge: Qu'a fait Maître Sidney? — R. Il était là, mais je ne l'ai rien vu faire.

Marie Finoli dite *Capresse*, 20 ans, cultivatrice, domiciliée à la Rivière-Salée.

Le Président: Racontez ce que vous avez vu et entendu sur l'habitation St.-Pée dans la nuit du 23 septembre? — R. J'ai vu une troupe arriver chez M. St.-Pée dans la nuit du 23 en criant: Où est St.-Pée, où est St.-Pée? Nous le voulons. Surprise est entrée dans une chambre et a mis le feu à une paillasse; la femme Cyrille a mis le feu à un matelas dans une autre chambre; Décius Sidney l'a mis encore dans une autre chambre; Astérie à la case à farine et Gersan à la sucrerie.

D. Avec quoi Gersan a-t-il mis le feu? — R. Avec une tête de paille qu'il tenait à la main. J'ai vu Meshuit avec de la paille, mais je ne l'ai pas vu mettre le feu. Lazare Boissonnet a mis le feu au moulin.

D. Avez-vous vu Lazare prendre une jarre de rhum? — Oui, je l'ai vu prendre dans le cabinet de M. St.-Pée une jarre qui contenait un peu de rhum.

D. Quels sont ceux qui étaient armés? — R. Frère Ferdinand d'un fusil et Jérémie Bruta d'un morceau de sabre.

D. Que les avez-vous vus faire? — R. Rien.

D. Et Maître Sidney, les frères Célina et Fatal? — R. Je les ai vus, mais ne sais ce qu'ils ont fait; je puis dire que Fatal et les frères Célina ont sauvé des effets avec moi.

D. Quels étaient les plus enragés de la bande? — R. La femme Cyrille et Surprise. Mme. Cyrille a dit qu'elle voulait trouver M. St.-Pée pour lui couper un morceau de la gueule, le rôtir et le manger.

Sur l'invitation du Président, le témoin désigne au Conseil tous les accusés dont elle vient de citer les noms.

Angèle Monta René-Lise, 24 ans, cultivatrice, domiciliée à la Rivière-Salée.

Le Président: Que savez-vous de l'incendie St.-Pée? — R. J'étais chez M. St.-Pée le 23 septembre quand le *convoi* est arrivé. On s'est mis à défoncer partout; les travailleurs et moi avons sauvé plusieurs objets que nous avons caché dans les halliers. On a mis le feu mais je ne sais qui.

D. Qui avez-vous reconnu dans le *convoi*. — R. Surprise, Gersan, Meshuit, Jérémie Bruta, femme Cyrille.

D. N'avez-vous pas vu Astérie et Lazare Boissonnet. — R. Je ne les connais pas.

D. Qui était armé? — R. Gersan et Meshuit avaient chacun un fusil, Jérémie Bruta une épée.

D. N'avez-vous rien entendu dire par la femme Cyrille? — R. Je n'ai pas remarqué si elle a dit quelque chose, car on faisait un tapage infernal.

Le Président: M. Mars Lebreton justifiant par un certificat médico-légal qu'il est dans l'impossibilité de se rendre à l'audience, j'ordonne que la lettre qu'il m'a écrite contenant sa déposition soit lue. Greffier lisez cette lettre:

« Monsieur le Président,

» J'ai l'honneur de vous adresser ma déposition relative aux événements qui se sont accompliés dans les journées des 23, 24 et 25 septembre 1870.

» Comme Maire de la Rivière-Salée j'ai proclamé la République le 22 au siége de ma Commune, dans la soirée les incendies éclataient à la Rivière-Pilote. Le 23 au matin, j'étais avisé, au François où je me trouvais des malheurs qui venaient de souiller cette commune et j'apprenais que les insurgés devaient marcher sur la Rivière-Salée. Immédiatement je me suis rendu au poste où le devoir m'appelait, et à mon arrivée au Grand-Bourg, j'expédiai de suite mon secrétaire à M. le directeur de l'Intérieur, pour lui faire connaître la situation qui nous menaçait et lui demander des armes pouvant nous permettre de faire face aux insurgés. M. Blanc revint le soir, m'apprenant que le Chef de la Colonie, avait refusé de mettre des armes à ma disposition, mais qu'il avait donné des ordres pour que vingt matelots du *Talisman* commandés par un officier me fussent envoyés. Le même jour, à dix heures du soir, ces forces étaient rendues au Grand-Bourg.

» Pendant cette soirée et en attendant les forces qui m'étaient annoncées, des lueurs sinistres dénotaient que les misérables continuaient leur œuvre de destruction. Le lendemain j'appris en effet que les habitations Gustave Garnier Laroche, St-Pée et Lamberton avaient été pillées et incendiées.

» Le lendemain M. l'enseigne-de-vaisseau de Bourdonnel, commandant les marins, se rendit au St-Esprit, pour se concerter avec le commandant des troupes de cette localité sur les mesures stratégiques à prendre pour envelopper l'insurrection et l'arrêter dans sa marche. Le lendemain matin les marins et environ 20 volontaires sous mes ordres nous partions pour la Régale qui nous avait été signalée, comme le lieu de refuge des incendiaires au repos.

» Arrivés sur les lieux à six heures du matin nous trouvâmes des groupes d'individus stationnant devant les nombreuses cases en paille bâties en cet endroit. A notre approche confusément ils prirent tous la fuite, mais sur une décharge en l'air des armes dont nous étions porteurs, ils s'arrêtèrent et vinrent à nous pour protester de leur bonne conduite, en nous disant qu'ils ne faisaient pas partie des bandes insurgées. Pendant ce temps la femme Surprise, effrayée des détonations qu'elle avait entendues, s'était couchée à terre, ce qui nous permit de mettre facilement la main sur elle. Quelques personnes parmi lesquelles se trouvaient MM. St-Pée père et fils, leurs cultivateurs, MM. Joseph et Symphorien Garnier nous indiquèrent du doigt ceux qui avaient joué des rôles très actifs dans l'incendie de leurs propriétés, ils furent immédiatement arrêtés et placés sous bonne garde. A ce moment un homme, du nom de Gruaud-Alcide dit Gueule-Puce, vint s'offrir comme volontaire dans ma compagnie protestant lui aussi, de son dévouement à l'ordre public; mais des dénonciations me firent savoir que j'avais affaire à un des plus farouches des bandes insurgées, il fut arrêté et fouillé, on trouva sur lui des balles et de la poudre.

» L'expédition continua sa route et s'arrêta devant la maison de Lacaille père, devant laquelle se trouvaient beaucoup de personnes qui prirent la fuite ; cette maison fut visitée et on y trouva beaucoup d'objets provenant du pillage des habitations Garnier. J'ordonnai à ma troupe de se diviser par section et de procéder à de semblables visites dans toutes les cases avoisinant celle de Lacaille père. Partout on trouva des objets volés qui furent réunis et apportés avec nous, dans l'après-midi, au Petit-Bourg. Les arrestations avaient continué, M. le Procureur de la République, le Juge-d'instruction, des gendarmes et des matelots les accompagnant arrivèrent sur les lieux où nous passâmes la journée.

» Parmi les prisonniers que nous avions faits, quelques-uns d'entr'eux furent remis, sur leurs demandes, aux magistrats instructeurs : Ce sont les nommés Saint-Aimé Rivière, Gruaud Alcide et 5 ou 6 autres dont j'ai oublié les noms.

» L'insurrection sur ce point étant complètement arrêtée, nous revînmes vers les trois heures, au Petit-Bourg, où, sur une réquisition de M. le Commandant de l'Etat de Siége, les prisonniers furent embarqués sur le yacht et conduits à Fort-de-France. Les forces armées du Saint-Esprit n'avaient pu opérer leur jonction avec celles de la Rivière-Salée. Elles avaient été retenues par l'affaire de l'habitation d'Aubermesnil.

» Le 27, je partais avec mes volontaires pour aller constater le cadavre d'un européen colon partiaire de l'habitation la Mareil que l'on avait trouvé dans les palétuviers la tête brisée par une balle. Après cette constatation nous prîmes la route du Diamant où, d'après les renseignements qui nous avaient été donnés devaient se trouver Lacaille et les principaux instigateurs des crimes odieux de la Rivière-Pilote. Nos recherches furent infructueuses et pendant les jours suivants, ma troupe et moi nous visitâmes tous les points des communes avoisinant la Rivière-Salée, c'est-à-dire Sainte-Luce, Diamant, Trois-Ilets, Anses-d'Arlets et, en dernier lieu, la Rivière-Pilote.

» Huit jours s'étaient écoulés et la tranquillité était rétablie sur tous les points.

» Voici, M. le Président, les seuls renseignemens que je puis vous donner de cette affaire. Comme Maire de la Rivière-Salée, je n'ai pas hésité un seul instant à me mettre sous les ordres du Commandant de l'Etat de siége de ma commune, pour arrêter l'incendie et le pillage qui avaient commencé à la souiller. L'expédition de la Régale menée à bonne fin, a mis un terme à l'insurrection du Sud. J'ai été trop heureux de trouver dans M. de Bourdonnel un chef aussi actif qu'intelligent.

» Veuillez agréer, etc., etc. »

Le Président : Accusé Gueule-Puce, vous voyez que M. le Maire de la Rivière-Salée ne dit pas du tout que vous êtes venu vous offrir à lui pour être engagé comme volontaire dans sa troupe ; il dit au contraire que vous avez été arrêté comme étant suspect (et il avait parfaitement raison) ; que l'on vous a fouillé et que l'on a trouvé sur vous des balles et de la poudre. Vous voyez que vous mentez.

Accusé Gueule-Puce : Je ne mens pas M. le Président. J'ai été m'offrir à M. Mars Lebreton comme volontaire en lui remettant une petite corne remplie de poudre et de balles que j'avais trouvée sur la route.

Clémence Hermancia Morigène Lacaille, femme Mathéus, couturière, 25 ans, domiciliée à la Rivière-Pilote. Elle déclare que son père et deux de ses frères se trouvent parmi les accusés.

Le Président : Vous étiez présente le 24 septembre à l'arrestation de la poste ? — R. J'étais allée ce jour-là chez Duvély pour acheter du sucre. J'ai rencontré une foule qui criait : M. Lacaille on a arrêté la poste. Plusieurs de la bande m'ont dit : venez prendre connaissance des lettres que M. le Gouverneur adresse au Maire de la Rivière-Pilote, j'ai refusé en disant que mon enfant était malade. Telgard d'un ton grossier et impérieux m'a dit : Vous ne savez donc pas que nous sommes en République, vous ferez ce qu'on vous dira de faire. Vous nous embêtez avec votre résistance. On m'a obligée à lire une lettre. J'avais commencé sa lecture, quand mon père m'a dit : Ce n'est pas celle-ci qu'il faut dire, il m'en a donné une autre et je me suis retirée.

Eugène Lacaille : Duvély n'était-il pas présent quand la boîte a été défoncée. — R. Non, il était près de sa femme malade.

M. de Pontcharra, juge : La lettre a-t-elle été lue par vous à haute voix ? — R. Oui.

Le Commissaire du Gouvernement : Monfio était-il là. — R. Je ne le connais pas.

Morel Néry, 20 ans, cultivateur, domicilié à la Rivière-Salée.

Le Président : Etiez-vous à l'incendie Symphorien Garnier. — R. Oui.

D. Dites alors ce que vous avez vu et entendu. — R. J'ai vu Lazare Boissonnet, Gersan, Althénor Claveau, Joseph Borris, Altéus et Casius.

D. Qu'elle est la part prise par chacun dans l'incendie. — R. Lazare Boissonet a brisé les lames de jalousies, les a enflammées et a mis le feu à la maison. Gersan a aussi mis le feu à la maison ainsi qu'à la sucrerie avec un bouchon de paille. Althénor Claveau est entré dans la maison a jeté une boîte à pendules en disant : Ça doit être là-dedans que ce béqué s'est caché.

D. On cherchait donc un *béqué* ? — R. Il paraît qu'oui.

D. Quel *béqué*. — R. M. Symphorien Garnier. Althénor Claveau a mis le feu à la maison principale ainsi qu'à la sucrerie ; Joseph Borris a aussi mis le feu à la maison principale, je n'ai pas vu Astérie.

D. Quels sont ceux que vous avez vus armés ? — R. Gersan avait un fusil, Lazare un sabre, Althénor Claveau était armé mais je ne me rappelle pas de quelle arme.

M. Malle, juge : Qu'à fait Compère. — R. Je l'ai vu sur les lieux, mais je ne sais s'il a mis le feu.

Le Président : Qu'ont fait les frères Célina, Maître Sidney, Décius Sidney et Bernard. — R. Je ne les ai pas vus.

Britmer Frédéric, 25 ans, cultivateur, domicilié à la Rivière-Pilote.

Le Président : Dites nous ce que vous savez de l'incendie Symphorien Garnier ? — R. Le jour de l'incendie j'ai vu Gersan et Lazare Boissonnet ; Lazare, le premier, a mis le feu à une case habitée par les créoles. Je lui ai dit qu'il avait tort de faire cela, il s'en est retourné et a essayé d'éteindre le feu avec ses pieds et n'a pu y parvenir. J'ai vu Gersan mettre le feu à la sucrerie.

D. Avez-vous vu Meshuit et Althénor Claveau Jean. — R. Non.

Laclé François, 31 ans, né au Marin, cultivateur, domicilié à la Rivière-Pilote.

Le Président : Etiez-vous à l'incendie Symphorien Garnier. — R. Oui.

D. Qu'avez-vous vu faire par les incendiaires ? — R. J'ai vu Gersan, Lazare, Surprise, les deux filles de Mme. Sylvain ; je n'ai reconnu que ceux-là dans le nombre.

D. Avez-vous vu les filles Sylvain mettre le feu. — R. Oui.

D. En êtes vous sûr. — R. Oui.

D. Où ont elles mis le feu. — R. A la case à bagasse.

M. Chapolot, juge : Jusqu'à présent c'est le seul témoin qui accuse les filles Sylvain d'un semblable fait.

Le Président : Et Compère et les autres, qu'ont-ils fait ? — R. Je n'ai pas vu Compère mettre le feu, j'ai vu Gersan et Lazare communiquer les premiers l'incendie à la case à bagasse. Les filles Sylvain l'ont aussi mis après eux dans cette même case au moyen d'une torche de paille qu'elles avaient embrasée avec des allumettes.

D. Où a-t-on mis le feu ensuite ? — R. Gersan, Lazare, les deux demoiselles Sylvain et Surprise ont été mettre le feu à la sucrerie.

D. Avez-vous vu les trois frères Célina, Meshuit, maître Sidney, Décius Sidney et Astérie Boissonnet ? — R. Je ne les ai pas vus, je n'ai cité que deux que j'ai remarqués.

D. N'avez-vous vu personne emporter les effets volés? — R. Non.

Défenseur Ouizo : Je voudrais savoir quelle part Surprise a prise à l'incendie Symphorien Garnier?

Le Témoin : Elle a aussi brûlé avec de la paille et des allumettes.

Le Président : N'avait-elle pas aussi une bouteille de kérosine à la main? — R. Je n'ai pas vu de kerosine entre ses mains.

L'accusé Roro Ste.-Marie : M. le président, je voudrais faire citer à ma décharge la demoiselle Parfaite.

Le Président : Vous vous prenez un peu tard pour arriver assigner vos témoins. Cependant je ferai citer Mlle. Parfaite pour la séance de lundi prochain, et si elle ne comparait pas, il sera passé outre aux débats.

La séance est levée et renvoyée au lundi 5 juin, à onze heures du matin.

Séance du Lundi 5 juin.

La séance est ouverte à onze heures.

Le président donne de nouveau lecture de la défense de Lisette Monique Agassau déjà reproduite.

St.-Just Sioul, 42 ans, cultivateur, domicilié à la Rivière-Pilote.

Le Président : Dites-nous ce que vous savez de relatif à l'incendie de l'habitation Josseau? — R. Joseph Bardie avait pris une bouteille de kérosine des mains d'Edouard Néral. Il l'a jetée et moi je l'ai brisée pour qu'Edouard ne la ramassa pas. Nous étions en ce moment près des bâtiments; je suis remonté vers la maison principale pour la surveiller, et tandis que j'étais de ce côté, on a incendié la case à bagasse, les cases à congos et les cases à nègres.

D. Quel jour a-t-on mis ce feu? — R. le vendredi.

D. N'avez-vous pas remarqué ceux qui ont allumé l'incendie? — R. Non.

D. N'avez-vous pas vu Warnet Vernet sur l'habitation? — R. Il pouvait y être, mais je ne l'ai pas vu.

Le Président : Montrez-nous Edouard Néral. (Le témoin le désigne).

D. N'avez-vous pas entendu dire qu'Edouard Néral ait participé à l'assassinat Codé? — R. Non.

M. de Pontchâtra, juge : La case à cabrouets n'a-t-elle pas été incendiée? — R. Oui.

D. Par qui? — R. Je n'en sais rien.

D. N'avez-vous pas entendu dire quelque chose à l'égard de l'incendie de la case à cabrouets? — R. Oui.

D. Eh bien, dites alors? — R. J'ai entendu dire que c'était Monrose qui avait mis le feu à la case à cabrouets. Ce sont Ludovic et Jean De Dieu qui ont dit cela.

D. Et à la case à bagasse? — R. J'ai entendu dire que c'était Monrose qui avait mis le feu aussi.

Me La Rougery : Mon client Edouard Néral voudrait poser une question.

Le Président : Qu'il la pose.

Accusé Edouard Néral : Demandez au témoin, M. le Président, si après qu'il eut pris la bouteille de kérosine de mes mains, je ne suis pas remonté immédiatement sur l'habitation Beauregard sans aller aux cases à nègres.

Le Témoin : Je ne sais pas cela. Il y avait beaucoup de monde sur l'habitation.

Antoni, 20 ans environ, cultivateur, domicilié à la Rivière-Pilote.

Le Président : Vous étiez là quand on a mis le feu sur l'habitation La Josseau? — R. Oui.

D. Dites ce que vous savez à cet égard? — R. Je ne connais aucun de ceux qui ont mis le feu.

Le Président donne lecture du compte envoyé par Duvély à M. Mourat, commandant de l'Etat de siége de la Rivière Pilote pour obtenir paiement des réquisitions prélevées par Lacaille pour l'entretien de sa bande. Ce compte s'élève à 50 et quelques francs.

Accusé Lacaille : Ce compte est faux. Je n'ai envoyé qu'une seule fois chez Duvély et il n'a remis à mon ménager qu'une bouteille de vermouth et deux litres de rhum.

Le Président, au Conseil : Vous vous rappelez Messieurs que ces réquisitions étaient faites par Lacaille pour la bande. (A Lacaille). Vous ne voudriez pas que ce malheureux qui a été pillé par vous et les vôtres se fît payer de toutes vos spoliations. Vous avez eu soin cependant de vous faire rembourser la valeur d'un jeune cochon réquisitionné par les volontaires qui allaient rétablir l'ordre troublé par vous. Nous n'avons pas oublié que vous avez accusé MM. Garnier Laroche frères d'avoir incendié votre propriété. C'est une nouvelle iniquité à ajouter à toutes celles qui pèsent sur vous. Ces messieurs sont d'honnêtes gens qui sont toutes victimes de vos atrocités; ils sont incapables du fait que vous voulez leur reprocher.

Le Président donne lecture de l'extrait de l'interrogatoire de Houla Jean Marie, (se référer à son interrogatoire dans la première série).

Témoins à décharge.

Paul Adolphe, 23 ans, cultivateur, domicilié à la Rivière-Pilote.

Le Président : Vous êtes assigné à la requête de Warnet Vernet? Dites ce que vous savez à sa décharge.

Défenseur Marchand : Veuillez demander au témoin, je vous prie, M. le Président, si lorsqu'il a été chez Vernet, l'incendie n'avait pas déjà éclaté sur l'habitation La Josseau? — R. Oui, l'habitation brûlait déjà.

D. Vernet demeure-t-il loin de l'habitation La Josseau? — R. Non, tout près, à 150 mètres environ.

Le Commissaire du Gouvernement: A quelle heure le témoin a-t-il été chez Vernet? — R. Vers sept heures.

Luskin Basile, 23 ans, cultivateur, domicilié à la Rivière-Pilote.

Le Président: Dites ce que vous savez de favorable à Wernot Vernet qui vous a fait assigner? — R. Je ne lui ai rien vu faire.

D. Etiez-vous sur l'habitation? — R. Oui, j'étais avec M. Michel, j'ai vu Vernet sur l'habitation, mais je ne l'ai pas vu mettre le feu.

D. Puisque vous étiez sur l'habitation vous avez du voir ceux qui ont mis le feu? — R. Non.

Défenseur Marchand: N'êtes-vous pas arrivé sur l'habitation en même temps que Werner? — R. Oui, j'étais debout sur le canal avec M. Morancy, Werner est parti, je ne sais ce qu'il a fait.

M. Chapotot, juge: A quelle heure avez-vous vu Werner sur l'habitation? — R. Vers six heures.

D. Pendant que l'habitation brûlait, Werner était-il là? — R. Oui, mais je ne sais s'il est retourné chez lui depuis le moment où il nous avait laissé.

L'accusé Werner: Je suis descendu avec le témoin à six heures sur l'habitation, je suis retourné à sept heures avec lui chez moi où il a soupé, nous sommes revenus ensuite à la Josseau. Demandez lui ce que nous avons fait.

Le Président fait sortir le témoin et fait revenir Paul Adolphe précédemment entendu.

Le Président, au témoin Adolphe: Quand vous avez été chez Werner, y avait-il quelqu'un avec lui? — R. Oui, des femmes.

D. Pas d'autres personnes. — R. Non.

D. Quelle heure était-il? — R. Sept heures.

M. Gabonne, juge: Combien de temps êtes-vous resté chez lui? — R. Quelques minutes.

M. Malle, juge: Mangeait-il quand vous êtes arrivé? — R. Non. Je l'ai appelé dehors pour lui montrer le feu de la Josseau, il est sorti avec sa femme, il y avait du monde dans l'intérieur de sa case.

Le Président fait revenir le témoin Luskin.

Le Président, au Témoin: Avez-vous passé toute la soirée avec Werner? — R. Non. Je suis resté avec lui jusqu'à sept heures et demie.

D. Pendant que vous étiez chez lui, n'avez-vous pas entendu quelqu'un l'appeler? — R. Non.

D. Qui était avec vous chez Werner? — R. Il y avait lui, sa femme et moi.

Oscar Artur Du Plessis, 59 ans, propriétaire, domicilié à la Rivière-Pilote.

Le Président: Vous êtes cité à la requête de Werner, qu'avez-vous à dire en sa faveur? — R. Je n'ai rien que de défavorable à dire sur son compte.

Le Président, à l'accusé Werner: Vous entendez Werner, je ne veux pas profiter de la circonstance pour interroger M. Duplessis. Si vous croyez avoir quelques questions à lui poser, faites-le.

L'accusé ne répond pas.

Dubocage Louis Ste.-Catherine, 69 ans, propriétaire, domicilié à la Rivière-Pilote.

Le Président: Vous êtes cité à la requête d'Emile Célino, dites ce que vous savez sur son compte? — R. Le 23 septembre au soir, j'étais chez moi, j'ai entendu un grand bruit, je suis sorti et j'ai vu Gerson. Il disait: Je voulais brûler la case de ce *béqué*, le prendre et le mettre dans le feu et *saisir ses trois filles pour me servir de femmes* et on veut m'en empêcher.

D. Je ne vous interroge qu'en ce qui concerne Emile Célina. — R Eh bien, Monsieur le Président, c'est lui qui a empêché de m'incendier.

L'accusé Emile Célina: Nous étions tous les trois Célina ensemble.

Le Témoin: Je n'ai vu que vous, la foule était considérable.

L'accusée femme Cyrille: Demandez au témoin si ce n'est pas moi qui ai empêché de brûler la maison. — R. Oui, avec Emile Célina et son mari, tous trois, ils ont arraché le tison des mains de Gerson.

Alexandre Coulange, 28 ans, propriétaire, domicilié à la Rivière-Salée.

Le Président, à Emile Célina: Vous avez fait citer le témoin. Quelle question avez-vous à lui poser?

L'accusé Emile Célina: Demandez au témoin si en passant sur sa propriété, je ne lui ai pas dit que je viendrais le défendre dans le cas où quelque bande viendrait chez lui?

Le Témoin: C'est faux. Emile Célina que j'avais fait appeler pour retirer ses animaux qui dévastaient nos plantations m'a dit: Ce soir mes camarades et moi nous viendrons faire votre compte. Il y est venu, en effet, et il a coupé mes jeunes cannes pour donner à manger à ses chevaux. Voilà ce que j'ai à dire pour Emile Célina.

L'accusé Emile Célina: Lazare Boissonnot et Gerson ne sont-ils pas venus chez vous le soir et ne vous ont-ils pas menacé.

Le Témoin: Oui, ils y sont venus. Gerson avait une torche à la main. Il était plus noir qu'un individu qui a chauffé une machine à vapeur pendant six mois sans se laver.

Emile Célina: Si je n'étais pas intervenu ils vous auraient incendié.

Le Témoin: Je ne vous ai pas vu à ce moment vous étiez avec vos animaux.

François Nelson Alicour, 31 ans, cultivateur, domicilié à la Rivière-Pilote.

Le Président: Connaissez-vous l'habitation Beauregard. — R. Oui.

D. Etiez-vous là quand on y a mis le feu. — R. Non, j'ai vu le feu de chez moi, je suis descendu pour porter secours, mais l'embrasement était déjà général.

D. Avez-vous vu Sully, que faisait-il. — R. Il était là, debout, il ne faisait rien.

Le Président à l'accusé Sully: Quelle question voulez-vous poser à ce témoin que vous avez fait citer.

L'accusé Sully: Demandez lui si nous n'étions pas ensemble à combattre le feu.

Le Président: Mais il vient de dire que lorsqu'il est arrivé sur l'habitation tout était en feu.

L'accusé: Il était à éteindre l'incendie avec moi. Nous voulions nous opposer à ce qu'on mit le feu. On voulait me tuer, et il a dit à ceux qui me menaçaient: ne faites pas de mal à un homme *qui vous donne la vie par la piqûre du serpent.*

Le Président au Témoin: Avez-vous travaillé avec Sully à éteindre l'incendie. — R. Non, je n'ai rien fait du tout.

D. N'avez-vous vu Sully rien faire. — R. Rien du tout.

Accusé Sully: Demandez à Luskin si quand on a voulu me frapper à la Beauregard, parce que je voulais m'opposer à ce qu'on mit le feu, il n'a pas dit à St-Paul Augustine de ne pas frapper parce que je n'étais pas un méchant garçon.

Le Président à St-Paul Augustine: Comment vous avez voulu frapper cet honnête Sully.

Accusé St-Paul Augustine: Ce n'est pas vrai, c'est une imposture.

Accusé Sully: Il m'a donné deux coups de bâton.

Le témoin fait introduire le témoin Luskin.

Le Président: Quand vous étiez sur l'habitation Beauregard, vous avez vu Sully, que faisait-il. — R. Quand je l'ai rencontré l'habitation avait déjà fini de brûler. Il était assis sous un fromager. Il m'a dit qu'on lui avait donné deux ou trois coups de bâton sur la jambe et qu'il souffrait beaucoup. Je lui ai répondu: Celui qui vous a frappé a eu tort car lorsque nous sommes piqués par les serpents, c'est vous qui nous *rachetez la vie près du bon Dieu.*

D. Vous a-t-il dit qui l'avait frappé. — R. Oui Marcelin.

Le Président à Sully: Qu'avez-vous à dire? — R. Le témoin ne veut pas parler parce qu'il a peur. La terreur l'empêche de rien dire, c'est St.-Paul Augustine qui m'a frappé.

Rhadamiste Alexandre, 49 ans, Changeur de monnaies étrangères, domicilié à St.-Pierre.

Le Président: Vous êtes cité à la requête d'Alcide Grunu qu'avez-vous à dire en sa faveur? — R. M. Duplessis m'avait communiqué à St.-Pierre une lettre qu'il venait de recevoir de son oncle, M. le vicomte de Fougainville, propriétaire à la Rivière-Pilote. M. Duplessis partait pour aller rejoindre son oncle, je me joignis à lui; je m'égarai en route, arrivé à la Régale, je fus arrêté par des individus qui disaient: *C'est un Prussien!* On me conduisit de chef en chef et arrivé à une maison bâtie sur le bord du chemin, on voulut me prendre mon fusil. Deux coquins de nègre essayaient de me lancer de main en main, il y avait là un certain nombre de femmes, l'une d'elles assez grosse dit à la bande: Il faut le tuer; je demandai plus tard qui elle était, on me répondit que c'était Mme. Cyrille. On n'exécuta pas la menace de cette femme, mais on me dit: Vous resterez ici jusqu'à la fin de la guerre. Je répondis: Je ne suis pas l'ennemi des belles femmes, je resterai tant que vous voudrez. Ces gens-là, M. le Président, sortaient de partout comme les anolis des broussailles. Alcide Grunu n'a pas causé devant moi, il a parlé en particulier à la bande et c'est à son intervention je crois, que j'ai dû la liberté.

Néris Séverine, 27 ans, domestique, domiciliée au Marin.

Le Président: Connaissez-vous Sainte-Rose Ste-Croix. — R. Oui.

D. Qu'avez-vous à dire en sa faveur. — R. Ste-Croix était chez ma tante toute la journée. Quand je suis partie à six heures du soir pour aller me coucher chez une de mes cousines, je l'y ai laissé.

D. Quel jour ça. — R. Le vendredi.

D. Ste.-Croix n'avait-il pas un cheval. — R. Non.

Le Président à l'accusé Ste.-Croix: Quelle question voulez-vous que je pose au témoin? — R. Aucune. Ce qu'elle a dit, c'est l'exacte vérité.

D. Cela ne prouve pas que vous n'ayez pas volé un cheval.

Défenseur Duquesnay: L'accusé Ste-Croix n'a pas à répondre du vol du cheval, il n'est pas poursuivi pour ce fait. Il n'a à répondre que de l'incendie et du pillage de l'habitation Beauregard.

Le Président: Nous savons cela.

Modestine, femme *Yenço*, 21 ans, cultivatrice domiciliée au Marin.

Le Président: Qu'avez-vous à dire en faveur de Sainte-Croix? — R. Je l'ai vu le jeudi chez ma mère et toute la journée du vendredi jusqu'à six heures du soi.

D. Que savez-vous encore? — R. Rien.

Althénor Néral, 20 ans, cultivateur domicilié à la Rivière-Pilote, frère de l'accusé Edouard Néral.

Le Président: Que savez-vous sur Maria Bouchon? — R. On a dit qu'elle a porté de la bagasse dans la maison, mais je ne l'ai pas vue. Quand les affaires ont commencé j'étais avec M. Colbiso. Nous avons vu le feu à la case à bagasse; Sully et Félicien Mapouya étaient près de l'endroit. Quand on a voulu mettre le feu à la maison principale, j'ai essayé d'arrêter les incendiaires mais une *rafale* de monde m'a entouré pour me blesser, je me suis sauvé. Je sais que lorsque M. Colbiso était en train de faire débiter un bœuf, avant l'incendie, Sully s'est approché et lui a dit: Après l'incendie, ce sera le massacre.

Le Président, à Maria Bouchon: Vous n'avez pas de question à poser. — R. Non.

(Le Président fait introduire le témoin Colbiso déjà entendu).

Le Président: Quelles sont les relations du témoin avec Maria Bouchon?

M. Colbiso: Maria Bouchon est la concubine d'Althénor Nérol.

Le Président, à Sully Thalès: Qu'avez-vous à dire sur la déposition d'Althénor Nérol.

Sully: C'est Félicien Mapouya qui a mis le feu à la case à bagasse. Ce n'est pas moi. *Je n'ai pas une capacité à mettre le feu.*

Le Président, à Félicien Mapouya: Qu'avez-vous à répondre? — R. Ce n'est pas ma faute, on m'a envoyé mettre le feu.

Le Président, à Germain Agathe: Vous avez dit quelque part que quelqu'un vous avait forcé à mettre le feu sur l'habitation Beauregard, quel est le nom de cet individu? — R. Saint-Paul Augustine.

Le Président: Il y a huit témoins à charge qui n'ont pas été entendus. Si le ministère public juge leur audition indispensable, qu'il prenne des conclusions.

Le Commissaire du Gouvernement: Le Conseil est suffisamment éclairé, je conclus à ce qu'il soit passé outre.

Marie-Sainte Scholastique, 30 ans, cultivatrice, domiciliée à la Rivière-Pilote.

Le Président. Vous êtes cité à la requête de Saint Paul Augustine. Qu'avez-vous à dire en sa faveur? — R. Quand le feu était sur toutes les habitations le mercredi soir, Saint-Paul Augustine était chez moi.

D. Quelle heure était-il? — R. Huit heures du soir. Il est parti entre huit et neuf heures. Le feu était sur l'habitation La Josseau. Il avait arraché du manioc dans la journée de vendredi et quand il a vu le feu de la Josseau, il m'a dit: Je vais porter secours, car j'ai sur cette propriété des cannes qui ont deux ans.

Le Président: L'audition des témoins est terminée, la séance est levée et renvoyée au lendemain à onze heures.

Séance du Mardi 6 Juin.

La séance est ouverte à onze heures.

Le Président: La parole est à M. le Commissaire du Gouvernement:

M. Fournier, sous-lieutenant d'Infanterie de Marine, s'exprime ainsi:

« Messieurs,

» Lors du jugement des accusés de la première série, j'ai déjà eu l'honneur de vous exposer dans quelles circonstances douloureuses les troubles de septembre 1870 avaient éclaté et quelles étaient les aspirations des misérables qui y prirent part; je n'ai donc pas à revenir sur ce triste sujet.

» Parmi les bandes dévastatrices qui se formèrent dans les néfastes journées des 22, 23 et 24 septembre dernier, une entre autres sût acquérir une triste célébrité parmi les crimes de toutes sortes dont elle se rendit coupable, et le nom de son chef fut bientôt dans toutes les bouches. Cette bande était celle de la Régale, ce chef était Eugène Lacaille; chef et bandits sont aujourd'hui devant vous pour répondre aux nombreuses accusations qui pèsent sur eux.

» Certes, en voyant ce vieillard débile, il semble impossible que ce soit là le chef dont la capture fut mise à prix.

» Mais, que l'on ne s'y trompe pas, Eugène Lacaille n'a pas toujours été dans l'état de faiblesse où vous le voyez aujourd'ui. Nous l'avons vu au lendemain de son arrestation, et sous une feinte bonhommie, tout dans sa personne dénotait une énergie dont il devait donner des preuves en s'évadant deux mois plus tard d'une forteresse où il était détenu.

» D'ailleurs, Eugène Lacaille en se jetant dans les troubles de 1870, ne mentait pas à son passé; car, déjà en 1848, il fut un de ceux qui saluèrent la liberté par leurs dépravations et leurs violences.

» Agé, chef d'une nombreuse famille, d'une vie assez régulière et intelligent, cet homme avait beaucoup d'ascendant sur les pauvres ouvriers et les cultivateurs des hauteurs de la Régale. Il était connu, et je dirai presque estimé de tous, ainsi, en l'entraînant dans leur parti, les instigateurs du mouvement savaient parfaitement tout l'avantage qu'ils en pourraient tirer.

» Vous vous rappelez sans doute, Messieurs, que Louis Telgard, le 22 septembre, à peine la République proclamée au bourg, montait dans les hauteurs de la Rivière-Pilote, pour exciter à la révolte et pour entraîner le plus de monde possible. — Eh bien! sa première visite, ainsi qu'on a pu le constater, fut pour Eugène Lacaille, et il prévint ce dernier que le moment d'agir était arrivé, et qu'il fallait réunir le plus de monde possible pour attaquer le bourg. Aussi, dès le soir même, vers quatre heures, Eugène Lacaille et ses fils sont vus au bourg, à la tête d'une centaine d'individus qu'Eugène avait réuni en appelant tous ses amis et connaissances, auxquels il disait qu'il fallait aller dicter des lois aux Messieurs de la Rivière-Pilote.

» Le soir du 22, vers dix heures, Eugène Lacaille remonte sur son habitation, et de chez lui sort bientôt une bande qui doit incendier Gustave Garnier Laroche, ainsi que nous le verrons bientôt.

» Le 23 septembre, Eugène Lacaille envoie ses fils débaucher les travailleurs des habitations voisines, et lui-même recrute des hommes qu'il arme et incorpore dans la bande qu'il forme.

» L'instruction vous a dévoilé, Messieurs, de quels moyens se servait Eugène Lacaille pour entraîner les tièdes et les indécis; aux uns, il promettait le partage des terres et des emplois, aux autres, il faisait des menaces d'incendie et même de mort. Ainsi par bonne volonté, par appas ou par crainte la bande grossissait d'instant en instant.

» Mais craignant que ses paroles ne soient pas assez puissantes pour entraîner ces malheureux, il y joint des actes qu'il sait devoir impressionner ces natures grossières et superstitieuses.

» Dans du tafia, il faisait macérer un Gombo-Musc et d'autres substances inconnues et les enrôlés devaient se frictionner avec cette composition. Eugène Lacaille les en frictionne lui-même leur disant qu'ils peuvent impunément affronter les coups de feu des soldats.

» Ainsi cet homme bientôt septuagénaire abusait de son expérience et du respect qu'imposaient ses cheveux blancs, pour entraîner à leur perte des malheureux qui, sans lui, peut-être seraient restés honnêtes.

» Ce vieillard qui a déjà un pied dans la tombe, méconnaissait même les lois de la nature, donnait à ses enfants non-seulement un exemple exécrable, mais encore les forçait à devenir criminels.

» Ah! Eugène Lacaille, quelle que puisse être la punition que la justice humaine vous réserve, un châtiment plus grand encore vous attend, ce châtiment que vous porterez dans votre cœur jusqu'à la mort, sera d'avoir abusé de votre autorité paternelle pour jeter vos enfants dans la voie du crime.

» Maintenant, Messieurs, que nous connaissons le chef, voyons-le à l'œuvre avec ses bandits.

» Le 22 septembre, après être allé au bourg, Eugène Lacaille remonte sur son habitation, et là on décide d'incendier les propriétés voisines. Mais Eugène est trop fatigué pour faire cette œuvre et il donne l'ordre à Portaly, son fils, de partir incendier M. Gustave Garnier Laroche.

» La bande, forte d'environ 200 hommes, se met en route et arrive vers onze heures du soir sur l'habitation Gustave Garnier Laroche, qui n'a que le temps de se lever, de faire fuir sa femme et ses enfants sous la garde de son frère Joseph Garnier Laroche et de Nérée Ayette, son commandeur, qui allèrent se réfugier dans les bois de St.-Pée. Bientôt les sinistres lueurs qui rougissent l'horizon apprennent aux fugitifs le sort de leur habitation, et à Eugène Lacaille qu'il est obéi.

» M. Gustave Garnier était resté sur son habitation, espérant par sa présence arrêter les malfaiteurs dans leur œuvre de destruction, mais c'est en vain, car sous ses yeux on incendie sa case à bagasse, son moulin et sa sucrerie, et il ne fuit que lorsqu'il voit que la retraite va lui être coupée par les incendiaires qui entourent l'habitation.

» On se répand partout au cri de: *Vivent les Prussiens!* Taly et Sonson Lacaille mettent le feu à la case à bagasse et au moulin. Monfio défonce une barrique de rhum, y met le feu, et à la flamme de ce gigantesque brulot allume des bouchons de paille avec lesquelles il met le feu à la rhummerie.

» Yronne Lacaille met le feu à la case à barriques et au moulin.

» Alcide Gruaud est là, armé d'un fusil à deux coups, il met le feu à la vinaigrerie et force Bernard, fils de Solitude, à mettre le feu au moulin à vapeur. Alcide Gruaud a toujours nié avoir été armé, mais les nombreux témoins qui ont comparu ont tous dit qu'il avait un fusil à deux coups, et le dire de Bernard, son co-accusé, vient appuyer ces témoignages.

» Après ces méfaits, la bande se disposait à se retirer, mais Yronne Lacaille se récrie, il ne veut pas que l'œuvre de destruction soit inachevée; il faut tout brûler, afin, dit-il, que si Codé vient ici, il n'y trouve pas un endroit où poser sa tête.

» Ce dernier argument convainct tout le monde. On se précipite sur la maison principale qui jusque-là, avait été respectée, les hommes armés de fusils, au nombre d'une douzaine, s'en approchent les premiers et passant leurs armes à travers les lames des jalousies, ils font feu dans les appartements qu'ils croient encore occupés par la famille Gustave Garnier. On entre ensuite dans la maison qui est livrée au pillage.

» Bernard Solitude, qui a été domestique sur l'habitation et qui sait où son ancien maître place son argent, défonce une armoire et s'empare d'une cassette contenant 900 francs.

» Yronne prend la montre de M. Gustave Garnier. Meshuit emporte un matelas, enfin chacun prend ce qui est à sa convenance. Ce qui n'est pas emporté est brisé, et lorsqu'il ne reste plus rien, Sonson Lacaille, Portaly Lacaille, Yronne Lacaille, Petit-Jean Rocher dit Monfio, Alexandre Privat dit Roro et Meshuit mettent le feu.

» Alcide Gruaud se met en faction sous la galerie et repousse durement ceux qui voudraient entrer pour porter du secours. Il va ensuite à une case à vent, sorte de refuge en cas d'ouragan, en brise la porte, croyant y trouver Mme. Garnier et en bavant sur elle les injures les plus grossières. Mais heureusement que cette dame, comme vous le savez, était en fuite.

» Enfin lorsqu'il ne reste plus rien à brûler, autant par lassitude que par manque de proie, ces infâmes scélérats se retirent; il est alors deux heures du matin.

» Le lendemain l'habitation Gustave est de nouveau visitée pour opérer le pillage des bestiaux. Nous trouvons inculpés dans ce pillage Octave et Emile Célina, Lazare et Astérie Boissonnet, Surprise et la femme Cyrille. On prend des bœufs et on tue un jeune bouvard qui est débité sur place.

» Le vendredi vers neuf heures du matin, une bande organisée par Eugène Lacaille se dirige sur le bourg pour y attaquer la troupe. Mais sur sa route se trouve l'habitation d'un honnête homme, M. Desmartinières, peut-on passer sans lui faire quelque mal? Impossible. Alors une faible partie de cette bande se détache et envahit la maison principale où se trouve en ce moment Mme. Desmartinières, une servante et un jeune nègre de 12 ans. On demande des armes à cette dame qui tire un crucifix de son sein et le montre à ceux qui l'entourent en leur disant: Voilà mes armes et je ne me sers pas d'autres. Ce calme en impose sans doute à ces misérables car il ne lui disent plus rien.

» Ils se répandent et furètent partout, Halgan Moïse défonce un placard et y prend un sabre; Augustin Lubin prend un fusil, Privat Alexandre, Charlery, Monfio, Bernard Solitude, Jean-Louis Sévère, Althénor Lisis, Balthazar et Sonson Lacaille ont été vus sur l'habitation. Ce dernier avait été désigné dans le rapport sous le nom de Duclerville Lacaille, mais les témoins l'ont parfaitement reconnu et le doute n'est plus permis à cet égard.

» Alcide Gruau est là aussi, mais il paraît qu'il était dans un moment de clémence, car il ressort des débats que sa conduite y a été convenable et qu'il a usé de l'influence qu'il avait sur ces gens pour mettre un terme au pillage.

» Après avoir ainsi visité l'habitation Desmartinières, ces pillards rejoignent le gros de la bande en emportant, outre le fusil et le sabre, dont nous avons parlé il y a un instant, une épée, un panama et une montre en or.

» Ce que cette fameuse bande de la Régale, jointe à tous les coquins du bourg et aux bandes venues d'ailleurs firent à la Rivière-Pilote, vous le savez tous; nomination d'un nouveau maire, sommation à la troupe de quitter le bourg, pillage Lafosse et Célestin Trophime etc.........

» Je n'ai pas à vous entretenir de ces faits qui sont déjà jugés; cependant je dois appeler votre attention sur l'heure où ils se sont accomplis, car plusieurs accusés espèrent se créer un alibi à ce sujet.

» Pour aider vos souvenirs, messieurs, je vais vous lire quelques déclarations qui ont été faites à cette barre par plusieurs témoins de la première série.

» Le témoin Collin: Le 23 septembre, me trouvant désarmé, je me réfugiai à la gendarmerie et je pris un mousqueton; vers *onze heures* les insurgés arrivèrent au bourg sur plusieurs rangs, armés de piques, de fusils, de sabres et de coutelas...

» Le témoin de Venancourt: Dans l'après-midi, Jérémie Germain vint me prévenir qu'une troupe descendait de la Régale...

» Le témoin Antoinette Michel: Vers *onze heures*, j'entends partout: Fermez, fermez!! Je me mis à la fenêtre et je vis les insurgés qui arrivaient...

» Le témoin Daigne, gendarme: Le 23, vers *deux heures*, pendant que les émeutiers stationnaient dans la rue, nous étions tous à cheval dans la cour de la caserne, prêts à pousser une charge après le feu de l'infanterie...

» C'est à ce moment, vous le savez, Messieurs, que se retirèrent les émeutiers auxquels en imposa la ferme attitude de quelques hommes.

» Eh bien! En prenant cette heure maxima donnée par le gendarme Daigne, c'est donc vers deux heures qu'une partie de la bande, voyant l'attaque du bourg manquée dût remonter vers la Régale.

» A trois heures 1/2, cette bande forte de 250 individus, au moins, arrive sur l'habitation Joseph Garnier Laroche.

» En tête se trouvent Gersan, armé d'un fusil, Lazare Boissonnet, d'un sabre, Althéus, d'un pistolet, Althénor Granat, d'un fusil, ajoutons encore Charlery et Surprise.

» Puis viennent Joseph Borris, armé d'un coutelas, les trois frères Célina, Cassius Boissonnet, Astérie Boissonnet, Malvina Sylvain, Sylvanie Sylvain, Chérubin, sa femme et ses deux filles, Marcelin Sélam et quantité d'autres individus.

» Les bâtiments d'exploitation sont bientôt la proie des flammes; puis après avoir pillé la maison principale, on y apporte de la bagasse, Gersan et Lazare Boissonnet brisent des lames de jalousies et des meubles, et du tout ils forment un monceau auquel ils mettent le feu — Surprise met le feu à un canapé. —

» Quels sont ceux qui les premiers ont mis le feu? Quels sont les pillards?

» Le manque de témoin et le système de dénégation suivi par la plupart des accusés ne permettent pas de préciser la part que chacun y a prise, mais on a vu entrer dans la maison principale outre Gersan, Lazare Boissonnet, Surprise, la femme Chérubin et ses filles ainsi que Joseph Borris. Eux seuls peuvent donc être considérés comme coupables de ce crime.

» Quant à Joseph Borris dont je viens de citer le nom, je dois vous rappeler que c'est lui, qui le sabre à la main est allé chercher un tison chez Dubocage et qu'il a forcé ce dernier à le suivre.

» Il ne reste plus qu'une petite cuisine, mais

elle n'échappera pas. Surprise est là et partout où elle passe, elle veut laisser ses traces. Le dimanche suivant, elle va chercher un tison chez la femme Everio, et malgré les observations de cette dernière, elle court incendier ce que dans leur rage ses co-accusés avaient épargné l'avant-veille. Astérie Boissonnet a assisté à l'incendie de cette cuisine, mais comme simple spectatrice.

» Quand à Clerville fils de Sainville, il est là aussi, comme un misérable comparse qui subit l'influence de Surprise et lui obéit en tout par suite de la terreur qu'elle lui inspire.

» Après avoir mis le feu à l'habitation Joseph Garnier Laroche, la bande dévastatrice se porte sur l'habitation Symphorien Garnier Laroche, son frère.

Gersan, surnommé le Capitaine, est encore à la tête avec Lazare Boissonnet, Auguste Sévérine, Joseph Borris, Althénor Claveau Jean, Cassius Boissonnet, Chérubin et ses filles et les filles Sylvain.

Gersan, Joseph Borris, Altéus, Médée Charles armé d'un pistolet et Auguste Sévérine d'un fusil mettent le feu à la sucrerie. Lazare Boissonnet à la case à cabrouets et au moulin; Alténor Grenat, Joseph Borris et Lazare mettent le feu à la case à bagasse; Altéus au moulin, Compère à la case à farine et Gersan à la case à barriques.

La maison principale est réservée pour le bouquet. Gersan, Lazare, Cassius Boissonnet, Joseph Borris, Altéus, Décius Sidney, Chérubin et ses filles, Surprise, Astérie Boissonnet, Malvina et Sylvanie Sylvain envahissent les appartements, pillent d'abord et incendient ensuite.

Alténor Grenat entre aussi dans la maison principale et en apercevant une boîte à pendule il s'écrie: Le *béqué* doit être caché là-dedans, défonçons la boîte, mais la boîte, fort heureusement ne contenait que la pendule.

Le lendemain les pillards reviennent sur l'habitation pour s'emparer de tout ce qui a pu échapper aux incendiaires, nous voyons au nombre de ces écumeurs Auguste Léandre, Compère ou Guillon Grégoire, Emile Sidney, la femme Cyrille, Astérie Boissonnet et Bernard Solitude, mais laissons un instant la bande Gersan, Lazare et accolytes, nous verrons plus tard comment elle devait finir la journée.

Vers sept heures et demie du soir de cette même journée du 23 septembre, une autre bande se présente sur l'habitation La Josseau ou des Palmistes; en tête marche une ancienne connaissance, un accusé de la première série, je veux parler d'Edouard Néral, Joseph Grégoire, Werner Vernet, Bobore, Horace Monrose, Maria Bouchon, une horrible femme aussi, celle là! Mapouya et une centaine d'autres individus qui ont échappé à la justice, suivent Néral.

Avant d'arriver à la Josseau, Néral voit un enfant et le force à porter une bouteille de kérosine.

La bande se répand sur la propriété au cri de: *Vivent les Prussiens*. Néral va à la sucrerie, enduit la porte de kérosine et y met le feu, c'est grâce au secours des nommés Gros Joseph et Saint-Just, deux honnêtes travailleurs de l'habitation, qui éteignent ce commencement d'incendie que ce bâtiment ne brûle pas.

Joseph Grégoire met le feu à la case à cabrouets et Werner Vernet incendie une petite écurie.

Pendant que ces bâtiments sont en flamme un cri s'élève: à la Beauregard, à la Beauregard! Et l'infernale troupe de se précipiter sur l'habitation Beauregard dite habitation Société.

Edouard Néral et Germain Agathe incendient la case à bagasse; Bois Joseph, Germain Agathe, Maria Bouchon, Sully Thalès, Marcelin Elise et Marcelin Sélam les aident dans cette tâche criminelle.

Félicien Mapouya reçoit des allumettes d'Adèle Frémont qui lui dit de mettre le feu à une autre case à bagasse Ordre exécuté aussitôt par ce malheureux idiot.

St.-Paul Augustine, Sully Thalès et Salomon Dorléus mettent le feu dans les cases à travailleurs. Vingt cases d'indiens sont ainsi dévorées par les flammes.

St.-Paul Ste.-Croix est vu parmi les incendiaires. Maria Bouchon qui a reçu aussi des allumettes d'Adèle Frémont prend du feu dans la case à bagasse et court incendier la case à farine.

St.-Paul Augustine qui a joué un rôle important dans cet horrible drame, porte de la bagasse dans le moulin, ainsi qu'Ovide Athalante son digne accolyte et l'incendie éclate bientôt sur ce point.

Plusieurs accusés ont signalé St.-Paul Augustine comme ayant exercé une grande pression sur eux et les ayant forcé de mettre le feu. Sully Thalès et Agathe sont de ceux là. Le Conseil appréciera la valeur de ces assertions surtout faites par de pareils sujets.

Là encore, on réserve la maison principale pour la bonne bouche.

Sully Thalès entre un des premiers et voyant Mme Cotbise toute effrayée de cette horrible scène, il lui dit sur un ton menaçant: fuyez, car après brûler, c'est tuer. Cette dame s'enfuit et Sully Thalès, le *quimboiseur*, est vu emportant un enfant de cinq ans vers les flammes de la case à bagasse et ce n'est qu'en se débattant que le malheureux enfant parvient à s'enfuir et à se cacher dans les cannes. La frayeur de ce petit être fut tellement grande que son père est venu ici vous déposer qu'il craignait que ses facultés mentales ne s'en ressentent.

Ont été signalés par leurs co-accusés comme ayant mis le feu à la maison principale. St.-Paul qui a mis le feu dans un matelas, Germain Agathe, Sully Thalès, Chérubin Joachim, Ovide Athalante, ce dernier met le feu dans un matelas et s'apercevant plus tard qu'il s'est éteint de lui-même, revient à la rescousse.

Le pillage, bien entendu, avait précédé l'incendie. St-Paul Augustine est le seul qui soit vu emportant une table renversée sur laquelle il avait placé des effets de tous genres.

La rhumerie est défoncée, on en enlève 4,000 litres de rhum et des boucauts de sucre, plus un bœuf; 20 moutons sont en outre emportés.

Je ne dois pas passer sous silence que le lendemain, vers dix heures du matin, M. Cotbise, sa femme et ses enfants qui s'étaient cachés dans les cafiers furent aperçus par Sully Thalès, qui alla immédiatement prévenir des gredins de son espèce de sa découverte. Bientôt arrive une douzaine d'individus armés de fusils et de pistolets qui entourent les fugitifs.

Un de ces misérables met Mme Cotbise en joue. Jean Telgard, le bâtard de Louis Telgard met la main sur Mme Cotbise et lui appuie son pistolet sur la poitrine.

Des cris de: Tuez-les, tuez-les, partent de cette foule. Le sang froid de M. Cotbise, l'influence de petit Telgard et les prières d'un fidèle serviteur Gioulle sauvent cette malheureuse famille de cet imminent danger.

» Et à ce propos laissez-moi signaler ici un dévouement inconnu. Ce Gioulle dont je viens de vous citer le nom a pendant deux jours et deux nuits suivi pas à pas la famille Cotbise dans sa fuite, l'aidant et la servant avec un zèle bien rare dans ces moments difficiles. Qu'il reçoive ici nos remerciments pour sa loyauté et sa fidélité à une famille malheureuse.

» La bande infernale manque de proie! Que va-t-elle faire? On s'interroge et alors quelques uns se rappellent que sur l'habitation La Josseau on a épargné divers bâtiments. On revient sur cette propriété en plus grand nombre cette fois que la première et les flammes s'élèvent de toutes parts.

» Édouard Néral incendie les cases à congos et la maison du commandeur. Hyacinthe Bobore distribue des allumettes et veut forcer un enfant à mettre le feu à la case à boucauts, l'enfant résiste et s'enfuit, et c'est Joseph Grégoire avec des allumettes que lui donne Bobore qui incendie ce bâtiment.

» Marin Bouchon est encore là excitant tout le monde et paraissant très exaltée.

» Horace Monrose met le feu sur une poutre de la case à bagasse avec des allumettes que lui donne Bobore, qui devait certainement en avoir fait provision, car nous le voyons en donner à tout le monde.

» Enfin fatiguée, cette bande se disperse, il est alors minuit.

» Revenons maintenant à la bande Gersan, Lazare et acolytes. Ah! elle ne perd pas son temps cette bande Gersan, et l'on pourrait bien dire, sans crainte de se tromper, que les misérables qui la composent n'ont jamais travaillé avec autant d'ardeur que pendant cette journée du 23 septembre.

» Nous les avons vus à sept heures et demie mettre le feu à l'habitation Joseph Garnier Laroche, à huit heures incendier la propriété de M. Symphorien Garnier Laroche, son frère; à neuf heures et demie ils arrivent sur l'habitation St.-Péo, exaltés par les forfaits qu'ils viennent de commettre et par la boisson.

» Cette bande forte d'une centaine d'individus se répand partout au cri de: *Vivent les Prussiens!* qui est le mot de ralliement de ces misérables.

» On envahit d'abord la maison principale et là, Surprise jette de la kérosine sur un matelas et y met le feu; la femme Cyrille met le feu dans un canapé. Décius Sidney, dans la chambre des enfants. Gersan met le feu à un bureau et dans la chambre de M. St.-Péo, puis Lazare Boissonnet, Maître Sidney, brisent des jalousies et des meubles qui servent à activer l'incendie; les Célina et Meshuit apportent des fatras et de la paille dans le même but et bientôt la maison n'est plus qu'un immense foyer.

» C'est alors que la femme Cyrille en regardant ces grandes flammes s'élever vers le ciel s'écrie: Ah! Combien il est dommage que ce cochon de St.-Péo ne soit pas là, j'aurais coupé un morceau de sa gueule pour le faire rôtir!.

» On se répand ensuite dans les bâtiments d'exploitation; Gersan met le feu à la sucrerie, Astérie Boissonnet incendie la case à farine, Meshuit passe un bouchon de paille allumé sous la porte de l'écurie qu'il incendie, la case à bagasse et la rhummerie deviennent également la proie des flammes.

» Surprise brûle le moulin et comme Syphon Dorval lui représente qu'elle a tort parce que ce moulin sert à beaucoup de personnes autres que le propriétaire. Surprise s'écrie avec la dernière exaltation: « *Je veux tout brûler et si le bon Dieu descendait du ciel, je le brûlerai aussi, parce qu'il doit être un vieux béqué!* » quel horrible blasphème dans la bouche d'une femme aussi jeune!!...

» J'ai maintenant à vous entretenir, Messieurs, d'un fait qui, quoique écarté par l'ordre de mise en jugement n'en est pas moins un utile renseignement sur certains accusés que vous avez à juger; je veux parler de l'arrestation de la poste. Le 26 septembre au moment où le facteur qui portait les dépêches du Petit-Bourg à la Rivière-Pilote arrivait à hauteur de la maison de la dame Gaëtan, près la demeure d'Eugène Lacaille, il fut arrêté par ce dernier qui était avec ses fils Sonson, Portaly, Yronne et plusieurs autres individus, tous armés de coutelas.

» On ordonne à Tardif Pascal de s'arrêter et de remettre la clef qui ouvre la boîte. Il répond qu'il ne l'a pas. Eugène Lacaille pour s'en assurer le fouille et voyant la véracité de sa réponse, il le somme de reprendre la boîte et de le suivre.

» On arrive chez un petit cabaretier nommé Duvély, et là, Lacaille envoie emprunter une petite clef, espérant qu'elle pourra ouvrir la boîte, et comme elle ne va pas à la serrure, Eugène Lacaille fait sauter le couvercle à l'aide de son coutelas.

» Lacaille force alors sa fille Morigène, malgré ses protestations, à lire une dépêche que le Gouverneur adressait au Maire de la Rivière-Pilote. Cette dépêche est entièrement défigurée.

» Le Gouverneur, dit cette femme, prévient le maire de la Rivière-Pilote de redoubler de surveillance car l'esclavage va être établi. Après cette lecture mensongère, il est permis au lecteur de se retirer.

» Je n'ai pas besoin, Messieurs, de vous développer quel parti Eugène Lacaille espérait tirer de ces paroles prêtées au Gouverneur: « L'Esclavage va être rétabli. »

» En effet, il y avait là de quoi soulever toute une population jalouse avec raison de ses droits à la liberté commune, ce bienfait de la civilisation.

» C'est ce jour là 24 septembre que se forme véritablement le camp de la Régale. Eugène Lacaille, ses fils et les principaux incendiaires allèrent partout chercher des adhérents. Vous savez, Messieurs, comment on opérait. « Au nom de mon père, disait Taly et ses frères, je vous ordonne de monter au camp. » D'autres fois, c'était au nom de Telgard que l'on obligeait les individus d'aller se joindre aux misérables bandits qui obéissaient à Lacaille.

» On force également les femmes à monter au camp, où elles joueront un rôle nouveau dans la défense.

» Lacaille les force à piler du piment que l'on délaye dans de l'eau et dont on remplit les bouteilles.

» Cinq à six cents individus sont bientôt réunis au camp de la Régale.

» Vers six heures du soir, Louis Telgard forme sa troupe sur deux rangs et après l'avoir passée en revue, il place les hommes armés de fusils dans les fossés qui bordent la route, ceux qui ont des sabres se jettent dans les cannes, enfin les femmes ramassent des pierres dans leurs jupes et ont en main les bouteilles d'eau pimentée qu'elles ont pour consigne de jeter à la figure des soldats.

» Louis Telgard, après avoir été forcé la veille d'abandonner le bourg, et sachant que des matelots du *Magicien* en étaient venus renforcer la faible garnison, craignait d'être attaqué.

» Des réquisitions sont ordonnées par Louis Telgard et vous avez entendu, Messieurs, Syphon Dorval vous expliquer ici de quelles manières ces bandits étaient venus s'emparer de son habitation pour s'y loger et le pillage qu'ils y commirent.

» Mais Telgard fut déçu dans ses prévisions et dans ses espérances, la troupe resta à la Rivière-Pilote et ce ne fut que le lendemain, en compagnie des volontaires de Saint-Pierre, de Fort-de-France, et autres localités de la colonie qu'ils commencèrent à battre les hauteurs et à faire les arrestations, qui ont ramené en quelques jours le calme et l'ordre dans ces malheureuses communes du Sud.

» Je vous parlerai maintenant Messieurs, de l'arrestation opérée le 26 septembre dernier par les volontaires de la Rivière-Salée, ou St.-Esprit et par les matelots de la Rivière-Pilote qui, partis de points différents, avaient la Régale pour objectif. C'est dans ces hauteurs que furent arrêtés Fonrose, Charles Saint-Aimé Zéline, Jean Alexandre Zéline, armés tous les trois de fusils chargés, Alcide Gruaud porteur de munitions et Marcelin Séram.

» Vous avez entendu leurs déclarations; d'après eux ils se rendaient au bourg pour y servir comme volontaires. On serait vraiment étonné de l'effronterie de ces hommes si l'on n'y était habitué. Quoi! Charles St.-Aimé Zéline, l'émeutier de la Rivière-Pilote, l'incendiaire de l'habitation Benquet était armé d'un fusil volé pour aller combattre avec les gens de l'ordre!... Quoi! Alcide Gruaud, un des chefs du mouvement, l'incendiaire de plusieurs habitations, ce grand ami des Prussiens voulait à toute force combattre les émeutiers et les incendiaires!... Oh! vraiment ce serait risible si ce n'était ridicule. Et Fonrose, et Marcelin Séram, l'incendiaire, et Jean Alexandre Zéline, ce dernier frère de Charles Zéline qui, comme lui, est armé d'un fusil chargé, veulent ils aussi, ceux-là, arrêter les incendiaires? Ils le disent, ils l'affirment. Je veux bien les croire, mais alors pourquoi ne se sont ils donc pas arrêtés mutuellement? Ce sont là des ruses grossières auxquelles personne ne se laisse prendre. Les frères Zéline, Alcide Gruaud, Fonrose et Marcelin Séram sont des bandits et des incendiaires arrêtés les armes à la main sur le théâtre même de leurs crimes et j'espère que vous les condamnerez comme tels.

» Je viens de dérouler très succinctement Messieurs le tableau des crimes commis par les misérables qui occupent ces bancs aujourd'hui.

» Je dis une partie des crimes, c'est qu'en effet beaucoup d'entre eux ont déjà paru dans la série précédente, et d'autres ne se sont pas arrêtés dans cette funeste voie, et nous les verrons plus tard continuer leur horrible tâche, mais n'anticipons pas sur les événements.

» Vous avez vu Messieurs dans quelle fureur aveugle, avec quelle rage, ces infâmes criminels se précipitaient sur les propriétés pour les piller et les incendier.

» Mais quelles raisons avaient-ils donc pour commettre tant d'horribles forfaits, avaient-ils été lésés par les incendiés; ceux-ci s'étaient ils toujours montrés durs et impitoyables à leurs souffrances, à leurs misères ou à leurs malheurs?..

» Hélas! non, l'instruction vous a démontré et les accusés eux-mêmes ont été unanimes à dire que leurs malheureuses victimes étaient de bons *béqués*, faisant du bien à tous.

» Ainsi quand on annonçait à M. Gustave Garnier Laroche, à M. Cotbise et aux autres propriétaires de prendre garde à eux et de fuir, ils se récriaient en disant: « Non, il est impossible qu'on m'incendie et en veuille à ma vie, car je n'ai fait que du bien à ces gens. »

» Ils croyaient à la reconnaissance de ces misérables. Et M. Codé, lui aussi, avait été bon et généreux, il n'en a pas moins été victime de leur implacable haine et par ceux-là même qui lui devaient beaucoup.

» Comment pouvaient-ils croire à la gratitude, à la pitié de ces monstres qui arrivant au nombre de plusieurs centaines sur une habitation, s'y répandaient au cri de: *Vivent les Prussiens!* pillaient et incendiaient tout?

» La pitié! mais c'est un don qui n'est donné qu'aux hommes de cœur et ces misérables n'en ont pas.

» Pourrez-vous, Messieurs, avoir la moindre indulgence pour ces criminels, qui la torche d'une main, la kérosine de l'autre, ont porté la ruine et le désespoir dans les plus honorables familles?...

» Ah! Messieurs, au moment de rendre votre verdict, que votre souvenir se reporte sur cette intéressante et malheureuse famille Garnier Laroche, dont les trois frères, furent, en moins de vingt quatre heures, victimes de ces barbares et perdirent le fruit de 20 années de travail. Souvenez-vous de M. et Mme. Cotebise, menacés dans leur existence et errant pendant deux jours et deux nuits de halliers en halliers, ayant à sauver la vie de 3 enfants en bas âge.

» N'oubliez pas le but que poursuivaient ces bandits et rappelez-vous, je vous prie, que ceux qui sont aujourd'hui sur ces bancs, sont ces mêmes misérables qui, il y a neuf mois, ont mis en émoi toute la population honnête de l'île, laquelle par mon organe vient vous dire: La loi vous a armé d'un pouvoir qui vous permet de rejeter au loin ces incendiaires, fléau de notre Société, faites le si vous voulez éviter à notre colonie de nouvelles horreurs!... »

La parole est ensuite donnée à Me Larougery pour la défense d'Edouard Néral, Bernard Solitude, Théodat Jean Louis Sévère, Sully Thalésel d'Astério Boissonnet.

M. Arthur Husson présente la défense d'Horace Monrose, de Maria Bouchon et de Félicien Mapouya.

M. Parel présente la défense de Joseph Grégoire et de Marcelin Elise.

M. Gueze présente la défense d'Hyacinthe Boboro et de Surprise.

M. Marchand présente la défense de Warnet Vernet, de Meshuit et de Jean Alexandre Charles Zéline.

Me Husson présente la défense de St.-Paul Augustine, dit Moro St.-Paul et d'Adèle Frémont.

M. Quiqueron présente la défense de Joseph Bois.

M. Paul Clarac présente la défense de Frère Ferdinand, de Lazare Boissonnet et d'Alcide Gruaud dit Gueule-Puce.

M. Blondet présente la défense d'Yvonne Lacaille, de Chérubin, ses deux filles des deux filles Sylvain et de Joseph Boris.

La séance est levée et la continuation de la défense renvoyée au lendemain à midi.

Séance du 7 juin 1871.

La séance est ouverte à midi.

M. Paul Clarac, substituant Me Désabaye malade, présente la défense de Moufio, d'Ovide Athalante et de Roro, puis présente quelques considérations en faveur de ses deux clients Portely et Turiaf Lacaille.

La parole est ensuite donnée à M. Duquesnay pour la défense de Salomon Dorléus, St-Paul Ste-Croix, maître Sidney, Charles St-Aimé Zéline, Althénor Claveau Jean, femme Cyrille et Eugène Lacaille.

Après M. Duquesnay, Me Béker prend la parole en faveur de Clerville fils de Sainville, des trois frères Célina, de Fonrose, de Marcelin Séram, de Jérémie Bruta, de Compère dit Guitton Grégoire et de Gersan.

Après ces plaidoieries la séance est levée et renvoyée au lendemain jeudi à sept heures du matin.

Séance du 8 Juin.

La séance est ouverte à sept heures du matin.

Le Président: M. le Commissaire du Gouvernement à la parole pour la réplique.

Le Commissaire du Gouvernement: « Messieurs, après avoir entendu la défense je m'étais promis de répondre à quelques-uns de ces honorables membres, en ce qui concerne certains accusés, mais après réflexions, j'ai pensé que les longs débats qui se sont déroulés devant vous avaient suffisamment éclairé vos consciences. Si je prends la parole, c'est seulement pour faire remarquer au Conseil que quelques défenseurs ont pris pour base de leur défense l'attaque des témoignages et quelque fois même des témoins. *C'était incontestablement* leur droit, et en y réfléchissant on comprend qu'il ne pouvait en être autrement si on songe combien les dépositions sont écrasantes pour la plupart des accusés.

» D'ailleurs ce mode de défense peut paraître adroit, car en sapant la base de l'instruction et des débats, on fait écrouler l'édifice de l'accusation.

» Eh bien! moi, je vous prie Messieurs de vous rappeler les dépositions que vous avez entendues et d'y ajouter toute la foi qu'elles méritent, car, comme moi, vous avez vu combien ces témoins que la défense a accusés de partialité ou d'inconséquence ont été clairs, positifs, vrais.

» Un défenseur vous a dit aussi à plusieurs reprises : Le Conseil semble avoir des préventions contre un tel ou une telle, et il vous a prié de vous mettre en garde de ces préventions. Pour nous, Messieurs qui vous connaissons, nous répondrons à ce défenseur ; non, le Conseil n'a pas de prévention et ne peut en avoir, parce qu'il est juste, honnête, en dehors de toute coterie et au-dessus de tout préjugé, et croire un seul instant que des juges sont prévenus contre les accusés, c'est admettre leur iniquité.

» L'on n'a pas manqué non plus de vous dire : Ce malheureux à une femme, il a des enfants. Et ceux qu'ils ont ruinés et ceux dont ils demandaient la vie, eux aussi avaient des femmes, eux aussi avaient des enfants !...

» La défense fait appel à votre pitié c'est son devoir. Nous, nous demandons justice.

» Aussi Messieurs, à part Félicien Mapouya, à part Clairville fils de Sainville et Marcelin Sélain pour lesquels je réclame votre indulgence, je maintiens mes conclusions avec toute la fermeté que m'inspire non seulement une conviction intime, mais le devoir que j'ai à remplir envers la société. J'espère Messieurs, que vous appuierez ces conclusions et que vous donnerez satisfaction aux justes griefs d'une société attaquées dans une de ses bases fondamentales La propriété ! ... »

La parole est ensuite donnée aux défenseurs pour leur réplique. (Ils s'en rapportent entièrement à leurs plaidoiries).

Le Président interpelle chaque accusé et lui demande s'il n'a rien à ajouter à sa défense.

Chériette Chérubin dit que son défenseur M. Blondet en déclarant hier que le témoin François Laclé l'avait accusée d'avoir mis le feu chez Symphorien Garnier Laroche a commis une erreur, car ce témoin n'a porté cette accusation que contre les filles Sylvain.

Le Conseil reconnaît cette erreur.

L'accusé Meshuit invoque toute l'indulgence du Conseil. Il témoigne de son regret de s'être laissé entraîner chez M. St.-Pée qui est un brave et digne propriétaire. Il ajoute que, s'il obtenait sa grâce, il consacrerait une année entière à travailler pour celui dont il a causé la ruine.

Tous les autres accusés déclarent qu'ils n'ont rien à dire.

Le Président déclare les débats clos et le Conseil entre en délibération à huit heures.

Le Conseil, après avoir entendu le Commissaire de la République en ses réquisitions et conclusions, a prononcé les condamnations suivantes :

Edouard Néral, déclaré coupable d'avoir : 1° le 23 septembre 1870 à la Rivière-Pilote, (habitation Josseau), mis volontairement le feu à des édifices appartenant à autrui ; 2° d'avoir le même jour et au même lieu volontairement mis le feu à un édifice habité, (logement d'Immigrants), appartenant à autrui ; 3° d'avoir le même jour et au même lieu tenté de mettre volontairement le feu à un édifice, (Sucrerie), appartenant à autrui laquelle tentative manifestée par un commencement d'exécution n'a manqué son effet que par des circonstances indépendantes de la volonté de son auteur, est condamné à l'unanimité à la peine des travaux forcés à perpétuité, le Conseil ayant admis des circonstances atténuantes.

Horace Monrose, déclaré coupable d'avoir, le 23 septembre 1870, à la Rivière-Pilote, (habitation Josseau), volontairement mis le feu à des édifices, (cases à bagasses), appartenant à autrui, est condamné à la majorité de cinq voix contre deux à la peine de 10 ans de travaux forcés, le Conseil ayant admis des circonstances atténuantes.

Joseph Grégoire, déclaré coupable d'avoir, le 23 septembre 1870, à la Rivière-Pilote, (habitation Josseau), volontairement mis le feu à un édifice, (case à cabrouet), appartenant à autrui, est condamné à l'unanimité, à la peine de 8 ans de travaux forcés, le Conseil ayant admis des circonstances atténuantes.

Hyacinthe Bobore René-Joseph, déclaré coupable d'avoir le 23 septembre 1870, à la Rivière-Pilote, (habitation Josseau), procuré les moyens qui ont servi à commettre l'incendie d'un édifice, (case à cabrouets), appartenant à autrui, sachant que ces moyens devaient servir à commettre le dit incendie, est condamné à la majorité de cinq voix contre deux, à la peine de 8 ans de travaux forcés : le Conseil ayant admis des circonstances atténuantes.

Werner Vernet, déclaré coupable d'avoir le 23 septembre 1870, à la Rivière-Pilote, (habitation Josseau), volontairement mis le feu à des édifices (Ecuries), appartenant à autrui, est condamné à la majorité de 5 voix contre 2, à la peine de 8 ans de travaux forcés ; le Conseil ayant admis des circonstances atténuantes.

Saint-Paul Augustine dit Moreau St.-Paul, déclaré coupable d'avoir : 1° le 23 septembre 1870, à la Rivière-Pilote, pour piller les propriétés d'une généralité de citoyens exercé un commandement ou une fonction quelconque dans une bande armée ; 2° d'avoir le même jour et sur l'habitation Société Beauregard mis le feu a des édifices habités, (cases de Cultivateurs), appartenant à autrui ; 3° d'avoir le même jour et sur la même habitation, volontairement mis le feu à des édifices, (moulin et parc à Mulets), appartenant à autrui, est condamné à l'unanimité à la peine de travaux forcés a perpétuité; le Conseil ayant admis des circonstances atténuantes.

Maria Bouchon, déclarée coupable d'avoir: 1° le 23 septembre 1870, à la Rivière-Pilote, (habitation Beauregard), volontairement mis le feu à des édifices (cases à bagasse), appartenant à autrui; 2° d'avoir le même jour et au même lieu volontairement mis le feu à un édifice, (case à farine), appartenant à autrui, est condamnée à l'unanimité à la peine de 20 ans de travaux forcés; le Conseil ayant admis des circonstances atténuantes.

Sully Thalés, déclaré coupable d'avoir le 23 septembre 1870, à la Rivière-Pilote, (habitation Société Beauregard), volontairement mis le feu à des édifices, (case à bagasse), appartenant à autrui, est condamné à l'unanimité à la peine des travaux forcés à perpétuité.

Marcelin Elise, déclaré coupable d'avoir le 23 septembre 1870, à la Rivière-Pilote, (habitation Société Beauregard), volontairement mis le feu à des édifices, (cases à bagasse), appartenant à autrui, est condamné à la majorité de 5 voix contre 2 à la peine de 8 ans de travaux forcés; le Conseil ayant admis des circonstances atténuantes.

Adèle Frémont, déclarée coupable d'avoir, le 22 septembre 1870, à la Rivière-Pilote (habitation Société Beauregard), procuré les moyens qui ont servi à commettre l'incendie volontaire d'édifice (case à bagasse), appartenant à autrui, sachant que ces moyens devaient servir à commettre ledit incendie, à la majorité de 5 voix contre 2, à la peine de cinq ans de réclusion; le Conseil ayant admis des circonstances atténuantes.

Louis Joseph Ste.-Croix déclaré coupable d'avoir le 23 septembre 1870, à la Rivière-Pilote, (habitation Société Beauregard), en bande et à force ouverte pillé les propriétés mobilières, denrées et effets appartenant à autrui, et condamné à la majorité de six voix contre une, à la peine de 8 ans de travaux forcés et à l'unanimité à 200 francs d'amende.

Théodat Jean-Louis Sévère, déclaré coupable d'avoir le 23 septembre 1870, à la Rivière-Pilote, (habitation Desmartinières), en bande et à force ouverte pillé les denrées, effets et propriétés mobilières appartenant à autrui, est condamné à l'unanimité à la peine de 2 ans de prison et à l'unanimité à 200 francs d'amende; le Conseil ayant admis des circonstances atténuantes.

Alcide Gruaud dit Gueule-Puce, déclaré coupable d'avoir le 23 septembre 1870, à la Rivière-Salée (habitation Garnier Laroche), volontairement mis le feu à des édifices, (moulin, rhumerie et sucrerie), appartenant à autrui est condamné à l'unanimité à la peine des travaux forcés à perpétuité, cette peine se confondra avec la même peine des travaux forcés à perpétuité prononcée contre le même individu par jugement en date du 17 avril 1871.

Eugène Lacaille, déclaré coupable d'avoir : 1° le 22 septembre 1870, à la Rivière-Salée, pour piller les propriétés d'une généralité de citoyens, exercé un commandement ou une fonction quelconque dans une bande armée; 2° d'avoir en septembre 1870, à la Rivière-Pilote, par machinations et artifices coupables, provoqué à commettre les incendies qui ont détruit l'habitation Gustave Garnier Laroche; est condamné, à l'unanimité, à la peine de mort.

Joseph Yronne Lacaille, déclaré coupable d'avoir: 1° le 22 septembre 1870, à la Rivière-Salée, pour piller les propriétés d'une généralité de citoyens, exercé un commandement ou une fonction quelconque dans une bande armée; 2° d'avoir le même jour et dans la même commune (habitation Gustave Garnier Laroche), volontairement mis le feu à des édifices (moulin, rhummerie et sucrerie), appartenant à autrui; 3° d'avoir le même jour et sur la même habitation, en bande et à force ouverte, pillé des denrées, effets et propriétés mobilières appartenant à autrui; est condamné, à l'unanimité, à la peine des travaux forcés à perpétuité.

Portaly Lacaille, dit Taly, déclaré coupable d'avoir : 1° le 22 septembre 1870, à la Rivière-Salée (habitation Gustave Garnier Laroche), volontairement mis le feu à des édifices (moulin, rhummerie et sucrerie), appartenant à autrui; 2° d'avoir le même jour et au même lieu, volontairement mis le feu à un édifice (case à bagasse), appartenant à autrui; 3° d'avoir le même jour et au même lieu, en bande et à force ouverte, pillé des denrées, effets et propriétés mobilières, appartenant à autrui; est condamné, à l'unanimité, à la peine des travaux forcés à perpétuité. Cette peine absorbera celle de la déportation simple prononcée contre le même individu par jugement dudit Conseil en date du 17 avril 1871.

Monflo dit Petit-Jean-Rocher, déclaré coupable d'avoir: 1° le 23 septembre 1870, (habitation Desmartinières), en bande et à force ouverte, pillé les denrées, effets et propriétés mobilières, appartenant à autrui; 2° d'avoir le 22 septembre 1870, à la Rivière-Salée, (habitation Gustave Garnier Laroche), volontairement mis le feu à des édifices, (moulin, rhumerie et sucrerie), appartenant à autrui, est condamné à l'unanimité à la peine des travaux forcés à perpétuité; cette peine se confondra avec celle des travaux forcés à perpétuité, prononcée contre le même individu sous le nom de Petit-Jean-Rocher dit Monflo, par jugement en date du 17 avril 1871.

Privat Alexandre dit Roro, déclaré coupable d'avoir: 1° le 23 septembre 1870, à la Rivière-Pilote, (habitation Desmartinières), en bande et à force ouverte pillé des denrées, effets et propriétés mobilières appartenant à autrui; 2° d'avoir le 22 septembre 1870, à la Rivière-Salée, (habitation Gustave Garnier Laroche) volontairement mis le feu à un édifice habité, (maison principale), appartenant à autrui, est condamné à l'unanimité à la peine des travaux forcés à perpétuité; le Conseil ayant admis des circonstances atténuantes.

Bernard, fils de Solitude, déclaré coupable d'avoir: 1° le 22 septembre 1870, à la Rivière-Pilote, (habitation Desmartinières), en bande et à force ouverte pillé des denrées, effets et propropriétés mobilières appartenant à autrui; 2° d'avoir le 22 septembre 1870, à la Rivière-Salée, (habitation Gustave Garnier Laroche), en bande et à force ouverte pillé des denrées, effets et propriétés mobilières appartenant à autrui, est condamné à la majorité de 5 voix contre 2, à la peine de 5 ans de prison, et à l'unanimité à la peine de 200 francs d'amende, le Conseil ayant admis des circonstances atténuantes.

Turiaff Lacaille dit Sonson, déclaré coupable d'avoir le 22 septembre 1870, à la Rivière-Salée (habitation Gustave Garnier Laroche) volontairement mis le feu à des édifices, (moulin, rhumerie et sucrerie) appartenant à autrui, est condamné, à l'unanimité, à la peine de vingt ans de travaux forcés; cette peine sera absorbée par celle de la déportation simple prononcée contre le même individu sous le nom de Sonson Lacaille dit Turiaf par jugement dudit Conseil en date du 17 avril 1871. Le Conseil ayant admis des circonstances atténuantes.

Alténor Claveau Jean déclaré coupable d'avoir le 23 septembre 1870, à la Rivière-Pilote (habitation Symphorien Garnier Laroche, volontairement mis le feu à un édifice habité, maison principale), appartenant à autrui, est condamné à l'unanimité, à la peine des travaux forcés à perpétuité, le Conseil ayant admis des circonstances atténuantes.

Gerson Joseph Boisson déclaré coupable d'avoir 1° le 22 septembre 1870 à la Rivière-Pilote (habitation Joseph Garnier Laroche, volontairement mis le feu à un édifice habité, (maison principale) appartenant à autrui; 2° d'avoir le même jour et dans la même commune (habitation Symphorien Garnier Laroche), volontairement mis le feu à des édifices habités, maison principale et cases de cultivateurs), appartenant à autrui; 3° d'avoir le même jour et au même lieu volontairement mis le feu à des édifices, (moulin, sucrerie, cases à bagasse), case à barriques, case à farine et magasin appartenant à autrui; 4° d'avoir le même jour à la Rivière-Salée, (habitation St.-Pée) volontairement mis le feu à un édifice habité, (maison principale), appartenant à autrui; 5° d'avoir au même jour et au même lieu volontairement mis le feu à des édifices, (case à farine, écurie, sucrerie, moulin, case à bagasse et rhumerie), appartenant à autrui, est condamné, à l'unanimité, à la peine des travaux forcés à perpétuité. Le Conseil ayant admis des circonstances atténuantes.

Lazare Boissonnet déclaré coupable d'avoir 1° le 23 septembre 1870 à la Rivière-Pilote (habitation Symphorien Garnier Laroche), volontairement mis le feu à des édifices habités, (maison principale et cases de cultivateurs), appartenant à autrui; 2° d'avoir le même jour et au même lieu, volontairement mis le feu à des édifices, (moulin, sucrerie, case à bagasse, case à barriques, case à farine et magasin), appartenant à autrui; 3° d'avoir le même jour à la Rivière-Salée, (habitation St-Pée), volontairement mis le feu à un édifice habité (maison principale) appartenant à autrui, est condamné, à l'unanimité, à la peine des travaux forcés à perpétuité. Le Conseil ayant admis des circonstances atténuantes.

Astérie Boissonnet déclarée coupable d'avoir 1° le 23 septembre 1870, à la Rivière-Pilote, (habitation Joseph Garnier Laroche), en bande et à force ouverte, pillé des denrées, effets et propriétés mobilières appartenant à autrui; 2° d'avoir le même jour à la Rivière-Salée (habitation St-Pée), volontairement mis le feu à des édifices, (case à farine, écurie, sucrerie, moulin, case à bagasse et rhumerie), appartenant à autrui, est condamnée, à l'unanimité, à la peine des travaux forcés à perpétuité.

Lumina Sophie dite Surprise, déclarée coupable d'avoir: 1° le 23 septembre 1870, à la Rivière-Pilote, (habitation Garnier Laroche) volontairement mis le feu à un édifice habité (maison principale) appartenant à autrui; 2° d'avoir le 24 septembre 1870 au même lieu, volontairement mis le feu à un édifice (cuisine appartenant à autrui; 3° d'avoir le même jour à la Rivière-Salée, (habitation St.-Pée) volontairement mis le feu à un édifice habité (maison principale) appartenant à autrui, est condamnée, à l'unanimité, à la peine des travaux forcés à perpétuité, le Conseil ayant admis des circonstances atténuantes.

Chériette Chérubin déclarée coupable d'avoir: 1° le 23 septembre 1870, à la Rivière-Pilote, (habitation Joseph Garnier Laroche) en bande et à force ouverte pillé les denrées, effets et propriétés mobilières appartenant à autrui; 2° d'avoir le même jour, dans la même commune, (habitation Symphorien Garnier Laroche) en bande et à force ouverte pillé des denrées, effets et propriétés mobilières appartenant à autrui, est condamnée, à l'unanimité, à la peine de deux ans de prison, et à l'unanimité à une amende de 200 francs, le Conseil ayant admis des circonstances atténuantes.

Louisine Chérubin déclarée coupable d'avoir 1° le 23 septembre 1870, à la Rivière-Pilote, (habitation Joseph Garnier Laroche), en bande et à force ouverte pillé les denrées, effets et propriétés mobilières appartenant à autrui; 2° d'avoir le même jour, dans la même commune, (habitation Symphorien Garnier Laroche) en bande et à force ouverte, pillé des denrées, effets et propriétés mobilières appartenant à autrui, est condamnée, à l'unanimité, à la peine de deux ans de prison et à l'unanimité à une amende de 200 fr. Le Conseil ayant admis des circonstances atténuantes.

Joseph Boris dit Michelin Joseph déclaré coupable d'avoir : 1° le 23 septembre 1870 à la Rivière-Pilote, (habitation Joseph Garnier Laroche) volontairement mis le feu à un édifice habité (maison principale) appartenant à autrui ; 2° d'avoir le 23 septembre 1870 dans la même commune, (habitation Symphorien Garnier Laroche) volontairement mis le feu à des édifices habités, (maison principale et cases à cultivateurs), appartenant à autrui, est condamné, à l'unanimité, à la peine des travaux forcés à perpétuité ; le Conseil ayant admis des circonstances atténuantes.

Compère dit Guillon Grégoire déclaré coupable d'avoir le 23 septembre 1870 à la Rivière-Pilote, (habitation Symphorien Garnier Laroche), volontairement mis le feu à des édifices, (moulin, sucrerie, case à bagasse, case à barriques, case à farine et magasin, appartenant à autrui, est condamné, à l'unanimité, à la peine de 8 ans de travaux forcés ; le Conseil ayant admis des circonstances atténuantes.

Meshuit Jean déclaré coupable d'avoir le 23 septembre 1870, à la Rivière-Salée, (habitation St.-Pée) volontairement mis le feu à des édifices (case à farine, écurie, sucrerie, moulin, case à bagasse, Rhumerie) appartenant à autrui, est condamné, à l'unanimité, à la peine de 8 ans de travaux forcés, le Conseil ayant admis des circonstances atténuantes.

Jérémie Bruta déclaré coupable d'avoir le 23 septembre 1870, à la Rivière-Salée, (habitation St.-Pée) volontairement mis le feu à des édifices (case à farine, écurie, sucrerie, moulin, case à bagasse et Rhumerie) appartenant à autrui, est condamné, à l'unanimité, à la peine de 8 ans de travaux de forcés, le Conseil ayant admis des circonstances atténuantes.

Femme Cyrille Jean-Louis déclarée coupable d'avoir le 23 septembre 1870, à la Rivière-Salée, (habitation St.-Pée) volontairement mis le feu à un édifice habité (maison principale, appartenant à autrui, est condamnée à l'unanimité, à la peine de 20 ans de travaux forcés, le Conseil ayant admis des circonstances atténuantes.

Et condamne, en outre, les sus-nommés conjointement et solidairement aux frais envers l'Etat.

Jugement par Contumace.

Au nom du peuple français

Par arrêt du 1er conseil de guerre permanent, séant à Fort-de-France, du 10 juin 1871,

Il appert que :

1° Almaïde (Léon-Eugène), déclaré coupable : 1° d'avoir, le 23 septembre 1870, à la Rivière-Pilote, pour piller les propriétés d'une généralité de citoyens, exercé un commandement ou une fonction quelconque dans une bande armée ; 2° d'avoir, le même jour et dans la même commune, habitation Société Beauregard, en bande et à force ouverte, pillé des denrées, effets et propriétés mobilières appartenant à autri, a été condamné à l'unanimité à la peine de la déportation dans une enceinte fortifiée ;

2° Alténor Lisis, déclaré coupable : 1° d'avoir le 23 septembre 1870, à la Rivière-Pilote, habitation Société Beauregard, volontairement mis le feu à un édifice habité, (maison principale) appartenant à autrui ; 2° d'avoir, le même jour et au même lieu, en bande et à force ouverte, pillé des denrées, effets et propriétés mobilières appartenant à autri ; 3° d'avoir, le même jour et dans la même commune, habitation Desmartinière, en bande et à force ouverte, pillé des denrées, effets et propriétés mobilières appartenant à autrui, été condamné à l'unanimité à la peine de mort ;

3° Adèle Négrant, déclarée coupable : 1° d'avoir, le 23 septembre 1870, à la Rivière-Pilote, habitation Société Beauregard, procuré les moyens qui ont servi à commettre l'incendie volontaire d'édifices non habités, (cases à bagasse) appartenant à autrui ; 2° d'avoir, le même jour et au même lieu, en bande et à force ouverte, pillé des denrées, effets et propriétés mobilières appartenant à autrui, a été condamnée à l'unanimité à la peine des travaux forcés à perpétuité ;

4° Altéus, déclaré coupable : 1° d'avoir, le 23 septembre 1870, à la Rivière-Pilote, habitation Joseph Garnier Laroche, volontairement mis le feu à un édifice habité (maison principale) appartenant à autrui ; 2° d'avoir, le même jour, et au même lieu, volontairement mis le feu à un édifice non habité (écurie) appartenant à autrui ; 3° d'avoir, le même jour, au même lieu, en bande et à force ouverte, pillé des denrées, effets et propriétés mobilières appartenant à autrui ; 4° d'avoir, le même jour, dans la même commune, habitation Symphorien Garnier Laroche, volontairement mis le feu à des édifices habités (maison principale et cases de cultivateurs) appartenant à autrui ; 5° d'avoir, le même jour, au même lieu, volontairement mis le feu à des édifices non habités (moulin, sucrerie, case à bagasse, case à barrique, case à farine et magasin) appartenant à autrui ; 6° d'avoir, le même jour, au même lieu, en bande et à force ouverte, pillé des denrées, effets et propriétés mobilières appartenant à autrui, a été condamné à l'unanimité à la peine de mort;

5° Cassius Boissonnet, déclaré coupable : 1° d'avoir, le 23 septembre 1870, à la Rivière-Pilote, habitation Joseph Garnier Laroche, volontairement mis le feu à un édifice habité (maison principale) appartenant à autrui; 2° D'avoir, le même jour, au même lieu, volontairement mis le feu à un édifice non habité (écurie) appartenant à autrui; 3° D'avoir, le même jour, au même lieu, en bande et à force ouverte, pillé des denrées, effets et propriétés mobilières appartenant à autrui; 4° D'avoir, le même jour, dans la même commune, habitation Symphorion Garnier Laroche, volontairement mis le feu à des édifices habités (maison principale et cases de cultivateurs) appartenant à autrui; 5° d'avoir, le même jour, au même lieu, volontairement mis le feu à des édifices non habités (moulin, sucrerie, case à bagasse, case à barriques, case à farine et magasin) appartenant à autrui; 6° d'avoir, le même jour, au même lieu, en bande et à force ouverte, pillé des denrées, effets et propriétés mobilières appartenant à autrui; a été condamné à l'unanimité à la peine de mort.

6° Auguste Séverino, déclaré coupable: 1° d'avoir, le 23 septembre, à la Rivière-Pilote, habitation Joseph Garnier Laroche, volontairement mis le feu à des édifices habités (maison principale) appartenant à autrui; 2° d'avoir, le même jour, au même lieu, volontairement mis le feu à un édifice non habité (écurie) appartenant à autrui; 3° d'avoir, le même jour, au même lieu, en bande et à force ouverte, pillé des denrées, effets et propriétés mobilières appartenant à autrui; 4° d'avoir, le même jour, dans la même commune, habitation Symphorien Garnier Laroche, volontairement mis le feu à des édifices habités (maison principale et cases à cultivateurs) appartenant à autrui; 5° d'avoir, le même jour, au même lieu, volontairement mis le feu à des édifices non habités (moulin, sucrerie, case à bagasse, case à barriques, case à farine et magasin) appartenant à autrui; 6° d'avoir, le même jour, au même lieu, en bande et à force ouverte, pillé des denrées, effets et propriétés mobilières appartenant à autrui, a été condamné à l'unanimité à la peine de mort; 7° Décius Sidney, déclaré coupable : 1° d'avoir, le 23 septembre 1870, à la Rivière-Salée, habitation Saint-Pée, volontairement mis le feu à un édifice habité (maison principale) appartenant à autrui; 2° d'avoir, le même jour, au même lieu, volontairement mis le feu à des édifices non habités (case à farine, écurie, sucrerie, moulin, case à bagasse et rhumerie) appartenant à autrui, a été condamné à l'unanimité à la peine de mort.

Conformément aux articles 50, 60, §§ 1 et 2, 66, § 1, 434, §§ 1 et 3, du code pénal colonial; 5 de la constitution du 4 novembre 1848; 1 de la loi du 8 juin 1850 sur la déportation; 165 et 169 du code de justice maritime.

Fort-de-France, le 10 juin 1871.

Pour extrait conforme :

Le Greffier,

Signé F. PERRUCHON,

Sergent d'infanterie de marine.

Vu :

Le Substitut

du Commissaire de la République,

Signé Ch. FOURNIER,

Sous-Lieutenant d'Infanterie de marine.

Imp. du journal *les Antilles*, rue Lucy, 44.

www.ingramcontent.com/pod-product-compliance
Ingram Content Group UK Ltd.
Pitfield, Milton Keynes, MK11 3LW, UK
UKHW031925260826
14628UKWH00003B/1421

9 782019 676759